프랑스어권 지역의 이해

문시연 · 홍태숙 공저

Études sur la Francophonie

신아사

프롤로그

이 책에서는 전 세계 5개의 대륙과 3개의 대양에 걸친 여러 국가들과 지역을 소개하고 있다. 이 책을 처음 손에 든 독자들은 얼핏 서로 연관성이 없어 보이는 이 나라들은 어떤 기준으로 한 권의 책 속에 담겼을까? 하는 의문이 생길 수 있다. 또한 책을 읽어가다 보면, 초강대국인 미국을 중심으로 영어가 절대적인 지위를 가진 현대사회에서 우리는 왜 이 낯선 나라들에 대해 알아야 하는가? 라는 질문도 생길 수 있을 것이다. 인류의 역사가 시작된 이래 전 세계는 나름의 지역적 특성을 배경으로 언어와 문화를 발전시켰다. 인류의 발상지 아프리카 대륙을 시작으로 인류는 유라시아 대륙을 거쳐 아메리카까지, 그리고 태평양의 고립된 섬 지역까지 활동영역을 넓혔다.

인구가 늘고 문명이 발전하면서 국가라는 정치조직을 중심으로 하나의 사회를 이루고 국가와 국민과 국어로 일치되는 정체성이 개인과 공동체 모두에게 큰 의미를 가지는 것이다. 그래서 정체성의 상징이 국경을 한계로 하는 국가가 최고의 차원이었던 과거와는 달리, 인터넷으로 지구 곳곳이 연결되고 교통수단의 발달로 이동이 쉬워진 현대에서 이 개념은 큰 의미를 얻지 못한다. 현재 우리는 한국 국적을 가지고 한국말을 모국어로 사용한다고 해도 우리 땅이 아닌 외국에서 살 수도 있는 글로벌한 세계 속에 있기 때문이다. 그렇다면 국경을 넘어선 정체성은 어떤 것이 있을까? 최근에는 어떤 문화권에 속해 있는가하는 부분이 개인의 정체성을 결정짓는 가장 고차원적인 요소라고 할 수 있으며 문화에서 언어가 차지하는 비중은 절대적이라 할 수 있다. 프랑스는 17세기에 이미 경제력과 군사력을 뛰어넘는 문화와 언어의 중요성을 인식하고 국가주도의 국어연구 기관인 아카데미 프랑세즈 Académie française를 세웠고 20세기 중반, 유일하게 행정부처 내에 문화부를 설치하여 프랑스적인 소프트웨어의 발전에 국가적 노력을 아끼지 않고 있다. 언어와 문화의 중요성을 인식한 각국의 정부들도 자국어 보호와 확산을 위해 지속적인 노력을 기울이고 있다. 다시 말하자면, 세계화의 바람 앞에 언어와 문화가 통일되는 것이 아니라 그 안에서 자신의 정체성을 지키고자 하는 노력이 우선되고 있고 이것이 문화의 다양성을 지키는 원동력인 것이다. 문화의 다양성이라는 차원에서 이 책속의 국가들과 지역은 프랑스어를 모국어 또는 공용어로 사용하는 프랑스어권이라는 새로운 카테고리를 제공하고 있다.

우리가 프랑스어권 국가들에 관심을 가져야 하는 또 다른 이유는 매우 현실적인 것이다. 프랑스어권은 유엔 다음으로 많은 회원국을 가진 국제기구를 조직하고 국제 사회에서 자신들의 이익을 대변하고자 하나의 목소리를 내고 있다. 이러한 흐름은 이미 유럽의 국가들이 유럽연합이라는 한 지붕아래 모인 것을 보면 알 수 있다. 그리고 우리나라가 2016년 12월 프랑코포니Francophonie 국제기구에 옵서버 국가로 가입한 것도 이러한 국제화 흐름에 따른 것이라고 할 수 있다. 특히 프랑스어권 국가들을 이끌고 있는 프랑스에는 유럽에서 가장 많은 이슬람 신자들이 살고 있다. 아직은 우리에게 미지의 세계로 남아있는 아프리카 대부분의 국가들도 이슬람권이다. 경제적 시각에서 재평가 받고 있는 아프리카는 이슬람-프랑스어라는 공통분모를 갖고 있다. 이슬람 문화권에 대한 관심 역시 필요한 시점이다.

이 책은 프랑스어권 국가들을 체계적으로 살펴보고자 하는 목적으로 쓰여졌다. 프랑스어권의 시작인 국제 프랑코포니 협회OIF Organisation internationale de la Francophonie와 프랑스어의 발전과 확산에 대해 살펴보았다. 유럽에서의 프랑스어 확산은 발전된 문화를 받아들이는 과정에서 생긴 자연스러운 과정이었다면, 유럽 이외의 지역은 식민지배라는 폭력적이고 일방적인 과정을 통한 것이었다. 어떠한 과정을 거쳤든 프랑스어는 프랑스어 그 자체로 또는 혼혈어인 크레올어로 그 지역에 깊은 흔적을 남겼다.

프랑스어권 국가로는 세계 26개 국가와 프랑스의 해외영토DROM-COM에 대한 개략적인 소개를 하였고 나라별 특징이나 주요 인물은 따로 다루었다. 국제 시사 분야에서 끊임없이 화제가 되는 지역별 문제들은 3장과 4장에서 따로 설명하였다. 우리가 아직 모르지만 알아야 하고, 피할 수 없는 세계의 나머지 부분에 대해 흥미를 갖게 되는 계기가 되고, 이 저작물이 지역 전문가 양성이라는 목표의 첫걸음이 되길 기대한다.

목차 프랑스어권 지역의 이해

I

프랑코포니의 등장

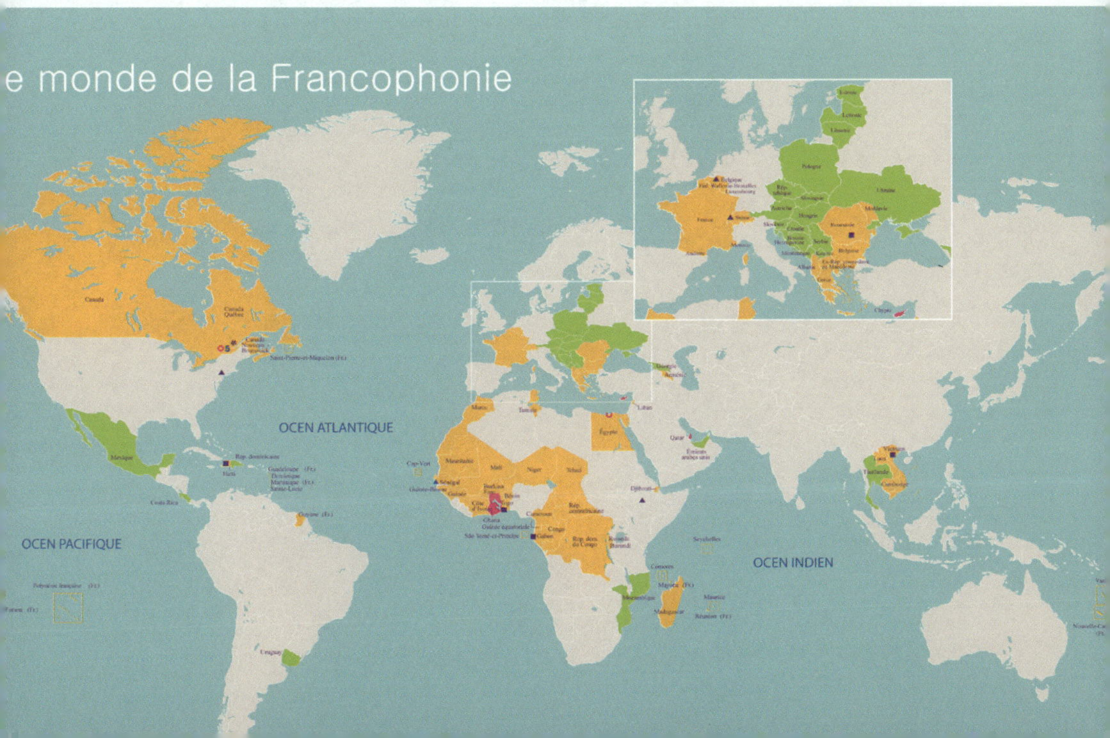
e monde de la Francophonie
OCEN ATLANTIQUE
OCEN PACIFIQUE
OCEN INDIEN

1. 프랑코포니–프랑스어권

'프랑코포니francophonie' 란 말은 1880년 프랑스의 지리학자 오네짐 르클뤼Onésime Reclus가 전 세계 프랑스어 사용 국가를 통칭하기 위하여 최초로 사용하였다. 그러나 이 용어는 당시 통용되지 못하고 곧 사라졌다가, 1960년대 이후 프랑스의 식민지였던 지역들이 독립하고 프랑스어를 매개로 이들 국가 간 협력에 대한 공감대가 형성되면서 다시 부상하였다. 프랑코포니 혹은 프랑스어권으로 번역되며 경우에 따라 다양한 의미를 부여할 수 있으나, 일반적으로 소문자 f로 시작하는 'francophonie'는 '프랑스어를 말하는 사람'으로, 대문자 F로 시작하는 'Francophonie'는 프랑스어권 국가들의 국제기구를 통칭하는 용어로 정의한다[1]. 즉 '프랑코포니'는 프랑스어를 모국어, 공용어, 혹은 문화어 langue de culture로 사용하는 국가 혹은 지역을 지칭하는 언어-문화-지리적 용어에서 정치-경제-외교적 용어로 국제무대에서 그 활용 영역을 넓히고 있다.

1) '프랑코포니'라는 용어는 시기나 사용하는 사람에 따라 다양하게 해석될 수 있다. 여기에서는 프랑코포니 홈페이지의 정의를 참고하였다. www.francophonie.org

2. 새로운 국제기구 OIF(Organisation Internationale de la Francophonie)의 설립 – 프랑코포니의 역사와 현황[2]

프랑스어권 국가들은 대부분 프랑스의 식민지였다가 2차 세계대전 이후 독립한 신생국가들로 독립 당시 정치, 경제, 사회적으로 불안한 상태였다. 식민지배라는 역사와 프랑스어를 공유한 신생 독립국가들은 독립을 했다고 식민 본국이었던 프랑스와의 관계를 당장 끊을 수는 없었다. 정치, 경제, 사회 모든 면에서 기본적 준비가 완료되지 않은 상황이었기 때문이다. 이러한 각 국가간의 이해관계를 기획, 조정, 통합하는 새로운 국제기구의 필요성이 대두되었고 특히 세네갈의 초대 대통령이었던 레오폴드 셍고르Léopold Senghor대통령을 중심으로 구체적인 논의가 진행되었다[3]. 이러한 계획은 프랑스의 강력한 지지와 지원 아래 1960년, 일부 프랑스어권 국가들이 '교육부 장관 회의 Confemen'[4]를 개최하며 교육 분야에서 협력이 시작되었다. 이후 여러 번의

2) www.francophonie.org

3) 튀니지의 초대 대통력이자 국부로 추앙받는 부르기바Bourguiba 대통령, 니제르의 디오리Diori 대통령, 캄보디아의 국왕 시아누크Sianouk 등이 OIF창설의 주요인물로 꼽힌다.

4) Conférence des ministres de l'Education nationale : 신생 독립국가들의 인재 양성을 돕기 위해 시작되었으며 현재는 회원국 간의 교육 프로그램을 공유하고 재정 지원을 논의하기 위해 만든 프랑스어권 최초의 회의체이다.

기구 개편을 거쳐서 현재는 3개의 정책 결정 기구와 4개의 주요 협력 기관을 거느리고 있는 OIF로 거듭났다. 다음에서 프랑코포니의 하부 기구들의 종류와 역할을 살펴보도록 하자.

◉ 정책 결정 기구

1) 정상회담

프랑스어권 국가들의 경제, 문화, 교육 분야에 있어서 양적, 질적으로 협력이 확대됨에 따라, 당시 42개 회원국의 국가 정상이나 정부 수반이 참석하는 정상 회담Le Sommet이 1986년 프랑스 베르사이유에서 미테랑 대통령의 주제 하에 처음 개최되었다. 이 회의에서 정상들은 이듬해인 1987년 캐나다 퀘벡에서 다시 모임을 갖고 향후 2년마다 정상회담을 개최하며, 개최지의 정상이 다음 정상회담까지 회장직을 수행하기로 하였다. 프랑코포니 최고 의사 결정기관으로 회원국들의 문제 및 국제 현안을 논의하고 협력 방안을 제시한다. 또한, OIF의 실질적인 운영 기관인 프랑코포니 사무국Le Secrétariat général de la Francophonie을 책임지는 사무총장을 임명한다.

2) 프랑코포니 장관회의CMF[5]

프랑코포니 장관회의는 회원국의 외무부 장관이나 이에 해당하는 장관이 참석하여 정상회담에서 논의된 정책들이 일관성있게 진행되는지 점검하고 차기 정상회담을 준비하는 역할을 하며 매년 개최된다.

3) 프랑코포니 상임이사회CPF[6]

회원국의 정상들이나 정부 수반의 추천을 받은 대표들이 모여 장관회의에서 논의된 정책과 예산 집행을 감독하고 차기 정상회담을 준비한다.

◉ 운영기구

프랑코포니 사무국Scrétariat général

1970년 21개의 프랑코포니 회원국 정부대표들은 교육 분야에 제한되어 있는 협력의 테두리를 벗어나 프랑스어를 매개로 하는, 보다 광

5) La Conférence ministérielle de la Francophonie.

6) Le Conseil permanent de la Francophonie.

범위한 활동을 약속했다. 이에 따라 문화-기술 협력 사무소ACCT[7]를 설립하고 회원국 간의 문화와 기술분야에서의 협력을 증진하기로 했다. 이 기관은 개편을 거쳐 2005년 프랑코포니 국제 기구OIF로 명칭을 변경했다. OIF의 중심기관은 프랑코포니 사무국으로 정책 결정기구와 주요 협력기구 간의 의사 결정을 주도하며 OIF 전체 예산의 절반을 사용한다. 임기 4년의 사무총장은 프랑코포니 상임이사회를 소집하고 프랑코포니 장관회담에도 참석할 권한을 가진다.

◉ 4개 주요 협력기구

1) 프랑스어권 대학 사무소AUF[8]

교육 분야의 정책을 총괄하는 기관으로 본부는 캐나다 몬트리올에 있다. OIF 회원국과 비회원국을 가리지 않고 100개국 800개 대학교육기관이 등록되어 있으며 고등교육과 연구에 대한 지원을 제공한다. 프랑스, 캐나다, 스위스 등 정부에서 갹출한 연간 4천만 유로의 예산을 집행하며 2,000여 장학제도를 통해 학생, 교수, 연구자들을 지원한다.

---

7) l'Agence de coopération culturelle et téchnique.

8) l'Agence universitaire de la Francophonie.

2) 프랑스어권 시장市長 협의회AIMF[9]

1979년 당시 파리 시장이었던 자크 시락Jacques Chirac이 처음 제안하였다. 즉, 프랑스어권 지역의 도시 시장들이 모여 지방분권화와 지역 발전을 논의하는 모임을 제안하며 시작되었다. 현재 49개국 265개 도시의 시장이 회원으로 참가하며, 도시 지역의 정치, 경제, 문화 등 각 분야별 발전을 위해 많은 프로젝트를 수행하고 정보를 공유하며 도시 간 연대와 협력을 증진한다. 1995년에 OIF와의 관계를 더욱 긴밀히 하며 주요 협력기구 중 하나가 되었다.

3) TV5몽드MONDE

1984년 파리에서 TV5라는 프랑스어 전문 TV 채널이 첫 방송을 시작한 이래, 8개 지역 방송국이 각각 개국하며 2001년 TV5몽드로 이름을 바꾸었다. 프랑스어의 확산과 언어교육 프로그램을 제공하며, 현재 전 세계 약 2억 1천 5백만 가구를 시청자로 확보하고 있다. TV5몽드는 전 세계를 대상으로 하는 프랑스어권의 대표적 문화 전파매체로서 15개 언어의 자막을 제공하며 최근에는 인터넷 방송도 시작했다.

4) 알렉산드리아-셍고르 대학

1989년 이집트의 알렉산드리아에 설립된 셍고르 대학은 주로 아프

9) l'Association internationale des Maires francophones.

리카의 고급 인재 양성을 목표로 세워졌다. 석, 박사급 프로그램을 통해 양성된 인적 자원이 궁극적으로 프랑코포니 산하기관들과의 협업을 통해 지역발전에 이바지할 수 있도록 하며, 2008년부터는 대학이 위치한 이집트 뿐 아니라 아프리카의 다른 국가에서도 장, 단기 교육 프로그램을 진행하고 있다.

◉ 그 외 주요 기관

회원국들의 국회 의원 협의체인 프랑코포니 의원 총회APF[10]는 OIF의 자문기관으로 78개국의 의회 대표들로 구성되어 있다. OIF의 또 다른 주요 자문 기구로는 사무총장이 매 2년마다 소집하는 프랑코포니 비정부기구ONG[11]가 있다. 이 외에도 여러 개의 프로그램 지원 사무실과 아프리카 연합, 국제연합, 유럽 연합 등 주요 국제기구들과의 연락과 협력을 담당하는 사무국을 따로 두고 있다.

프랑스 파리에 본부를 두고 있는 OIF는 2017년 현재 58개 회원국과 26개 옵서버 국가 등 모두 84개국을 아우르는 국제기구로 특히 국제 정치무대에서 국제연합에 버금가는 영향력을 행사하고 있다.

---

10) l'Assemblée parlementaire de la Francophonie.

11) Conférence francophone des organisations internationales non gouvernementales.

II

프랑스 언어와 역사

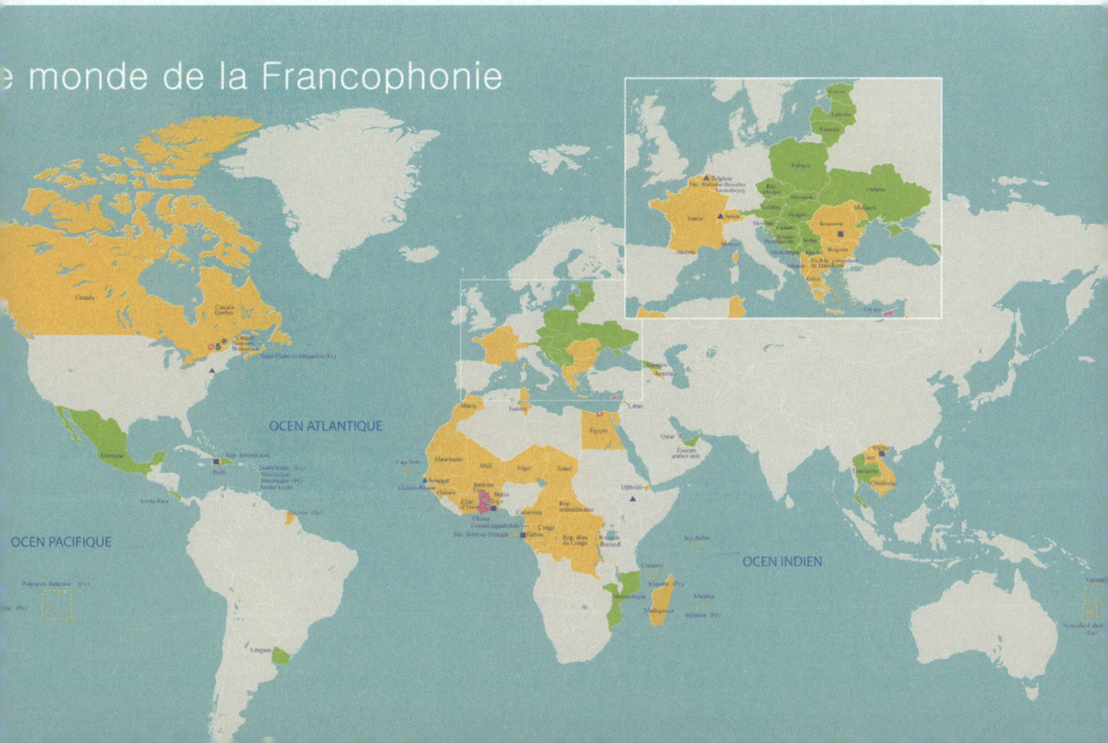
e monde de la Francophonie
OCEN ATLANTIQUE
OCEN PACIFIQUE
OCEN INDIEN

1. 프랑스의 역사

프랑스는 역사적으로 여러 민족이 섞인 다민족 국가이다. 현재 프랑스의 조상으로 여겨지는 골Gaule족은 켈트족의 한 부족으로, 기원전 8~7세기 경 지중해를 통한 그리이스 인의 이주, 기원 전 1세기 경 로마 제국의 정복으로 인한 라틴족 유입, 5세기 게르만족인 프랑크족의 이주, 8세기 경 아랍족의 침입, 9세기 경 바이킹 족의 남하 등 여러 민족의 흔적을 발견할 수 있다.

특히 기원전 58~51년 로마 제국은 골족을 정복하고 영국까지 건너가게 되면서 지중해를 중심으로 북 아프리카, 유럽을 포함하는 거대한 제국을 세우며 그들의 선진 문화를 유럽에 전파했다. 원주민 골족의 문화와 라틴족 로마의 문화는 긴 시간동안 서서히 섞이면서 갈로-로망galo-romain 문명이 시작되고 현재 프랑스 문화의 기원이 되었다. 켈트족이었던 골족은 켈트어를 사용하였으나 로마의 라틴어가 들어오면서 두 언어가 자연스럽게 서로 섞이며 새로운 언어로 진화하게 되었다. 이 언어를 갈로-로만어라 하며 여러 지역에서 다양한 방언의 형태로 사용되었다.

서기 5세기경, 현재 파리 지역으로 이주해 온 프랑크Franc족은 기독교로 개종하고 로마 카톨릭의 승인 아래 왕국을 세워 이 지역 최초의 국가를 건설하였다. 8세기 샤를르마뉴Charlemagne 대제 때에 황금기를 누리며 유럽을 통일하였으나 곧 영토다툼으로 인한 전쟁을 통해 오늘날 프랑스, 독일, 이탈리아의 시초가 되었다. 이 전쟁을 위하여 작성된 스트라스부르그Strasbourg 조약(843년)은 최초의 프랑스어 문헌으로 인정받고 있다. 그러나 여전히 라틴어는 교육, 종교, 철학, 행정 등의 문서에서 사용되었다.

중세시대의 유럽에서는 로마 카톨릭의 종교적 권위에 눌려 인간성에 대한 가치가 퇴색하며 문화의 암흑기에 잠겼는데 인간성 회복을 주장하는 르네상스가 시작되며 1,000년의 중세시대는 종말을 고한다. 이 시기 이미 상당히 발전된 문화를 향유하던 이슬람 세력은 북아프리카를 정복한 뒤, 스페인을 정복하고 프랑스 남부지역까지 밀고 올라오며 온 유럽을 공포에 떨게 한다. 이후 약 8세기 동안 이슬람 세력은 스페인을 통치하며 그들의 흔적을 짙게 남겼다.

11세기, 이번엔 기독교 종주국인 프랑스를 중심으로 이슬람교의 세력 안에 있던 성지 예루살렘 회복을 명분으로 십자군 전쟁을 벌인다. 십자군 전쟁은 유럽과 중동 및 소아시아의 이슬람 지역이 문화적 충돌을 통하여 급격하고 광범위한 문화 교류의 무대가 되었다. 이를 계기로 유럽은 아랍 세계의 발전된 의학, 천문학, 수학, 화학뿐 아니라 중국에서 전래된 제지 기술, 나침반 등도 함께 수입되어 유럽의 문화, 기술 발전에 큰 진전을 이루게 되었다. 이를 기회로 새로운 어휘가 프랑스어에 유입되며 언어도 함께 발전하였다.

근대의 시작을 알리는 르네상스는 이탈리아에서 처음 시작되었다. 르네상스 역시 이탈리아 원정 전쟁을 통해 16세기에 프랑스로 유입되었다. 고대 그리이스, 로마 시대의 철학을 연구하며 인간성 회복에 초점을 맞춘 르네상스는 종교로부터의 속박에서 벗어나는 계기가 되었다. 한편, 구교와 신교로 나뉘어 치열한 내전을 겪던 프랑스는 그 갈등을 봉합하고 17세기에는 유럽의 최강국으로 부상한다. 프랑스는 강력한 중앙 집권체제를 갖추고 정치, 군사, 외교, 문화 등에서 우월한 위치에 있었다. 이러한 국가의 역량은 국가와 민족에 대한 인식이 강화되는 계기가 되었으며 프랑스어에 대한 관심도 커졌다. 당시 재상이었던 리슐리외Richelieu는 언어의 중요성을 인식하고 아카데미 프랑세즈를 설립하여 프랑스어를 연구하도록 했다. 강력한 국력과 앞선 문화를 바탕으로 프랑스어는 유럽 왕실의 언어가 되었으며, 특히 과학과 외교 분야의 언어로 격상되었다.

태양왕 루이 14세로 대표되는 절대왕정은 18세기 이후 대내외적인 상황과 맞물리며 점차 쇠락의 길을 걷게 되었다. 화려한 생활을 향유하던 귀족 및 성직자에 비해 비참한 삶을 연명하던 민중들은 과도한 세금을 징수하려는 정부와 왕권에 저항하게 되는데 이것이 프랑스 대혁명으로 폭발하였다. 왕을 단두대에서 처형하며 확고한 민중 중심의 정치를 천명하였으나, 주변의 유럽 왕실들은 왕권을 위협하는 프랑스의 정치상태를 우려하며 동맹을 맺고 대프랑스 전쟁을 선포하였다. 이 전쟁에서 프랑스를 구한 장군이 나폴레옹으로, 그는 혁명으로 얻어낸 공화정을 폐기하고 스스로 프랑스의 황제가 되면서 모순을 보이기도 했다.

이후 프랑스는 공화정과 왕정을 오가는 불안한 시기를 보내지만, 대외적으로는 영국과 함께 전 세계에 식민지를 건설하며 거대한 제국을 세웠다. 17세기 북아메리카와 서아프리카를 시작으로 19세기에는 카리브해, 동남아시아, 북아프리카, 태평양 지역까지 손에 넣게 된다. 유럽의 국가들은 식민지의 자원을 제공 받고, 생산된 상품을 파는 시장으로 식민지를 이용함으로써 국가적인 부를 축적할 수 있게 되었다.

아카데미 프랑세즈Académie française

루이 13세 때인 1635년 재상 리슐리외에 의해 설립된 프랑스 한림원이다. 설립 초기 목적이 예술과 과학에 알맞은 언어가 될 수 있도록 프랑스어를 정화하는 것으로 아카데미의 중요 기능은 "가능한 모든 정성을 들여서 우리의 언어에 규범을 제시하고 예술과 과학을 논할 수 있도록 언어를 정화하고 풍부한 어휘를 지닌 언어가 될 수 있도록 연구"하는 것으로 설립조문 24항에 정식으로 명기되어 있다. 이 기관은 설립 직후부터 '언어 연구'라는 당시에는 상상할 수 없는 연구 주제로 이미 유명세를 탔다. 이로 인해 베를린, 비엔나, 마드리드, 스톡홀름 등 유럽 중요 도시에 이를 본 딴 아카데미가 설치되기도 했다.

프랑스 최고의 지성인 40명이 투표로 선출되며, 일단 회원으로 선출되면 종신*A l'immortalité*회원으로 명예를 누리게 된다. 초기 회원들은 자원 봉사의 형태로 프랑스어를 연구하며 사전을 편찬하는 작업을 맡았으나, 이후 보수를 받는 형태로 바뀌었으며 시인, 소설가, 의사, 과학자, 성직자 등 각 분야를 망라하는 전문가들로 구성된다.

아카데미 프랑세즈는 1694년 첫 프랑스어 사전을 편찬한 후, 2017년 9번째 사전 편찬을 예정하고 있다. 초기 발행된 사전은 민간인에 의해 출판된 사전에 비해 인기가 없었으나 프랑스 정부가 공무원 선발 시험에 국어 시험이 도입되고 철자에 대한 기준을 아카데미의 결정에 따르면서 아카데미에서 출간한 사전이 권위를 갖게 되었다.

19세기 말, 프랑스는 공화정이 확립됨으로써 정치적 안정기를 맞이하고 식민 지배를 통하여 부를 축적하며 산업이 발전하게 된다. 이 시기를 벨 에포크Belle époque라 하는데, 파리는 도시 전체를 재건축하면서 중세 도시에서 현대 도시로 탈바꿈한다. 또한, 에펠탑과 지하철을 건설하고 만국 박람회를 개최하는 등 선진국으로서의 면모를 보이게 된다. 특히 공립 교육의 모델이라 할 수 있는 보통, 의무, 무상 교육이 시작되어 프랑스어는 국어로서 확고한 지위를 얻게 되었고 더불어 하나의 국가에 하나의 언어라는 결속을 꾀할 수 있었다.

양차 세계대전 이후, 식민지 독립 문제로 국내 여론이 분열되어 혼란스러운 상황에서 집권한 군인 출신의 드 골De Gaule 대통령은 1958년 이후 10년 간의 재임 기간 중 강력한 프랑스 재건에 집중했다. 특히 세계에 유례가 없는 문화부Ministère de la culture를 신설하여 프랑스 문화와 언어 전파에 정책적 역량을 기울인다. 이로써 프랑스어는 제2의 부흥기를 맞게 된다. 그러나 드 골의 강력한 지도력은 차츰 독단적 성향을 띠게 되었고, 기성 정치인과 기성세대의 보수적 사고방식에 저항하는 학생, 노동자들의 반발은 1968년 5월 혁명으로 이어졌다. 프랑스는 다시 한번 혼란을 겪어야 했다. 학생, 노동자의 혁명은 여성의 참정권, 낙태, 동거 등 일상생활에 새로운 가치를 받아들이는 계기가 되었다. 이러한 경향이 늘 바람직하다고 할 수는 없으나, 다양한 사고방식을 인정하는 프랑스적인 가치 즉, 톨레랑스tolérance의 구현이라는 점에서는 긍정적이라 볼 수 있다.

2. 프랑스어의 확산

1) 프랑스 국내에서의 확산

10세기 말 프랑시엥francien어는 파리를 중심으로 쓰이던 지역 방언이었을 뿐 프랑스에는 각 지역마다 주요 지방어가 따로 사용되고 있었다. 그러나 파리가 수도로써 중요성이 커짐에 따라 프랑시엥어도 다른 지방어에 비해 확실하게 우위에 놓이게 되었다. 16세기 프랑수아 1세는 "왕의 칙령에 오해와 중의성을 없애기 위해" 모든 행정 절차와 공문서에 모국어인 프랑스어를 사용하도록 한 빌레르-코트레Villers-Cotterêts칙령에 사인한다(1539년).[12]

프랑스어가 국어로서 확고한 지위를 가지게 된 계기는 바로 프랑스 대혁명이었다. 혁명정부는 하나의 국어로 국민을 통합하는 것이 국민의 정체성 확립에 가장 중요한 요소로 보았다. 언어의 내재적 힘을 믿고 아카데미 프랑세즈를 세웠던 재상 리슐리외의 시대를 앞선 뛰어난 통찰과도 일맥상통하는 것이다. 그러나 이러한 정책이 실제 시행된 것은 혁명이 일어난 지 100여 년이 흐른 1882년, 당시 교육부 장관이었던 쥘페리J.Ferry의 역량 덕분이었다. 그는 현재 세계에서 통용되는 공립학교의 기본원칙인 무상, 보통, 의무 교육의 기초를 완성하고, 기본

12) <프랑스 문화>, 김계선 외 8인, 만남 출판사, 2012, pp.42~46. 그러나 라틴어는 19세기까지 철학, 종교 등 여러 분야에서 쓰였다.

교육에 필요한 교원 양성을 위한 사범학교를 설립하기도 했다. 이러한 노력 덕분에, 20세기 초가 되면 프랑스 인구 대부분이 문맹에서 벗어나고 프랑스어라는 하나의 카테고리에 속하게 되면서 민족적 정체성 확립에도 기여하였다.

2) 유럽으로의 확산

18세기는 프랑스의 절정기였다. 인구 60만의 파리는 유럽 최대도시였고 국내적으로도 안정기에 접어들었다. 안으로는 산업이 발전하고 밖으로는 식민지 건설로 인한 부의 유입이 늘어나면서 귀족, 부르주아의 수입이 증가하였다. 생활의 윤택함은 문화의 발전으로 이어지고 발전된 문화는 다시 전 유럽으로 확산되었다. 이러한 과정에서 프랑스어도 점차 유럽 왕실과 귀족의 언어로 선택되었다.[13] 특히 프랑스 대혁명은 프랑스어의 국외 확산에도 큰 기여를 하게 되는데, 민중 혁명으로 인해 25만 명에 이르는 많은 귀족들이 해외로 망명을 시도하여 유럽 각지로 흩어졌다. 일부 귀족들이 그 곳의 외교관으로 취업하는 사례가 많아지면서 유럽 국가 간 외교 문서가 점차 프랑스어로 기록되기 시작했다. 외교 문서를 프랑스어로 작성하는 것이 법으로 정해진 것은 아니었으나 20세 초까지 이러한 관습이 유지되었다.

13) 1066년 노르망디의 영주이자 프랑스 국왕의 신하였던 정복자 기욤Guillaume은 프랑스어를 사용하는 영국왕이 되었다. 바로 윌리엄 1세 (재위1066~1087년)이다. 이후 영국의 귀족을 비롯한 상류층에는 프랑스어가 유행하게 되었다. 스웨덴의 귀스타브 3세나 러시아의 카트린느 3세는 프랑스어 애호가였다.

3) 식민 지배를 통한 프랑스어의 확산

10세기 경, 유럽에서 완성된 문자 체계를 갖춘 언어는 라틴어, 고대 그리이스어, 아랍어 그리고 히브리어가 전부였다[14]. 라틴어가 전래된 이래로, 지식층의 라틴어와 서민층의 프랑스어라는 이중 언어 사용국이었던 프랑스는 외국과의 전쟁을 통해 민족의식이 싹트며 프랑스인의 정체성을 언어 사용에서 찾게 된다. 시인, 작가들이 시작한 프랑스어의 적극적인 사용은 17세기 아카데미 프랑세즈의 설립으로 정부에 의한 언어 연구기관이라는 새로운 기록을 만들게 된다. 프랑스가 유럽의 중심 국가로 부상하면서 프랑스어는 자연스럽게 유럽 왕실의 교양어이자, 외교, 과학의 언어로 자리매김하게 된다. 또한 프랑스어는 이 당시 시작된 해외 식민지 건설을 통하여 유럽을 넘어 전 세계로 확산되며 국제어로서의 지위를 갖게 되는 계기를 맞는다.

프랑스를 비롯한 서구 열강들은 선교를 목적으로 한 선교사들을 먼저 파견하여 학교와 병원을 짓고 원주민들과 접촉을 시도한다. 선교사들은 원주민의 언어를 습득하여 우호적인 관계를 형성하고 뒤이어 상인들과의 교역을 위한 개방을 요구하다가 마지막으로 군대를 파견하여 실질적인 지배를 하는 것으로 식민지 구축을 완성하는 순서를 취했다. 프랑스는 아프리카를 시작으로 인도차이나, 태평양의 섬들을 차례로 식민 지배하에 두면서 효과적인 지배를 위하여 원주민들에게 프랑스어를 교육하였다[15].

---

14) *Le français, quelle histoire!* Nadeau, Barlow, éd. Télémaque, 2007. p.44.

15) 캐나다 퀘벡 지역에는 프랑스어를 모국어로 구사하고 독해가 가능한 프랑스 국민이 직접 이주하였으므로 원주민 교육과 같은 직접적인 언어 교육은 필요하지 않았다.

3. 프랑스어 확산에 따른 지역적 특징

1) 아프리카 지역

이 지역의 대표적인 프랑스어 사용지역은 북아프리카의 알제리와 서아프리카의 세네갈을 꼽을 수 있다. 프랑스 정부가 군대를 파견하여 알제리와 세네갈의 직접적인 식민지배를 완성하고 이후 효율적인 통치를 위해 프랑스어 교육체계를 도입하였다. 그러나 이 지역에는 이미 오래전부터 이슬람 문화가 자리 잡고 있었다. 대부분의 원주민들은 이슬람교의 신자로 코란을 통한 교육 시스템이 존재하고 있었기 때문에 학교 교육의 필요성이 절실하지 않은 상태였다. 게다가 식민 지배국에 대한 반감도 만만치 않았다. 세네갈의 경우에는 일반 서민을 교육할 만한 정부의 여유도 없었지만, 교육을 받을 경우 반정부 세력화할지 모른다는 우려 때문에 적극적으로 나서지 않은 것도 프랑스어 교육이 부진한 원인이 되었다.

적도 아프리카 지역의 식민지들은 대체로 20세기 초에 프랑스어 교육을 도입했으나 사회 지도층 자녀들이 주로 입학하고 서민층 자녀들의 입학률은 현저히 떨어졌다. 세네갈의 경우, 설사 학교에 다니면서 프랑스어를 배운다 하더라도 하교 후 집에서는 부모와 모국어인 왈라프wolof어로 대화를 했기 때문에 언어 교육이 효과적으로 이루어지지 않았다. 아랍어를 모국어로 사용하는 알제리의 경우에도 마찬가지였다. 학교에서 오전에는 아랍어 교육을, 오후에는 프랑스어 교육을 병행하는 새로운 방식을 도입하였으나 실효성이 없기는 마찬가지였다.

프랑스의 해외영토부Ministère d'Outre-Mer와 DROM-COM*

프랑스의 해외영토부는 과거 프랑스 식민지 통치의 흔적이 남아 있는 대표적인 행정 부처라고 할 수 있다. 1626년 재상이었던 리슐리외가 당시 프랑스의 식민지를 통합, 관할 할 중앙 정부부처의 필요성을 깨닫고 해양사무국 내에 담당부서를 만든 것으로 시작했다. 1719년 '식민지 담당 사무국 Direction des Colonies'으로 개편되었다가, 1858년에 정식 정부 부처로 격상되었으나 2년 후 폐지되었다. 그러나 1894년 다른 행정 부처에 흡수되었던 식민지 관련 업무를 모아 '식민지부 Ministère des Colonies'라는 이름 아래 정식 행정부처로 출범시켰다. 그리고 1946년 식민지라는 용어에 대한 거부감을 없애기 위해 명칭을 현재의 '해외영토부'로 바꾸었다. 해외영토부는 내각을 조직하는 수상의 판단에 따라 행정부처로서의 지위가 유동적인 것은 사실이다. 예를 들어 사르코지Sarkozy 정부에서는 해외영토부가 존재하지 않았으나 올랑드Hollande 정부에서는 여성 장관이 재직 중이다.

해외영토부가 관장하는 지역은 프랑스 본토를 제외한 해외 영토이며 과거 식민지 중, 독립을 하지 않고 프랑스에 편입되기를 희망한 지역으로 주로 섬 지역이다:

DROM (Département et Région d'Outre-Mer)소속 지역 : 프렌치 기아나, 과델루프, 마르티니크, 레위니옹, 마이요트

COM (Collectivité d'Outre-Mer)소속 지역 : 프렌치 폴리네시아, 왈리스-푸투나, 남극해 도서 일부, 카리브해 도서 일부 등

뉴 칼레도니아 : 프랑스의 해외영토 중 가장 독립적인 지위 획득

DROM 지역은 프랑스 본토의 행정 구역 체계와 동일한 것으로 지방 분권화에 따른 지역 의회가 있고 지사가 파견되며, 본토의 국회에서 의결되는 법령의 효력이 동일하게 적용되는 것이 원칙이다. 유럽 연합에 자동적으로 가입된다. 반면, COM 지역은 상황에 따라 다양한 행정적 지위를 부여받으며, 주민투표를 통해 독립을 결정할 수 있는 정도의 자치권도 갖는다. 뉴 칼레도니아는 원래 COM 소속이었으나, 1998년의 누메아Numéa 조약을 통해 국방, 외교 등을 제외하고 완전한 자치권을 보장받았다.

* www.outre-mer.gouv.fr

그러나 이를 이유로 언어교육이 완전히 실패했다고 할 수는 없다. 식민지 지배계층에서는 충분한 프랑스어 교육이 이루어져 식민통치에는 문제가 없었고, 독립 후에도 프랑스와 긴밀한 관계를 맺을 수 있는 토대가 되었다. 특히, 초대 대통령이자 세네갈의 국부로 추앙받는 셍고르 대통령은 프랑스어를 식민지배가 남겨준 최대 잇점으로 평가하며 프랑스어 옹호정책을 폈다.

알제리의 경우, 식민지배 기간 동안 많은 프랑스 본토인들이 이주하여[16] 원주민의 언어인 아랍어와 함께 프랑스어는 공용어가 되었다. 그러나 알제리는 식민지배와 독립전쟁을 겪으면서 프랑스에 대한 반감이 상당하였다. 때문에 독립 이후 집권한 세력은 아랍화 정책을 펴면서 프랑스어를 공용어에서 제외시켰다. 그러나 중산층에서는 프랑스어 구사능력이 취업이나 사회생활에 있어서 큰 도움이 되기 때문에 자녀들에게 프랑스어를 교육시키고, 지식층에서는 프랑스어가 사실상 통용되고 있다.

2) 아메리카 및 서인도 제도

북미의 캐나다 퀘벡주는 프랑스를 제외하고 세계에서 가장 많은 프랑스어 사용자가 거주하는 곳이다. 17세기 샹플렝Champlain은 몬트리올을 중심으로 새로운 프랑스 식민지를 건설한 이후, 본국에서 이주민이 유입되고[17] 농업이 활성화되면서 비로소 활기를 띠게 되었다. 1763년

16) 프랑스에서 이주한 본토인을 '피에 느와르pieds-noirs(검은 발)'라고 불렀다. 소설 '이방인'의 작가 알베르 카뮈A. Camus도 알제리 출신이다. 후에 카뮈는 어머니의 고향이 타국으로 분리되는 것을 원치 않아 알제리 독립을 반대하여 논란의 주인공이 되기도 했다.

17) 사실상, 이 당시 프랑스 본토에서도 전 인구의 15% 정도만 프랑스어를 모국어로 사용하고 나머지 85%의 인구는 프랑스어와 확연히 구별되는 지역방언을 사용하고 있

영국과의 식민지 전쟁에서 패배 한 후, 프랑스인 이주민들은 영국 정부의 지배를 받게 되었는데 종교, 교육 등 사회적 차별을 감수해야 했다. 그러나 당시 영국 정부는 미국의 독립에 신경쓰느라 지역 내 프랑스인들의 언어에는 대체적으로 관대한 태도를 보이게 된다. 덕분에 프랑스인들은 그들의 언어를 지킬 수 있었고 현재 퀘벡주 인구의 80% 가까운 주민들은 프랑스어를 모국어로 사용하고 있다.

서인도 제도의 도서국가 중 주요 프랑스어 사용국은 아이티와 프랑스의 해외 영토인 과델루프, 마르티니크이다. 이들 도서국가들의 프랑스어 사용 특징은 '크레올Créole'을 꼽을 수 있다. 프랑스는 이 지역에 당시 주요 수입품이던 설탕을 생산하기 위해 노동집약적 작물인 사탕수수를 대대적으로 재배하였다. 그러나 무리한 식민지배를 겪으며 원주민들이 거의 사라지자, 모자란 노동력을 보충하기 위해 아프리카에서 흑인들을 노예무역을 통해 대규모로 이주시켰다. 이 흑인노예들의 아프리카 언어는 백인 농장주의 프랑스어와 섞이며 프랑스어를 기반으로 하는 새로운 언어로 진화했는데 이것을 크레올이라고 한다. 현재 크레올은 발음과 문법에서 독립된 체계를 갖추고 학교에서 교육하는 공용어로 자리 잡았다.

3) 그 외 지역

태평양 지역은 프랑스 해외영토인 프렌치 폴리네시아를 중심으로 프랑스어가 공용어로 사용된다. 유럽의 프랑스어권 국가는 프랑스어를 여러 공용어 중 하나로 지정하여 사용인구의 권리를 보호하고 있다.

었다. 그런데 북미 이주민들은 교육을 통해 프랑스어 문해가 가능한 사람들이었기 때문에 영국의 지배 하에서도 자신들의 언어를 지킬 수 있었다.

문화 외교(Diplomatie culturelle)

문화 강국인 프랑스는 제 5공화국을 출범시키며 세계 어디에도 유례가 없는 문화부Ministère de la culture를 설치했다. 초대 장관이었던 앙드레 지드A. Gide는 '문화의 민주화'라는 기치 아래 국민 모두가 일정 수준 이상의 문화생활을 즐길 수 있는 바탕을 마련하였고, 1980년대 사회당 정부에서 자크 랑J. Lang 문화부 장관은 성공적인 문화정책을 실시하여 문화강국의 입지를 다졌다. 이러한 정부 주도의 문화정책 수립과 시행은 사실 역사적으로 문화예술 애호가였던 역대 왕들의 면면에서도 그 전통을 찾아 볼 수 있다. 예를 들어, 17세기 루이 14세는 유명한 발레 애호가로 직접 공연을 하기도 했으며 더 거슬러 올라가 16세기의 프랑수와 1세도 문화적 소양이 뛰어나 레오나르도 다 빈치를 프랑스에 초대한 왕으로 유명하다.

현대에 들어서 프랑스 정부는 다양하고 실질적인 문화정책 중 특히 영어의 공세에 맞서 프랑스어를 지키려는 노력을 아끼지 않고 있다. 이러한 정부의 노력에 앞서서 민간조직에서도 프랑스어의 확산에 기여하고 있었는데 대표적으로 알리앙스 프랑세즈Alliance française를 꼽을 수 있다. 1883년 프랑스 외교관인 폴 캉봉Paul Cambon이 설립한 알리앙스는 프랑스어 교육을 특화시킨 기관으로 현재 136개 국에 1,040여 개의 지점을 개원했다. 민간 교육기관이지만 정부의 관리와 보조금을 받으며 국가 차원의 문화적 외교활동을 하고 있다고 해도 과언이 아니다. 특히 프랑스어의 확산이라는 시각에서 이러한 민간단체의 활동과 프랑스 정부의 적극적 지원으로 1945년 이후 약 30년간 프랑스어는 국제연합을 비롯해 그 즈음에 만들어진 많은 국제기구의 공식언어 또는 실무언어로 지정되는 등 프랑스어의 중흥기를 누리게 된다.

언어와 문화가 국가 권력의 원천이라는 것을 인식한 프랑스의 선도적 문화 외교정책은 다른 나라의 외교정책에도 커다란 영향을 미치게 되었다. 세계 주요 선진국들은 프랑스처럼 따로 문화부를 설치하지는 않았으나 다양한 방법을 통해 문화예산을 책정하여 자국어 및 자국 문화 확산에 힘쓰고 있다:

프랑스 : Institut français, 143개소 개원

영국 : British Council, 233개소 개원

독일 : Instituts Goethe, 172개소 개원

스페인 : Institutos Cervantes, 77개소 개원

중국 : Instituts Confucius, 316개소 개원

이탈리아 : Società Dante Alighieri, 400개소 개원

한국 : Korean Cultural Center, 31개소 개원

이 외에 미국은 문화교환 프로그램과 풀브라이트Fullbright 장학 프로그램을 운영하고 있다.*

* *Le français, quelle histoire! op.cit.* p.253.

투봉법Loi Toubon과 프랑스언어총국DGLFLF*

프랑스 언어총국은 프랑스어의 보호를 넘어 프랑스어의 현대화와 그 활용성을 높이는 것을 목적으로 설치된 문화부 산하의 공식기관이다. 프랑스 정부는 이미 국어의 중요성과 필요성을 일찌감치 인식하였다. 즉, 언어와 문화는 국가 권력의 원천으로 자국의 언어를 통한 문화의 발전만이 강대국의 정신적 식민지를 탈피할 수 있는 것이다. 이러한 전제 하에 프랑스 정부는 1937년 외국어, 특히 영어를 프랑스어로 번역하는 프랑스어 사무소 l' Office de la langue française를 개원한다. 이후 여러 차례의 개편과 변경을 거쳐 2001년 최종적으로 '프랑스 언어총국'을 설치하였다. 이 기관은 프랑스어에 대한 자국민의 권리를 보장하고, 이민자들에게 프랑스어 교육을 담당하고 있으며, 외국어 교육 프로그램도 맡고 있다. 또한, 프랑스 영토 내의 모든 방언을 문화유산으로 보호하는 것도 포함한다. 언어총국의 가장 직접적인 기여는 소속 언어학자가 수행하는 프랑스어 번역, 소개이다. 각 산업분야의 전문가들이 해당 분야에서 사용되고 있는 외국어를 수집해오면, 언어총국 소속 언어학자가 가장 적합한 프랑스어를 찾아내 아카데미 프랑세즈의 승인을 받은 뒤 관보에 소개하는데 이러한 과정을 거친 70%의 어휘가 실제 생활에서 사용되고 있다.

투봉Toubon법은 1994년 마련된 최신의 프랑스어 보호 정책이다. 당시 문화부 장관의 이름이던 투봉의 이름을 딴 이 법은 프랑스어의 풍부화, 공공장소에서 의무적인 프랑스어 사용, 공화국의 언어로써 프랑스어 보호를 주요 내용으로 하고 있다. 노동계약서를 비롯해 모든 법적인 문서나 제품 설명서는 의무적으로 프랑스어로 표기해야 하며, 외국어의 경우에는 프랑스어를 포함하여 두 개 이상의 언어로 번역되어야 한다. 결론적으로 의무적인 프랑스어 사용을 명시한 투봉법은 사실상 영어의 확산에 대한 프랑스어의 우선권 확보를 위한 프랑스 정부의 조직적이고 적극적인 대처방안이라고 할 수 있다.

* Délégation générale à la langue française et aux langues de France
www.dglf.culture.gouv.fr

III

마그레브와 중동 아시아

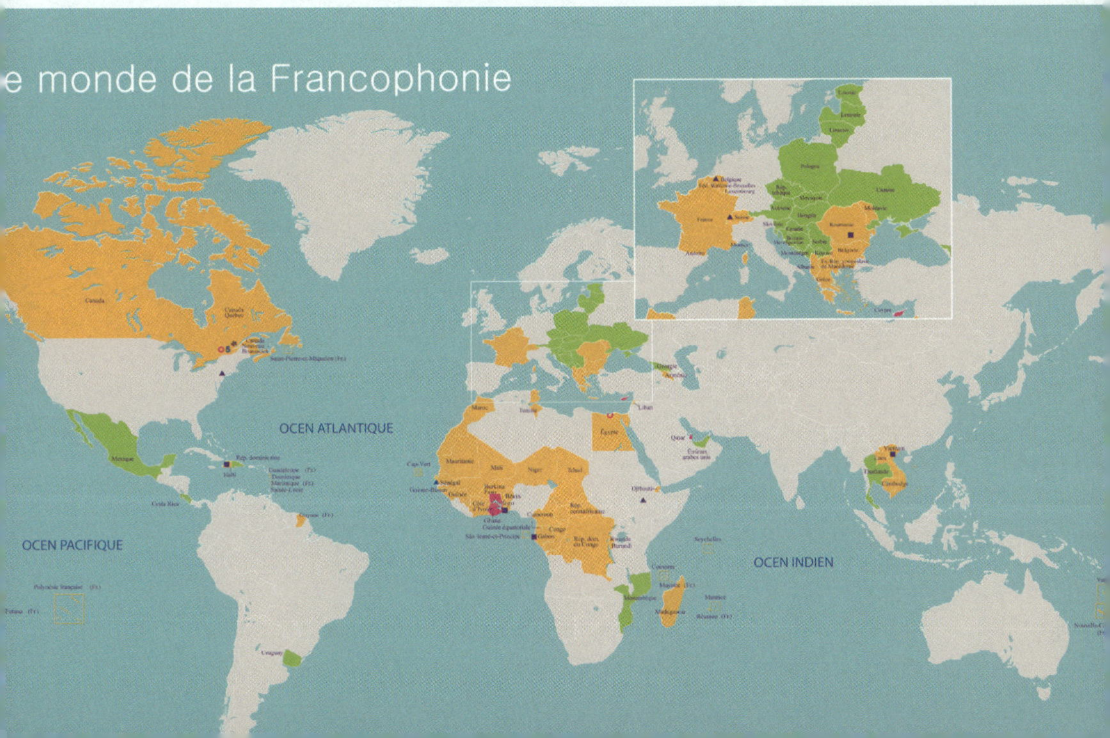

1. 아랍–이슬람교

1) 이슬람교

이슬람은 '알라'라는 유일신을 믿는, 전 세계 57개국 16억의 신자를 가진 최대 종교이다. 610년 선지자 무함마드가 창시한 종교로 무함마드가 출생하고 신의 계시를 받은 사우디 아라비아의 메카와, 이슬람 공동체의 수장으로 아랍 민족을 다스리던 메디나, 승천을 통하여 이슬람이라는 종교를 완성하게 되는 예루살렘을 성지로 여긴다.

이슬람 신자들은 중동을 포함한 아시아 지역에 70%가 분포하며 나머지는 아프리카와 유럽 등, 사실상 전 세계에 산재하고 있다. 특히, 이슬람교를 믿는 중동의 22개 국가에서는 아랍어를 국어로 사용하고 있어서 종교와 언어가 동일한 지역이기도 하다.[18] 교리상으로 이슬람은 기독교나 유대교와 뿌리를 같이 하고 있다.[19] 이슬람교의 경전인 '코란'은 유대교나 기독교와 동일한 내용의 창세기와 구약성서를 공유하고 있으며 예수 이후 신약성서에 대한 해석의 차이를 보인다. 기독교나 유대교에 비해 후발 주자였던 이슬람교는 두 종교의 대부분의 교리를

18) <이슬람 학교>, 이희수, 청아출판사, vol. 1, p.28~30. 중동의 25개국 가운데 이란(페르시아어), 터키(터키어), 이스라엘(히브리어)의 3개국은 아랍어를 국어로 사용하지 않는다. 반면, 아프리카의 이슬람 문화권인 알제리, 모로코, 튀니지에서는 아랍어를 국어로 사용하고 있다.

19) *Ibid.*, p.186~187.

포용하고 인정하며 다만, 기독교와 달리 예수의 신성神性을 거부하고 예수를 무함마드와 같은 선지자로 보는 것이 이슬람의 교리이다[20].

2) 이슬람교의 특징

이슬람에서는 하루 5번 무함마드의 출생지 메카를 향해 예배를 보는 것이 율법으로 정해져 있으며, 성직자가 존재하지 않는다. 따라서 성직자의 안내나 가르침 없이 신자가 기도를 통해 신과 직접 소통하며 회개하고 구원받는 자율성을 내세우는 종교이기도 하다.

무함마드는 이슬람 공동체의 지도자가 된 뒤 정복 전쟁에 나서게 된다. 이슬람교를 중심으로 뭉친 아랍족은 이후 계속된 전쟁을 통해 중동의 패권을 차지하며 세력을 키우다가 중동 지역의 동북쪽에 위치했던 사산조 페르시아를 멸망시키고 서쪽의 비잔틴 제국을 콘스탄티노플까지 밀어낸 후 아랍족의 통일왕국인 압바스Abbassides 왕조를 세움(750년)으로써 세계 최대의 제국을 건설했다[21]. 그리고 이러한 정복 전쟁을 통해 이슬람교도 함께 확장된다. 이러한 역사적 배경을 바탕으로 아랍-이슬람이 하나의 개념으로 받아들여지고 있으나 사실, 사막지역 유목 민족의 문화를 가진 아랍족과, 선지자 무함마드의 가르침을 전파하는 종교로서의 이슬람은 분리되어야 하는 개념이기도 하다. 가부장, 남성위주의 문화는 부족의 생존이 걸린 수많은 전쟁을 수행하면서 자연스럽게 남성의 역할이 여성에 비하여 상대적으로 우위를 점

20) *Ibid.*, p.153~165.

21) 서기 660년 우마이야Omeyyades 왕조가 세워졌으나 750년 내분으로 사라지고 압바스 왕조로 대체되었다. 이후 우마이먀 가문은 스페인에 후기 우마이야 왕조를 세우고 1031년까지 존속했다.

하게 되면서 만들어진 것으로, 이들의 종교인 이슬람이 확산되면서 이러한 아랍 민족의 특징이 함께 전파된 것이다. 원래 이슬람교의 경전인 코란에서는 유일신 알라가 남자와 여자를 각각 만든다는 장면이 있어서 이를 통해 양성평등의 정신을 엿볼 수 있다.

시아파와 수니파

632년 무함마드는 후계자를 정하지 못한 채 사망하였다. 무함마드의 유일한 직계가족인 사위 알리Ali는 후계자 즉 칼리프가 될 위치에 있었으나 배제되고, 1~3대 칼리프에는 무함마드와 정치적 동맹을 맺은 유력 부족의 족장이 차례로 선출되었다. 이러한 과정을 거치며 무함마드의 직계자손이 후계자가 되어야 한다고 생각하는 사람들이 반발하게 되었고 기존의 체제를 지지하는 사람들과의 사이에서 갈등이 생기기 시작했다. 마침내 알리가 4대 칼리프에 올랐으나 칼리프 자리가 세습될 것을 우려한 반대파에 의해 곧 살해당했다. 이에 알리를 추종하는 세력은 바그다드로 이주하여 현재의 시아파가 되었다. 시아파는 '떨어져 나간 무리'라는 뜻이며 메카에 남아 있는 사람들은 잔존파 즉, 이슬람의 주류를 이루는 수니파가 된다.

알리의 비극은 이후 알리의 두 아들의 피살로 이어지며, 이 두 종파는 서로 결코 용서할 수 없는 사이가 되었고 현재도 이슬람 신자들은 이 두 종파를 중심으로 갈라져 있다. 시아파의 종주국은 이란, 이라크이며 수니파의 종주국은 사우디 아라비아이다. 전체 이슬람 신자의 약 85%가 수니파이다.

3) 아랍-이슬람 사회에서 여성의 지위

이슬람의 여성들은 전통적으로 가정내의 생활과 가족들의 일상을 돌보며 집안에서 생활한다. 이슬람의 교리 상 남녀는 기독교보다 평등한 존재로 묘사되어 있다. 남성과 여성의 역할이 명확하게 구분되어 있는데, 앞에서 언급한 바와 같이 유목 민족으로서 아랍족들은 생존을 위해 여러 전쟁을 수행하며 가부장적, 남아 선호의 문화가 형성되었고 이러한 요소들이 종교에 섞이면서 이슬람교가 남녀 불평등의 종교처럼 보여지는 것이 사실이다. 물론, 여성 할례나 명예 살인 등 여성 인권에 반하는 현상이 있는 것도 사실이나 이것은 아프리카 일부 국가와 아시아의 소수 이슬람 문화에서 볼 수 있는 제한된 현상이다. 억압적이고 불평등한 율법이 적용되는 사회는 극소수이고 대부분의 이슬람 사회에서는 최근 여성의 사회 진출이 활발하게 이루어지고 있다. 아시아의 이슬람 국가인 파키스탄이나 방글라데시에서는 이미 여러 명의 여성 총리가 선출되기도 했다.

아랍-이슬람 문화에서는 일부다처를 허용하는데, 고구려의 '형사취수제'처럼 전쟁을 수행하다 죽은 군인의 아내를 부인으로 맞음으로써 그들의 생활을 보장하는 일종의 사회보장 제도라고 볼 수 있다. 부인의 수도 4명으로 명시되어 있고 이 경우에도 처-첩의 개념이 아니라 모두가 동등한 지위를 가지기 때문에 적-서자의 개념도 없다.

가부장적인 이슬람 사회에서 여성은 남성에 비해 상대적으로 대외 활동이 제한되어 있는 것은 사실이다. 또한 외출 시에는 통칭하여 '히잡hijab'이라는 스카프를 머리에 쓴다. 이는 몸의 자극적인 부분을 가림으로써 여성의 정숙함을 지키라는 이슬람 율법에서 기인한다. 고대로부터 구전된 페르시아 신화에 따르면 여성의 머리카락이 가장 성적인 부분으로 여겨졌으며 이러한 배경에 의해 무슬림 여성들은 정숙함의 상징으로 히잡을 쓰고 노출을 삼가한다.[22] 아프가니스탄과 같은 이슬람 원리주의를 주장하는 사회에서는 전신을 가리는 '부르카burqa'를 입기도 한다. 이슬람교라는 동일한 종교적 배경 속에서도 각 사회마다 다양한 여성의 지위와 모습을 엿볼 수 있는 직접적인 통로가 되기도 한다.

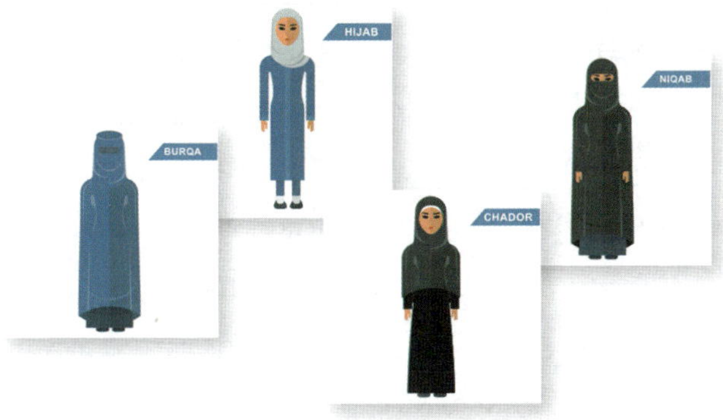

이슬람 여성들의 가리개

22) *Ibid.*, pp. 226~234. 위키페디아에 따르면, 무함마드이 부인들이 처음 가리개를 착용했으며, 여기에서 유래했다는 주장도 있다.

2. 마그레브와 베르베르Berbère 족

북아프리카 지역은 베르베르족-아랍-이슬람이라는 공통점이 존재한다. 이 지역은 선사 시대부터 베르베르 족이 살고 있었고 그들의 역사는 북아프리카의 역사라 해도 과언이 아니다. 베르베르라는 이름은 'barbare(이민족)'에서 왔으며 스스로는 '이마지겐Imazighen, 자유로운 사람'으로 칭한다.

베르베르 족의 마시니사Massinissa왕은 분열되어 있던 베르베르 족을 기원전 2세기 경 통합하여 강력한 누미디Numidi 왕국을 세웠다. 농업과 목축이 발달하여 경제적 풍요로움을 누리던 시기였다. 누미디 왕국은 중앙에서 파견한 관리가 광대한 지역을 나누어 통치하였고, 각 부족의 족장을 지명하여 민심을 모았다. 그러나 BC148년 마시니사 왕이 죽자 곧 정치적 불안이 시작되었다. 결국 BC46년 로마제국에 정복당한 후, 속주로 지배를 받은 이래 베르베르 족의 재통일은 없었다.

로마가 북아프리카 지역을 본격적으로 식민지배하면서 기독교가 전래되었고, 베르베르인들은 점차 기독교로 전향하기 시작했다. 5세기 반달족의 침입으로 로마제국이 멸망할 때까지 베르베르인들은 로마의 황제나 교황을 배출하기도 하였다.[23] 그리고 누미디 출신의 성 아

---

23) 베르베르족 출신의 로마 군인이었던 세베루스Severus는 로마 21대 왕(193~211년)으로 추대되었으며, 로마 기독교 32대 교황인 멜키아데Melchiades(311~314년) 역시 북아프리카 출신이었다.

우구스티누스Saint Augustinus (354~430년)는 초기 기독교가 남긴 최후의 철학자이자 종교적 위인으로 기록되고 있다. 북아프리카의 기독교는 후에 다시 유럽에 전파되며 최후의 보루 역할을 톡톡히 하였다.

7~8세기 아랍족의 침입으로 기독교에서 이슬람으로 개종 후, 베르베르인들은 아랍족과 연합군을 형성하여 스페인을 정복했다. 이슬람 세력은 프랑스 중부 지역까지 치고 올라가는 기세를 보였으나 732년 프랑스 투르Tour에서 궤멸당하며 이베리아 반도로 영토가 국한되었다.[24]

한편, 800년 경 튀니지는 북아프리카의 이슬람교 중심지이며 지식인들이 모이는 중심지였다. 11세기 이후 북아프리카 각 지역에서는 아랍화 된 베르베르 족의 제국들이 흥망성쇄를 계속하였고 베르베르족은 여러 갈래로 흩어지며 권력을 위해 부족 간 투쟁을 계속하였다. 이러한 베르베르 족의 균열은 결국 언어, 종교, 풍습 등에서 공통점을 상실하고 완전히 개별화된 부족으로 자리잡는 계기가 되었다. 사하라 이남 지역으로 이주해 간 베르베르인들은 흑인부족과 힘을 합쳐 가나, 말리제국에 이어 15세기 송가이 제국이 되는 초기 왕국을 세웠다. 이베리아 반도에 진출했던 아랍-베르베르인들은 스페인과 포르투갈에 다시 근거지를 내주고 북아프리카로 추방당했으며[25] 오히려 현재 모로코 북부지역에 스페인 식민지가 만들어졌다. 베르베르인들은 산악지대나 사막으로 흩어져 들어갔고, 곧이어 오스만 제국의 지배를 당하게 된다. 베르베르인 들은 특히 19세기 시작된 프랑스의 침입에 체

24) 이후 스페인의 이슬람 왕조들은 과학, 의학 등 다양한 학문분야에서 발전을 이루어내며 유럽 지식의 황금기를 만들었고, 유럽의 르네상스는 이들의 영향을 받아 시작되었다.

25) 스페인과 포르투갈의 기독교 세력이 다시 이베리아 반도를 재탈환한 것을 스페인어로 '레콘키스타Reconquista'라고 하며 8세기부터 시작된 레콘키스타는 1492년에 완성되었다. www.wikipedia.org.

계적인 저항운동을 벌이며 외세를 물리치기 위한 전쟁을 주도하였다. 1960년대 알제리, 모로코, 튀니지, 리비아 등 북아프리카의 독립을 위해 헌신한 베르베르인들의 공로는 누구도 부인할 수 없다.

베르베르인들은 고대 이집트에서부터 프랑스의 식민지배를 거쳐 현재에 이르기까지 오랜 이민족의 지배에도 불구하고, 베르베르의 고유언어인 '타마지그Tamazight'를 비롯해 그들만의 문화적 전통을 지키며 모로코와 알제리를 비롯한 북아프리카 전역에 흩어져 살고 있다. 베르베르인들은 이제 북아프리카를 벗어나 유럽 전 지역에 뿌리를 내리고 있는데, 특히 전설적인 여가수 에디트 피아프Edith Piaf, 영화배우 이자벨 아자니Isabelle Adjani, 프랑스 축구 국가대표 선수였던 지네딘 지단Zinédine Zidane 등은 베르베르 족의 피를 물려받은 프랑스를 대표하는 유명인이기도 하다.

북 아프리카에서 프랑스어권으로 분류되는 나라는 알제리, 모로코, 튀니지, 모리타니이며[26] 이중 알제리, 모로코, 튀니지를 마그레브Maghreb라고 한다[27]. 마그레브는 '해가 지는 지역'이란 뜻으로 이슬람의 왕인 칼리프의 서쪽을 의미한다[28]. 대륙은 달라도 중동아시아의 레바논과 시리아는 프랑스의 위임통치를 받으며 프랑스어권 문화와 이슬람교라는 종교적 특징으로 공통점을 찾을 수 있다. 유럽과 지중해를 사이에 두고, 서쪽으로는 대서양과 접해 있는 마그레브 지역은 프랑스의 식민지배를 거치며 현재의 3개국으로 국경이 확정되었다.

26) 이집트는 프랑스어권으로 분류되는 국가는 아니나, OIF에 정회원국으로 가입하였다.

27) 그러나 마그레브 아랍 연합UMA, l'Union du Maghreb arabe이 3개국을 중심으로 모리타니와 리비아가 회원국으로 가입되어 있어서 넓은 의미의 마그레브 국가는 이 5개국을 의미한다.

28) 마슈레크Machrek는 마그레브와 대조되는 지역으로 '해가 뜨는 지역' 즉, 이집트에서 이라크, 아라비아 반도를 포함하는 지역을 말한다.

3. 주요 국가 소개

알제리

· 정식국명 : 알제리 인민 민주공화국

· 정치체제 : 대통령제

· 수도 : 알제Alger

· 인구 : 약 4천만 명

· 공식언어 : 전통 아랍어, 베르베르어(타마지그tamazight)

· 상용언어 : 지역 아랍어, 프랑스어

· 종교 : 이슬람(98%)

· 문맹율 : 28%

· IDH(인간개발지수)[29] : 0.717(93위)

· GDP : 2,140억 달러

· 화폐 : 알제리 디나르Dinar[30]

---

29) 인간개발지수 Indice de Développement Humain란 국제연합개발계획UNDP이 1990년 이후 매년 각국의 교육수준과 1인당 GDP, 기대수명을 조사해 인간개발 성취도를 평가하는 지수로 각국의 선진화 정도를 평가하는 주요기준이 되는 수치이다. 이후에는 IDH로 표기한다. www.wikipedia.org

30) 각 국가의 대략적인 소개는 주로 프랑스 외무부 www.diplomatie.gouv.fr의 자료를 참고하였다.

1) 소개

북 아프리카의 중앙에 위치한 알제리는 국토의 크기와 영향력에서 아프리카의 대국이다. 국토의 80%는 사하라 사막으로 황량한 반면, 온난한 기후를 보이는 지중해 연안에 인구가 밀집해 있으며, 수도인 알제Alger와 제 2의 도시 오란Oran 역시 지중해 연안에 위치해 있다. 전체인구의 57%가 3%의 영토에 몰려 있어서 인구밀도는 상대적으로 높다. 지리적으로 지중해를 중심으로 북쪽의 유럽, 동쪽의 소아시아, 남쪽으로는 아프리카 대륙의 문화가 교차하는 요충지이며, 토착민인 베르베르 족의 역사유적을 비롯해 로마제국의 원형 경기장과 공중목욕탕 등의 문화유적이 산재해 있다. 역사적으로 비교적 최근에 프랑스의 식민지배를 받았으나 주민의 98%가 이슬람 신자일 정도로 이슬람의 영향이 절대적이다.

알제리는 국토 곳곳에 로마제국의 유적이 남아 있어서 관광자원이 풍부하고, 석유, 천연가스 등 지하자원도 풍부하며 이를 바탕으로 아프리카 제 4위의 경제규모를 자랑한다. 도로, 항만, 공항 등의 인프라도 잘 갖추어져 있으나 석유수출로 벌어들이는 금액이 2014년의 경우 GDP의 94%를 차지하는 것으로 나타났다. 국내산업 대부분이 지하자원 개발에 치중해 있고, 국토의 대부분이 사막 지역으로 농경지가 불충분해 대외 식량의존도가 높다.

수도 알제의 모습

2) 역사

이 지역에는 선사시대부터 베르베르 족이 정착하였고 기원전 3~2세기 경 흩어진 부족들이 통합하여 누미디 왕국을 건설하였다. 누미디 왕국은 강력한 왕권을 가진 왕을 중심으로 번성하였으나 기원전 46년 로마제국에 정복당하였고 로마의 속주로 지배를 받으며 원주민들은 기독교로 개종하였다.

로마제국의 멸망 후 강력한 정치체제가 한동안 나타나지 않다가 7세기 경, 아랍족의 침입을 받게 되었다. 베르베르 족을 중심으로 원주민들은 아랍-이슬람 정복자들에게 한동안 저항하였으나, 이슬람으로 개종하고 아랍족과 함께 유럽의 기독교 지역 정복에 나서기도 하였다. 이후 800여 년 간 스페인을 지배했던 이슬람 세력은 1492년 스페인에게 패퇴하고 17세기 초에는 남아 있던 아랍인들이 알제리로 대거 추방되어 이후 알제리의 국내 상황에 영향을 끼치기도 했다. 1515년에는 오스만제국의 지배가 시작되었고 외부의 지배세력에 대한 원주민들의 저항운동도 계속되었다.

이미 서부 아프리카에 상당한 지역의 식민지를 보유하고 있던 프랑스는 1830년 지중해를 건너 알제리 정복을 위한 전쟁을 시작하고, 1870년에는 실질적으로 알제리를 완전히 병합하였다. 식민지 편입 이후, 알제리는 132년 간의 식민지배에 대항하는 길고 긴 유혈 항쟁과 독립 전쟁을 치룬 후에야 1962년 마침내 독립을 완성할 수 있었다. 알제리는 제2의 프랑스어권 국가로 꼽힐 만큼 많은 인구가 프랑스어를 사용하고 있으나[31], 헌법상 명시된 공식언어는 아랍어와 베르베르 족의 언어인 타마지그어만을 인정하고 프랑코포니 국제기구OIF에도 가입하지 않았다.

31) 약 1천 6백만 명의 인구가 프랑스어를 구사할 수 있다.

알제리 독립 전쟁 (1954~1962년)

알제리는 북아프리카에서 프랑스 식민지의 본거지였다. 1830년 처음 군대를 파견한 이래 1870년 완전히 복속될 때까지 베르베르 족을 중심으로 격렬한 저항운동이 계속되었고 인명 피해도 막대하였다. 1945년에는 '세티프Sétif'라는 도시에서 민족적 차별에 대한 민중의 저항 운동을 폭력적으로 진압하면서 1만여 명에 이르는 인명 피해가 나기도 하였다. 1954년 11월 알제리의 민족해방전선FLN, Front de libération nationale은 본격적인 무장 항쟁을 통한 독립을 선포하며 전쟁 상태로 들어갔다.
프랑스는 제 2차 세계대전 후, 민족 자결권에 의한 식민지 독립이라는 흐름에 거스르며 알제리의 독립을 받아들이지 않았다. 프랑스 정부의 결단이 늦어지면서 알제리 뿐만 아니라 프랑스 측도 6만여 명의 인명 피해를 보게 되자 프랑스 국내 여론까지 들끓게 되었다. 1962년 마침내 프랑스의 드 골 장군과 알제리 정당 대표가 만나 에비앙 조약을 체결하면서 알제리는 독립을 이루게 되었다.
그러나 전쟁이 진행되는 동안 원주민과 유럽 출신 이주민인 피에 느와르Pieds noirs간의 학살과 보복 살인으로 비극이 계속되었고 전쟁의 무대였던 알제리는 전쟁으로 인한 직접적인 피해도 컸다. 알제리 독립전쟁은 프랑스 국내 정치에도 큰 영향을 끼쳤는데, 제 4공화국이 막을 내리고 드 골의 대통령 선출과 함께 제 5공화국이 시작되는 계기가 되었다.

독립 후, 선출된 초대 대통령은 군부 쿠데타로 물러나고 차기 정권은 사회주의 체제를 도입하여 사회 전반에 변화를 꾀하였다. 정부에 의한 아랍화와 사회주의 체제는 베르베르 족에 대한 차별을 불러왔고, 1980년 베르베르 족이 가장 많이 모여 살던 카빌Kabylie에서 유혈폭동이 발생하는 원인이 되기도 했다. 1992~1998년까지 '암흑의 시대'가 펼쳐지며 알제리는 불안정한 국내정세로 유혈사태가 빈번하게 일어났다.

1999년 부테플리카Bouteflika대통령이 민주적인 선거로 당선되면서 알제리는 경제규모에 걸맞는 민주정치의 시작을 알렸다. 특히 토착 원주민인 베르베르인에 대한 차별을 완화하고 베르베르족 언어인 타마지그어를 헌법에 공용어로 명시함으로써 국민통합을 끌어내며 국내의 갈등상황을 봉합하는 계기를 마련하였다. 개방과 개혁정치를 추구하는 부테플리카 대통령은 2004년부터 두 번의 5개년 발전계획을 통해 사회 인프라의 현대화와 민간부문의 투자를 유도하는 정책을 실시하였다. 이러한 정책들은 아프리카에 국한되었던 알제리의 위상이 한 단계 높아지는 계기가 되어, 2005년에는 EU와 협약을 체결하였고, 2009년에는 아랍 자유무역존에 가입하였다.

주요 산유국으로서 알제리는 원유수출이 차지하는 비율이 절대적이기 때문에 국제유가의 등락은 알제리 경제에 미치는 영향이 매우 크다. 최근 국제유가가 회복되면서 수입이 늘어나고, 국가채무가 사라지면서, 민간부문의 다양화와 역동적인 활약에 힘입어 중산층이 늘어나고 있다.

이런 개방정책은 정치, 경제분야 뿐 아니라 외교적인 분야에서도 나타나고 있다. 2006년 말리의 북부지역에서 투아레그Touarèg족의 반란이 일어나자, 말리 정부와 반군사이에 평화협정을 맺도록 중재했다. 역사적 사건으로 적대적 감정을 가졌던 프랑스와 새로운 외교관계를 맺고, 사회주의 체제를 채택하면서 갈등했던 미국과도 우호적인 관계를 다지고 있다. 국경에 대한 이견으로 전쟁을 치뤘던 모로코와의 관계개선, 아시아 특히 중국과의 경제협력을 통하여 세계무대에서 알제리는 아프리카의 안정을 뒷받침하는 주축으로 성장하였다. 부테플리카 대통령은 2014년 81.5%의 찬성으로 4선에 성공하며 장기집권에 성공하였다.

3) 사회와 문화

알제리 정부는 독립 이후, 공식적으로 아랍화를 명시하고 학교에서도 아랍어를 교육하고 사용을 권장한다. 그러나 실제 생활에서는 프랑스어가 널리 쓰이고 있으며 중산층 이상에서는 프랑스어 교육을 중요시한다. 교육 체제는 프랑스식을 도입하여 6세~15세까지 의무 교육이 실시되며 국립대학은 학비가 면제된다. 사회주의 체제 도입으로 TV나 라디오 방송같은 매스 미디어는 정부의 지휘 감독하에 운영되고 있다. 알제리는 세계적으로 유명한 축구 강국이며 국민 누구나 축구 애호가를 자처한다.

알제리는 북아프리카의 이슬람 국가들 중에서도 상대적으로 보수적인 사회이며 종교적 색채도 강한 편이다. 그래서 2011년 튀니지에서 시작한 민주혁명[32]이 북아프리카를 휩쓸며 독재 정권을 무너뜨릴 때에도 알제리는 비교적 영향을 덜 받았다. 그러나 전체적인 생활수준이 높아지고 여성 인권에 대한 인식도 발전하여 최근에는 여성들의 사회진출이 빠르게 늘어나고 있다. 더불어 사하라 사막 이남 저개발 아프리카 국가들의 1인당 출산아동 수가 평균 5~6명인데 반하여 알제리를 비롯한 북아프리카 지역의 자녀수가 2명 내외로 서구 사회와 크게 다르지 않다.

32) 2011년 튀니지에서 시작된 '아랍의 봄' 또는 '재스민 혁명'을 말한다. 튀니지 편 참조.

쿠스쿠스Couscous

알제리를 비롯한 북아프리카 지역의 대표적인 전통 음식인 쿠스쿠스는 밀가루 반죽을 좁쌀 만하게 굴려 만든 스물semoul, 각종 야채와 고기를 쪄서 익힌 뒤 소스를 뿌려 먹는다. 베르베르 족이 주식으로 먹는 전통음식으로 프랑스를 비롯하여 전 세계적으로 유명한 음식이 되었다. 각 지방마다 특색있는 재료를 사용하여 조리법이 매우 다양한 것으로 유명하며, 쿠스쿠스를 요리하는 특별한 조리기구인 쿠스쿠시에couscoussier가 있다.

모로코

· 정식국명 : 모로코 왕국
· 국왕 : 모하메드 6세 Mohammed VI
(알아우이트 Al-Aouites 왕조 1659년~ 현재)
· 수도 : 라바트Rabat
· 인구 : 약 3,380만 명
· 언어 : 아랍어, 베르베르어(아마지게amazighe)
(프랑스어는 무역, 정치, 외교 분야에서 사용)
· 문맹율 : 33%
· 종교 : 99%의 이슬람(수니파), 기독교, 유대교
· IDH : 0.617(126위)
· GDP : 1,049억 달러
· 화폐 : 모로코 디르함Dirham

1) 소개

모로코는 아프리카 대륙의 서쪽 끝에 위치하여 북으로는 지중해를 사이에 두고 스페인과 마주하고 있으며 서쪽은 대서양이다. 대서양 연안을 따라 모로코의 남쪽에 위치한 서사하라는 원래 모로코의 영토였으나 식민 지배 과정에서 스페인과 프랑스에 각각 지배 받으며 언어, 문화적으로 분리되어 현재는 독립된 국가로 인정받고 있다. 국민의 대부분이 이슬람교를 신봉하고 아랍어와 베르베르어를 사용하며 국민

의 약1/2은 프랑스어를 구사한다. 지중해 연안의 일부 지역에는 스페인어도 통용된다.

대서양과 지중해의 해양성 기후와 고온 건조한 사막, 아틀라스 산맥이 위치한 내륙의 대륙성 기후 등 지역에 따라 다양한 기후를 보인다. 전체 인구의 약 70%가 대서양과 지중해 연안, 아틀라스 산맥 서쪽의 평야 지대에 집중되어 있다. 오랜 역사를 지닌 모로코에는 역사, 문화적 가치를 지닌 도시가 여럿이다. 대표적으로 내륙에 위치한 마라케쉬Marakech는 11세기 베르베르 족의 왕국이었던 알모라비드Almoravides 왕조의 수도로 베르베르의 고유한 전통이 깊게 남아 있고, 9세기 중세 왕국의 수도로 많은 이슬람 문화 유적이 남아 있는 페스Fès, 대서양 연안의 경제 도시이자 모로코 최대 도시인 카사블랑카Casablanca 등 유명 도시가 많아 모로코는 튀니지와 함께 아프리카에서 관광 산업이 가장 활발한 나라이기도 하다.

아프리카의 식민통치 이후 독립한 나라들은 대부분 선거를 통해 정치 지도자를 선출하는 공화제를 채택하였으나, 모로코는 1912년 프랑스와 스페인의 식민 통치에도 불구하고 왕위를 유지했던 국왕이 해외로 망명하였다가 독립 후에 다시 돌아오면서 자연스럽게 국왕 통치의 입헌 군주제가 정착되었다.

모로코는 정교일치의 사회로 국왕은 정부의 수장이며 동시에 종교 지도자이다. 모로코는 베르베르인이 가장 많이 거주하는 나라로 대표적인 아랍-이슬람-베르베르 문화권 나라이다.

아틀라스 산맥

카사블랑카의 랜드마크로 부상한 하산 2세 모스크

2) 역사

모로코의 역사는 대부분 북아프리카의 역사와 맥을 함께 한다. 알제리 편에서 알아본 바와 같이 토착민인 베르베르인의 오래된 역사와 로마 제국의 문화가 유입되며 로만-아프리칸 문화가 융성하였다가, 8세기 아랍족의 침략으로 이슬람 문화가 들어왔다. 특히 모로코의 해안 도시 탕헤르Tanger는 지브롤터 해협을 사이에 두고 스페인과 마주 보고 있는데 바로 이 해협을 통해 아랍-베르베르 연합군이 스페인을 정복하며 유럽에 이슬람문화가 진출하는 계기가 되었다.

알제리를 40년에 걸쳐 식민지화한 프랑스는 알제리를 중심으로 동, 서 양쪽으로 식민 영토를 확장하고자 하였다. 1912년 모로코는 프랑스와 보호 조약을 체결하고 프랑스와 스페인, 미국 및 유럽 국가의 군대가 자리 잡으면서 국토가 여러 지역으로 나뉘는 아픔을 겪어야 했다. 이는 나중에 서사하라 지역의 독립에 대한 분쟁이 시작되는 원인이 되었다.

한편, 모로코의 독립을 위해 싸우던 세력들을 보호, 지지하던 왕은 결국 프랑스 식민 정부에 의해 외국으로 망명을 가게 되었다. 제국의 마지막 왕이던 그는, 조국 모로코의 독립이 임박해지자 귀국하여 모로코 왕국의 첫 번째 왕인 모하메드Mohammed 5세가 되었다. 1659년 시작된 알아우이트Alaouites 왕조는 세계에서 가장 오래된 왕조로, 하산Hassan 2세(재위 1961~1999년)에 이어 현재 모하메드 6세가 통치하고 있다.

메디나로 들어가는 문, 모로코 마라케쉬

모로코의 고대 도시 페스

스페인-프랑스 분할 통치 하의 모로코

서사하라 지역은 국토의 99.8%가 사막으로 몇몇 유목부족이 살고 있는 미지의 땅이었다. 1884년 스페인이 가장 먼저 이 지역에 보호령을 선포하였다. 북아프리카에서 식민지를 확장하던 프랑스는 1900년 파리조약을 통해 자국의 식민지(현 모리타니)와 스페인 보호령 사이의 국경선을 정하게 된다. 그리고 1912년 프랑스는 모로코를 병합하며 기존의 국경선을 유지한다. 1956년 모로코가 프랑스로부터 독립하면서 '위대한 모로코' 건설을 내세우며 이 지역에 대한 지배권을 주장하였으나, 1958년 스페인은 서사하라 지역에 '스페인령 사하라'를 세우고 정부와 의회를 구성하는 등 영향력을 행사하였다. 1975년 모로코는 서사하라 병합을 위한 군사 작전에 나섰고 '서사하라 전쟁'은 1991년 정전 협정을 맺으며 일단락 되었다. 현재 서사하라의 80%는 모로코의 영향력 아래에 있으나, 사흐라위Sahrawi족을 중심으로 서사하라의 독립을 주장하는 폴리사리오Polisario의 군사행동은 지금도 진행 중이다. 유엔의 지속적인 중재에도 불구하고 국제 분쟁 지역으로 남아있으며 서사하라는 아직 독립된 국가로서의 공식승인을 받지는 못하였다.

모로코에서 분리, 독립을 원하는 서사하라

2011년 북아프리카에 '아랍의 봄'이라 불린 민주화 바람이 불었을 때, 모로코가 상대적으로 안정적인 사회 분위기를 유지할 수 있었던 것은 1999년 왕위를 물려받은 젊은 왕 모하메드 6세의 개혁정치 덕분이었다. 모하메드 6세는 각 분야별 장기계획을 세워 정치, 경제적 현대화를 추진하고, 가족법을 개정함으로써 양성평등을 지향하였다. 사회보장제도의 개선을 위해 노력하며 선거에서의 투명성 확보를 위한 대책을 마련하였다. 또한 독립 이후 정부에 의해 자행된 인권침해 사례를 밝히기 위해 왕이 직접 담당기구를 마련하여 사회적 화해를 모색한 것도 괄목할 만한 발전이었다. 2011년의 '아랍의 봄'은 이러한 시도를 촉진하는 사건이 되었다. 모하메드 6세는 개헌을 통해 모로코의 모든 분야에서 개혁이 진행될 수 있는 토대를 마련하고자 했고, 국민들은 투표를 통해 힘을 실어주었다. 2016년 투표를 통해 다수당과 총리가 선출되며 모로코는 안정적 행보를 보여주고 있다. 최근 모로코 사회를 불안에 떨게 하는 이슬람 테러단체들에 대해서도 강경한 태도를 취하고 있다.

3) 사회와 문화

모로코는 북 아프리카 지역에서 이집트, 알제리에 이어 세 번째 경제 대국이다. 풍부한 지하자원을 개발하고[33] 농업이 발달해 있으며, 지중해와 대서양으로 둘러싸인 지리적 잇점을 통해 어업도 발달해 있다. 또한 젊은 국왕을 중심으로 개헌을 통해 점차 민주적인 개혁을 진행하고 있어서 정치적으로도 안정적인 상태를 보인다. 지리적으로 유럽

33) 모로코는 인산염의 세계 매장량의 3/4을 보유하고 있다.

시장과 가까워서 무역에도 유리하고, 유럽 관광객의 유치에도 큰 잇점이 있다. 그러나 대부분의 아프리카 국가들이 그러하듯, 모로코 역시 농업 등 1차 산업에 치중해 있는 산업 구조, 사회적 불평등과 실업 등은 사회적 문제로 꼽힌다.

1999년 왕위를 이어 받은 모하메드 6세는 여러 면에서 개혁을 단행하였는데, 특히 2004년 가족법을 개정하여 여성 인권을 신장시켰다. 아랍-이슬람 전통의 가부장적 문화에도 불구하고 양성 평등을 개선하여 모로코 여성들은 자신의 의사에 따라 결혼과 이혼을 할 수 있으며, 외국 국적의 남성과 결혼했을 때에도 자신의 국적을 물려줄 수 있게 되었다.

국민 대부분이 이슬람교 신자이며, 아랍어와 베르베르어는 공식 언어로 헌법에 명시되어 있다. 또한 15세 이하 어린이들에 대한 의무 교육이 실시 중이나 국민의 30% 가까운 수가 글을 읽지 못하는 것으로 나타났다. 프랑스어는 경제, 행정, 교육 언어로 교육 기관에서 주요 외국어로 교육된다. 국민의 약 30%가 프랑스어 구사자로 중산층 이상의 주민들은 자녀들을 프랑스어 사립학교에 보내는 것을 선호한다. 스페인어도 약 20% 인구가 사용한다.

모로코의 문화적 구성요소에서 베르베르인의 영향은 매우 크다. 아랍-이슬람 문화 속에서도 자신들만의 전통문화를 지켜낸 것은 북아프리카 어느 지역에서도 마찬가지이다. 베르베르인인 수공업 장인들이 전통방식으로 생산하는 카페트, 도자기, 전통문양의 직물, 금속 공예품이 유명하다. 특히 쿠스쿠스와 타진으로 대표되는 모로코의 음식은 그 다양성과 풍부함으로 유명하며 음악, 춤 등 모든 면에서 자신들의 모습을 남겨 놓았다.

튀니지

· 정식국명 : 튀니지 공화국
· 수도 : 튀니스Tunis
· 인구 : 1,100만 명
· 종교 : 이슬람, 기독교, 유대교
· 문맹율 : 20.3%
· 공식언어 : 고전아랍어, 튀니지 아랍어
· 상용언어 : 베르베르어, 프랑스어
· 종교 : 이슬람
· IDH : 0.721(96위)
· GDP : 430억 달러
· 화폐 : 튀니지 디나르Dinar

1) 소개

마그레브 3국의 마지막 나라인 튀니지는 북아프리카의 비교적 작은 나라로 서쪽으로 알제리, 동남쪽으로 리비아, 북으로는 지중해에 접해 있다. 온난한 기후와 역사적 문화유적이 풍부하여 튀니지는 모로코와 더불어 아프리카의 관광 대국으로 손꼽힌다. 국토의 약 30%는 사하라 사막이며, 수도 튀니스는 지중해 연안에 위치해 있다. 남북으로 길쭉한 모양을 하고 있는 튀니지는 북쪽의 평야지대와 중부의 산악지대, 그리고 남부의 사막지대로 나뉜다. 지중해성의 온난한 기후와 비옥한 토양 덕분에 필요한 식량은 자급자족이 가능하다. 이 외에 중부 내륙의 산악 지역에서는 올리브를 경작하며 남부 지방은 사하라 사막이 시작되는 곳으로 덥고 건조한 사막의 기후를 보인다.

튀니지는 기원전 3세기 경 지중해 서부를 지배하며 번성했던 해상국가 카르타고와 장군 한니발의 지역으로 많은 문화 유적이 남아 있으며, 2011년에는 북아프리카의 민주화 운동인 '재스민 혁명'이 시작된 곳이기도 하다. 또한 아랍어와 이슬람을 국가적 가치로 인정하고 있으나, 이슬람의 가부장적 전통을 가진 국가들 중, 여성들의 사회 진출과 양성 평등이 가장 발전된 나라로 평가받고 있다. 여기에는 공화국의 초대 대통령이며 국부로 추앙받는 부르기바Bourguiba 대통령의 개혁이 기여한 바가 크다고 할 수 있다.

2) 역사

토착민 베르베르 족의 정착과 로마 제국의 지배를 거쳐, 아랍족의 침입과 이슬람의 전래는 북아프리카의 공통된 역사라고 할 수 있다. 그러나 로마에 편입되기 전, 지중해의 지배권을 놓고 강성했던 해상국가 카르타고를 지나칠 수 없다. 페니키아인[34]들의 식민지였던 카르타고는 당시 지중해 무역의 중심지로 가장 화려한 문명을 자랑하고 있었다. 그러나 지중해 패권을 놓고 로마와 맞붙은 카르타고는 세 차례에 걸친 로마와의 전쟁[35]에서 결국 패하였고 로마의 속주가 되었다. 당시 카르타고에는 한니발이라는 명장이 버티고 있었으나 로마의 기세를 뛰어 넘지는 못했다.

34) 로마인들은 도시국가 카르타고의 주민을 '페니키아의 주민 즉, 포에니'라고 불렀다.

35) B.C.264~B.C.146에 걸친 세 차례의 포에니 전쟁을 말한다.

카르타고와 한니발 장군

카르타고는 B.C. 814년 경, 현재 튀니지의 수도인 튀니스에 세워진 도시국가이다. 지중해를 오가며 상업무역에 뛰어난 재능을 보였던 카르타고인들은 지중해의 서부를 완전히 장악하며 당시 최첨단의 문명을 이룬 사회였다. 현재 남아있는 유적을 연구한 결과, 카르타고인들은 신들에게 어린아이를 제물로 공양하는 전통이 있었던 것으로 추측된다. B.C. 3세기 경, 신생 도시국가였던 로마와는 시칠리아의 지배권을 확보하기 위해 전쟁을 벌였으나 패하였고, 이것이 1차 포에니 전쟁이다. 한편, 한니발 장군(B.C.247~181년경)은 이미 명성이 자자한 카르타고의 총대장이었다. 한니발은 로마와의 2차 포에니 전쟁에서 기존의 작전을 뒤엎는 역발상으로 로마를 떨게 만들었다. 이미 유럽의 서쪽 이베리아 반도를 손에 넣었던 카르타고는 강력한 해군을 앞세운 바닷길 대신 아무도 예상치 못한 육로를 통해 로마를 침공하는 것이었다. 이것이 역사상 유명한 코끼리 부대를 이끌고 알프스 산을 넘는 대장정이었다. 한니발의 군대는 모두 용병이었기 때문에 힘든 여정 중에 군인들의 이탈이 충분히 일어날 수 있었으나, 일반 군인들과 같이 먹고 자는 대장군의 모습에 군인들의 동요는 없었다고 한다.

그러나 한니발의 작전도 기울어 가는 국운을 다시 일으켜 세우지 못하고 패배로 이어졌고, 패배한 한니발은 현재 시리아 지방으로 망명하였다가 자살로 생을 마감했다.

3차 포에니 전쟁에서 다시 로마에 패배한 카르타고는 철저히 파괴되었고, 모든 지역민은 죽거나 노예로 잡혀갔다. 200여 년에 걸친 카르타고와의 전쟁을 승리로 이끌어 제국의 기틀을 마련한 로마는 이 지역을 속주로 삼고 '아프리카'라고 불렀다.

튀니지에 남아 있는
고대 로마의 유적

7~8세기에 걸쳐 아랍-이슬람 세력이 침입하고 9세기가 되면 베르베르족이 이슬람교로 전향하며 자치권을 가진 이슬람 왕조가 성립하였다. 12~13세기 초까지 알모하드Almohade 왕조가 마그레브 지역을 통일하면서 튀니지도 병합되었으나 1236년 하프시드Hafsides왕조가 분리, 독립하면서 예전의 국경선을 되찾았다. 1575년 튀니지는 오스만 제국에 다시 병합되어 속령이 되었다가, 1881년에 바르도Bardo 조약에 의해 프랑스 보호령이 되었다.

프랑스 보호령 아래에서 튀니지는 도로, 항만, 철도 등의 사회, 경제적 인프라가 발전하고 풍부한 지하자원인 인산염을 본격적으로 개발하였다. 또한 아랍어와 프랑스어의 이중 언어체계가 시작되어 튀니지 엘리트계층에 프랑스어가 자리 잡게 되었다. 이와 함께 20세기 초반부터 프랑스 식민 체제에 대한 저항도 시작되었는데 특히 변호사였던 하비브 부르기바Habib Bourguiba는 튀니지 독립을 위한 저항운동을 대표하는 인물로 떠올랐다. 1938년 4월에는 국내 정치개혁과 튀니지의 독립을 요구하는 시민들의 시위를 폭력적으로 진압하며 200여명의 사상자가 발생하는 인명피해를 보기도 하였다. 2차 대전 후, 튀니지는 게릴라전을 비롯해 유혈 저항을 계속하다가 1956년 독립을 이뤄냈다.

튀니지 공화국의 대통령으로 1957년 취임한 부르기바는 실용주의 노선의 개혁적인 정책을 펼치며 튀니지의 근대화를 이루었으나, 30년간 지속된 장기 집권과 반이슬람적인 정책들은 반대파의 저항을 불러왔고 결국 쿠데타로 물러나게 되었다. 그러나 부르기바의 정책들은 이후의 정권에도 계속 영향을 미쳤고 현재 튀니지는 이슬람 세계에서 가장 민주적인 모습을 하게 되었다.

1989년 선거에 의해 대통령에 선출된 벤 알리는 북아프리카 최고 수준의 경제 발전과 남녀평등이 강화된 법령 시행 등으로 서방세계에

튀니지의 국부 부르기바 대통령과 개혁 정치

하비브 부르기바Habib Bourguiba(1903~2000년) 튀니지 초대 대통령은 1920년대 프랑스에서 법률 공부를 하고 변호사로 활동하다가 31세에 튀니지로 돌아와 독립운동에 헌신하였다. 여러 차례 투옥되고 추방당하는 등 프랑스 식민정부에 의해 박해 받았으나, 결국 1956년 독립을 이뤄낸다. 독립 직후, 기존의 왕정이 되돌아오자 이에 반대하여 1957년 공화정으로 정치체제를 바꾼 뒤 자신이 초대 대통령으로 취임하여 30년간 집권하였다. 대통령에 취임한 부르기바 대통령은 정치, 경제, 외교, 교육 등 전반적인 분야에 걸쳐 개혁을 추진하였고, 튀니지 사회의 현대화에 크게 이바지하여 국민들로부터 국부로 추앙받고 있다. 특히 가부장적인 이슬람 사회에서 양성평등을 추구한 점은 아랍의 여타 지도자와는 구분되는 점이다. 실용주의적 노선과 닮은 그의 정책은 '부르기비즘'으로 요약되며 오랫동안 외세의 지배 속에서 벗어나지 못한 조국 튀니지의 발전에 가장 효과적인 정책으로 평가받고 있다. 그러나 장기 집권과 급진적인 개혁정책은 이슬람주의자들의 불만을 불러왔고 1987년 수상이었던 벤 알리의 쿠테타에 의해 대통령직에서 물러났다.

긍정적 이미지를 보여주었으나, 20여년의 장기 집권 후반기에 독재와 대통령 일가의 부정부패에 경제난이 가중되면서 국민의 지지를 잃어 2011년 '아랍의 봄' 혁명이 일어나는 단초가 되었다.

튀니지의 재스민 혁명과 아랍의 봄

2010년 12월부터 2011년 1월까지 4주에 걸쳐 튀니지에서 일어난 비폭력 민중혁명을 재스민 혁명이라고 한다. 1987년 쿠데타에 의해 정권을 잡은 벤 알리 정권은 언론을 탄압하고 부정부패가 만연했으며 영부인을 비롯한 대통령 가족의 부정 축재가 문제가 되고 있는 가운데, 국민들은 경제적 수준이 하락하고 실업률이 치솟으며 고통받고 있었다. 특히 대학을 졸업한 청년 실업률이 가장 큰 사회문제로 떠올랐다. 튀니지 중부지방의 도시 시디 부지드Sidi Bouzid에서 과일 행상을 하던 모하메드 부아지지Mohamed Bouazizi 역시 대졸 실업자였다. 노상매대를 경찰에 빼앗기고 분신자살한 부아지지의 소식이 알려지면서, 2010년 12월 17일 시작된 시민 저항은 정부의 진압에도 불구하고 4주간 계속되었으며 튀니지 전체로 확대되었다. 이러한 시민 혁명은 2011년 대통령 벤 알리의 대통령직 사임을 이끌어냈다. 이 기간 동안 시민 338명이 사망하고, 2,174명의 부상자가 발생한 것으로 보도되었다.

튀니지의 시민 혁명은 대중매체를 통해 점차 이웃의 이슬람 국가들로 펴져서 '아랍의 봄'으로 확대되었다. 알제리, 모리타니, 모로코에서는 몇몇 시민들이 정부에 반대하며 스스로 목숨을 끊었고, 바레인, 요르단, 시리아에서도 시민들의 시위가 계속되었다. 이집트에서는 시민 혁명으로 2011년 1월 25일 무바라크 대통령이 하야하였고, 특히 리비아에서는 41년간 집권하였던 카다피 대통령이 같은 해 2월 18일 물러난 것은 손꼽을 만한 사실이다. 2011년의 시민 혁명으로 만들어진 아랍의 봄은 민주화를 염원하는 국민들의 저항을 보여준 것으로 높이 평가할 만하며 아랍-이슬람 사회의 민주화에 기여한 바가 크다고 할 수 있다.

튀니지의 시민혁명은 2011년 투표를 통해 새로운 대통령과 국회를 구성하였다가, 2014년 두 번째 헌법을 채택하고 새로운 헌법에 의거하여 대통령과 국회의원 선거를 실시하며 마무리되었다. 튀니지는 대통령과 국회, 정부의 수반인 수상이 일정한 범위 내의 권력을 가지는 권력분산 체제를 갖추고 있다.

2015년 이후 튀니지는 테러단체들의 테러행위로 큰 사회적 위협에 직면하였다. 특히 유명 관광지를 중심으로 한 폭탄테러로 외국인 관광객들의 인명피해가 연이어 발생하자, 반테러 법과 테러단체들과의 전쟁을 위한 국가 비상사태 선포 등 다각적인 대책을 마련하고 있다. 그러나 이웃 리비아의 국내 정세불안으로 테러단체들의 튀니지 국내 활동이 늘어나자, 적극적인 대테러 작전을 수행하며 테러단체들의 진입을 막기 위해 튀니지-리비아의 국경을 단단히 닫았다. 이러한 사회불안은 튀니지의 관광산업에 직격탄이 되었다. 전체 GDP의 약 7%를 차지하는 관광산업이 막대한 피해를 입었고 관련 산업분야로 악영향을 끼치고 있다.

튀니지 정부는 2016~2020년의 5개년 경제개발 계획을 세워 경제분야의 개혁을 준비하고 있으며 외국인 투자유치, 중앙은행 개혁, 민간부문과의 협력 등에 힘 쏟고 있다.

3) 사회와 문화

튀니지는 북아프리카의 다른 국가들과 마찬가지로 다문화 사회이다. 페니키아인들이 남겨놓은 카르타고 문명과 유럽 기독교의 뿌리가 되었던 로마의 기독교와 라틴문화를 지나오면, 지금도 국민 대부분이 신자일 정도로 깊은 흔적을 남겨 놓은 아랍족의 이슬람 문화와 맞닿아 있다. 인종적으로는 베르베르 족과 가까운 것으로 조사되나 알제리나 모로코와 달리 튀니지의 베르베르 족은 주로 내륙의 산악지대에 모여 살며 그 수는 현저히 작다. 이 외에 유대인과, 소수 외국인을 합쳐 현재 인구는 1,100만 명을 넘는 것으로 나타났다. 공식 언어는 튀니지 고유의 아랍어와 정통 아랍어이며 프랑스어도 공용어로 많이 쓰이고 있다. 관광산업이 특히 발달한 튀니지의 경우, 유럽언어의 구사능력은 취업에 유리하기 때문에 중산층 이상 가정에서는 자녀들의 외국어 교육, 특히 프랑스어 교육에 힘쓰는 편이다. 그러나 90년대 이후 정부의 아랍화 정책으로 행정 부처내의 아랍어 사용을 권장하면서 프랑스어 사용은 후퇴하는 양상을 보이고 있으나 아직도 국민의 64% 가량은 프랑스어 구사능력이 있는 것으로 조사되었다. 튀니지에서는 기본적으로 6~16세까지 의무교육이 이루어지며 약 25%의 문맹율을 보이고 있다.

튀니지는 앞서 언급한 대로, 이슬람 사회 중 남녀평등에 있어서 가장 발전된 모습을 보여준다. 이슬람의 특징 중 하나인 일부다처제와 양성차별은 법적으로 금지 사항이고 공공장소에서의 히잡hijab 착용을 제한하기도 한다. 또한 중등이상의 교육을 받는 남녀 학생의 비율도 거의 동등하고, 전문직에 진출한 여성 비율이 30%를 넘기도 한다.

튀니지의 유명한 관광 도시 시디 부 사이드

튀니지는 전통적으로 수공업 제품, 특히 양탄자나 도자기 생산으로 유명하며 16세기 경 안달루시아 지방에서

들어온 재스민은 튀니지를 상징하는 꽃으로 해가 지면 재스민 꽃다발을 만들어 거리에서 파는 모습을 쉽게 볼 수 있다. 다른 마그레브 국가들과 마찬가지로 튀니지인들도 주식으로는 쿠스쿠스를 선호하며, 스파게티나 마카로니 같은 밀가루 음식을 즐긴다. 튀니지의 인기 스포츠는 축구와 태권도이다.

 이집트

· 정식국명 : 이집트 아랍공화국
· 정치체제 : 혼합대통령제
· 수도 : 카이로 Le Caire
· 인구 : 약 9천만 명
· 공식언어 : 정통 아랍어
· 종교 : 이슬람(수니파), 기독교(콥트교)
· 문맹율 : 28%
· IDH : 0,644(113위)
· GDP : 330억 달러
· 화폐 : 이집트 리브르livre
· OIF 가입 : 1983년
· 프랑스어 구사자수 : 280만(2010, OIF)

1) 소개

피라미드와 스핑크스의 나라 이집트는 오랜 역사와 기념비적인 문화유적으로 이미 너무나 유명한 곳이다. 세계에서 가장 긴 강인 나일강가의 비옥한 토지에서 시작된 이집트 문명은 세계 4대 고대문명 중 하나였다. 이집트는 아프리카와 아시아를 잇는 길목에 위치한 나라로 지중해와 인도양을 잇는 해상 실크로드의 길목인 수에즈 운하를 운영하는 나라이기도 하다. 거대한 국토와 아프리카 3위의 인구대국인 이집트는 나이지리아에 이어 아프리카 제2의 경제대국이며[36], 나일강가를 제외한 대부분의 국토가 황무지로 경작이 불가능해 전체 국토의 약 5%에 대부분의 인구가 모여살고 있어서 세계 최고의 인구밀도를 보여주고 있다.

아프리카 북부지역 대부분이 프랑스의 식민지가 되었으나, 프랑스 국내 사정상 나폴레옹이 1799년 귀국하면서 이집트는 1882년에 영국의 지배 아래 들어가게 되었다.

2) 역사

기원전 3000년 이전에 파라오의 왕권을 바탕으로 하는 국가가 건설되었고, 기원전 332년 알렉산더 대왕에게 정복당하고 정복자의 이름을 딴 알렉산드리아가 세워졌다. 기원전 30년엔 로마 제국의 식민지로 로마의 안토니우스 장군과 이집트 여왕 클레오파트라의 일화가 전해지기도 했다. 이후에 아랍족의 점령과 이슬람 왕권이 이어져 오다가 오스만제국의 속령이 된 것도 앞의 마그레브 국가들과 비슷하다.

1798년 나폴레옹의 이집트 원정은 많은 유물이 프랑스로 넘어간 계기가 되었다. 1882년에는 영국의 실질적인 지배가 시작되었고 1914년에 정식으로 영국의 식민지로 편입되었다. 그러나 나폴레옹의 이집트 원정은 고대 이집트에 대한 본격적인 연구가 시작되는 계기가 되었으며, 이집트인들은 괄목할만한 발전을 이룬 서구 문명을 대해 새롭게 인식하는 기회가 되기도 하였다.

---

36) 아프리카의 국가별 GDP규모 상위 5개 국가는 나이지리아, 남아공, 이집트, 알제리, 앙골라 순이다. www.worldbank.org

한편, 프랑스와 이집트의 합작으로 10년의 공사 끝에 완공하여 1869년에 개통한 수에즈 운하는 이집트가 영국의 속국이 되면서 소유권이 프랑스와 영국으로 넘어갔으나, 1936년 이집트가 독립하고, 1956년 이집트의 대통령인 나세르Nasser가 운하를 국유화함으써 운하의 소유권에 대한 논란의 여지를 없앴다. 나세르 대통령은 1952년 쿠데타로 집권한 뒤, 1953년 공화국을 선포하고 대통령에 취임하였다. 이스라엘과의 중동전쟁에 적극적이었던 나세르 대통령이 1970년 사망하고, 2대 대통령이 된 사다트Sadate는 1977년 적국 이스라엘을 전격 방문하여 화해 분위기를 조성하기도 했으나 1981년 암살당하고, 당시 부통령이던 무바라크Moubarak가 대통령직을 이어 받았다. 1989년 이집트는 아랍연맹League Arabe에 재가입하여 아랍 국가들과의 우호관계를 회복하였다. 1991년 걸프전 이후, 이집트에서는 이슬람 과격주의자들의 테러가 빈번하게 발생하였다. 1995년에는 대통령에 대한 암살시도가 있었고, 1997년에는 대표적 관광지인 룩소르Luxor에서 관광객 58명이 사망하는 사건이 발생하기도 하였다.

2005년 5번째 임기를 시작한 무바라크 대통령도 2011년 시작된 '아랍의 봄'을 피해갈 수는 없었다. 2011년 2월 대통령이 사임한 뒤, 군인들이 주도하는 '최고위원회'의 주도 아래 2012년 국회의원 선거가 치러졌다. 2014년 모르시Morsi 대통령은 기존의 헌법을 폐기하고 사임하였고, 새로 과도정부가 구성되었다. 새로운 헌법에 기초하여 2014년 6월 알-시시Al-Sissi 대통령이 취임하였다.

이집트의 근대화에 기여한 중동의 이주민 - 레바논, 시리아, 팔레스타인 공동체

이집트에 자리잡은 중동 이주민들은 종교적 이유로 고향을 떠나 이집트로 이주하였다. 그리이스 정교의 영향을 크게 받은 중동의 기독교인들은, 로마 교황청과의 관계를 유지하면서, 자신들만의 종교적 색채를 지키기 위해 18세기 초반 주로 이집트에 정착하였다. 기독교 계통의 콥트 교도가 많은 이집트는 종교적 소수파에 열린 태도를 갖고 있어서 이들의 이민을 거부하지 않았다.

1840년과 1860년 레바논에서 기독교인에 대한 박해가 이루어지자 이집트로의 이주민은 더욱 늘어날 수밖에 없었다. 레바논-시리아 이주민들은 프랑스어에 능하며 교육수준이 높은 엘리트 계층으로 기계, 금융에 대한 지식을 가진 고학력층이었다. 레바논-시리아 이주민 공동체는 차왐chawam이라 불리며, 이집트 사회를 이끄는 사회지도층으로 성장하였고 이집트의 근대화에 크게 기여하였다. 특히 영국의 식민지배 기간 동안 영국인과 이집트인 사이에 연결고리로 일정 역할을 수행하였다.

 레바논

· 정식국명 : 레바논 공화국
· 정치체제 : 의원내각제와 대통령제 혼합형
· 수도 : 베이루트Beyrouth
· 인구 : 1932년 이후 정확한 인구조사가 이루어지지 않음.
· 거주인구 추정치 : 390만 명 (약 46만5천 명의 팔레스타인 난민, 118만 명의 시리아 난민 포함)
· 공식언어 : 고전 아랍어
· 상용언어 : 레바논 아랍어, 프랑스어(일정 수준이상의 사용인구가 있으며, 행정, 교육언어로 폭넓게 사용됨), 영어
· 종교 : 이슬람(시아파 31%, 수니파 29%), 마론교 (20%), 그 외 기독교(12%), 드루즈교(5%), 등
· IDH : 0.791
· GDP : 510억 달러
· 화폐 : 레바논 리브르livres
· OIF 가입 : 1973년 정회원국
· 프랑스어 구사자 수 : 1,616,900명(2010, OIF)

1) 소개

레바논은 중동 아시아의 서쪽 끝에 위치한 인구 4백만이 채 되지 않는 작은 나라이다. 팔레스타인과 시리아 등 내전을 겪고 있는 주변국이 많아 인구의 1/4이상이 주변국에서 들어온 난민들이다. 특히 남쪽

국경선을 접하고 있는 이스라엘과는 현재 공식적으로 전쟁 중이며, 헤즈볼라 등 이슬람 무장세력에 의한 테러의 위험도 큰 지역이다.[37]

지중해에 접해있는 지리적 특성상 아시아와 유럽, 아프리카 등 여러 문화의 교차점으로 이슬람과 기독교의 다양한 종교적 공동체가 존재해 왔다. 레바논의 권력은 여러 종파가 나눠 갖는 형태로, 이러한 정치-사회 시스템은 막강한 자본이 바탕이 되어 유지되었다. 다양한 종교적 색채, 그에 따른 문화의 다양성, 종교적 파벌에 비례하는 정치권력의 분산, 역사적으로 금융산업에 강점을 보이는 특징 등은 레바논을 중동 아시아에서 유례를 찾아볼 수 없는 독특한 나라로 만들었다. 뿐만 아니라 역사적으로도 여러 이민족의 지배를 받으며 그들이 남겨 놓은 역사적, 문화적 유적이 풍부하다. 그 중에서도 고대 페니키아인들의 유적, 로마 제국의 원형 경기장이나 무덤, 아랍 왕조의 왕궁, 십자군이 축성한 오래된 성벽 등 유네스코 세계유산으로 지정된 유물, 유적이 산재해 있다.

레바논은 지중해에 접해 있지만, 내륙으로 들어가면서 대부분 산지를 이루며 해발 2,500m가 넘는 산도 있다. 지중해변의 부드럽고 온화하며 습도가 높은 기후는 지형의 변화에 따라 건조하고 강한 바람과, 눈과 얼음으로 덮인 대륙성 기후까지 매우 다양한 변화를 보인다.

수도 베이루트의 모습

37) www.diplomatie.gouv.fr

2) 역사

로마제국의 유적

성경에 '젖과 꿀이 흐르는 나라'로 묘사되었던 레바논은 비옥한 토지와 온화한 기후로 주변국들에게는 매우 매력적인 지역이었고 이민족의 침략과 지배가 이어졌다. 지중해 곳곳에 카르타고 같은 식민도시들을 건설했던 고대 페니키아인들의 고향이었으나, 페르시아 제국과 그리이스의 마케도니아 제국 이후, 로마제국, 아랍제국의 지배를 받은 것은 북아프리카의 역사와 동일한 흐름을 보인다.

1919년 오스만이 멸망하면서 국제연맹[38]은 오스만 제국의 식민지였던 이 지역을 서구 유럽국가가 나누어 통치하도록 했는데, 레바논은 프랑스가 위탁 통치하도록 정해졌다.[39] 1920년 위탁 통치를 시작하면서 프랑스는 '위대한 레바논'이라는 이름 아래 새로운 정부를 수립했고, 1926년에 새로운 헌법을 제정하면서 공화국으로서의 모습을 만들어 나갔다.

1943년 프랑스에서 독립한 이후, 기독교파와 이슬람교파 간의 협약을 체결하여 정치적 안정과 경제 발전을 이루며 은행, 보험 등 자본을 바탕으로 한 금융업 분야가 특히 강점으로 부각되었다. 그래서 레

38) 국제연합UN의 전신.

39) 오스만 제국의 멸망 후 현재 레바논을 포함한 지역은 5개의 행정구역으로 이루어진 채 '시리아'라고 불렀다. 프랑스는 시리아 지역의 5개의 행정구역 중 하나인 '레바논'을 위임 통치한 것이다.

바논은 중동의 강소국으로 부상하며 '동양의 스위스'라는 별칭을 얻게 되었다. 경제발전은 관광산업으로 확대되어 한때 수도 베이루트는 '동양의 파리'로 불리며 관광객을 끌어 들였다. 그러나 중동전쟁으로 인한 지역적 불안정에서 레바논 역시 자유로울 수 없었다. 또한 1975년부터 15년간 계속된 내전은 이스라엘과 시리아가 개입하며 만회할 수 없는 상처를 남겼다. 이때 시리아와 레바논 사이에 '협력과 조정, 형제애의 협약'을 체결하여 시리아 군대의 레바논 주둔이 공식화되었고[40], 이스라엘은 2000년이 되어서야 자국의 군대를 철수시켰다. 이 내전으로 국토가 파괴되어 현재도 필요한 식량의 대부분을 수입해야 한다. 2006년에는 이스라엘과 전쟁이 시작되었는데, 이것은 1960년대 이래로 아랍-이스라엘 간에 있었던 중동전쟁과 같은 맥락에서 벌어진 것으로 공식적인 정전선포가 없었기 때문에 아직도 전쟁 상태라고 볼 수 있다.

2011년 '재스민 혁명'의 바람을 타고 시리아에서 반정부 시위가 벌어지고 급기야 내전으로 사태가 확대되자, 시리아 난민들이 대거 레바논으로 들어오면서 레바논의 국내 상황도 복잡해지기 시작했다.[41] 2012년 전임 대통령인 슬레이만Sleiman을 중심으로 시리아의 내전으로부터 레바논을 지키기 위해 모든 정파를 가리지 않고 협력을 취하기로 정파 간의 약속을 선포하기도 했다. 2014년 5월 전임 대통령의 퇴임이후 공석이던 대통령직에는 2016년 10월 아운Aoun대통령이 선출되었

40) 시리아의 군대는 2005년에 철수하였다. www.diplomatie.gouv.fr

41) 레바논은 시리아와의 국경을 공식적으로 봉쇄하여 인도적 경우를 제외하고는, 더 이상의 난민수용은 불가함을 공식 선포하였다. 레바논 정부는 2016년 2월 시리아와 주변국에 대한 원조를 논의하는 자리에서 난민들의 식량사정과 위생상태 개선을 위한 국제적 원조와 난민캠프 지원에 할애하는 정부예산을 고려하여 교육과 경제분야의 협조를 요청하였다.

고, 12월에는 수상을 중심으로 새로운 내각이 만들어졌다. 새 정부는 시리아 사태로 인한 이슬람테러 단체인 헤즈볼라Hezbollah의 활동에 신경을 곤두세우고 있다. 불안정한 시리아 내부에서 각종 테러행위를 감행하는 테러단체들은 국경을 넘어 레바논으로 들어오고 있다. 대테러 전쟁에도 불구하고 2013년 이후 레바논 곳곳에서 테러가 벌어졌고 인명피해도 상당하다. 최근에는 이라크와 시리아의 상당부분을 점령하고 있는 이슬람 무장세력인 다쉬Daech와 레바논 정부군 사이에 총격전이 벌어져 군인과 민간인 사상자가 발생하였다.

3) 사회와 문화

레바논의 가장 큰 특징은 다양한 종파에 따른 종교 공동체의 정치권력 분산이다. 공식적으로 18개의 종교가 존재하고 있고, 17개의 종교 공동체가 있다. 그 중 가장 많은 신도(인구의 약 60%)를 가진 이슬람교는 시아파와 수니파가 절반씩 균형을 이루고 있다. 바로 다음으로 많은 신자를 가진 종교는 기독교인데, 대부분이 마론교이고 그리이스 정교도 손꼽힌다. 이 외에도 유대교 공동체와 드루즈교 공동체도 권력의 일부분을 맡고 있다. 종파에 의한 국민의 다양성과 함께 30여만 명의 팔레스타인 난민과 시리아, 이라크 등 혼란을 겪는 인근 국가에서 정치적 망명을 요청하며 국경을 넘는 이주민들도 15만 명을 넘는다. 그야말로 다국적, 다문화 사회라고 할 수 있다.

레바논은 아랍어를 공식언어로 사용하며, 프랑스어의 경우 1926년 헌법에 아랍어와 함께 공식언어로 지정되었다가 1943년 헌법에서는 아랍어만 공식언어로, 프랑스어는 필요에 따라 사용하는 제2외국어로 명시되었다. 기독교인들은 대체적으로 프랑스어를 사용하며, 최근에는 영어도 함께 사용하는 추세이다. 중동의 금융강국으로 다양한 언어가 필요한 상황에서 영어나 프랑스어의 구사 능력은 필수적이다. 또한 레바논의 공교육 현장에서는 프랑스어가 우위를 차지하고 있으나 점차 영어의 비율이 증가하는 추세이다.

레바논은 지리적 여건 상, 오전에 스키를 타고 오후에는 지중해변에서 해수욕을 즐길 수 있어 관광자원이 풍부하다. 여름과 겨울 스포츠를 항상 즐길 수 있는 스포츠 천국이며, 농구와 축구의 인기가 매우 높다.

 시리아

· 정식국명 : 시리아 아랍 공화국
· 정치체제 : 대통령제
· 수도 : 다마스쿠스(혹은 다마스)Damascus
· 인구 : 2,200만 명
· 종교 : 이슬람(수니파 74%, 알라위파 12%),
· 공식언어 : 아랍어
· 상용언어 : 아랍어, 쿠르드어
· IDH : 0.648(105위)
· 문맹율 : 17%
· GDP : 740억 달러
· 화폐 : 시리아 리브르livre

1) 소개

레바논과 함께 중동 지역의 지중해 연안에 위치한 아랍-이슬람 국가로 현재는 2006년에 시작된 내전으로 고통받고 있는 나라이다. 시리아 인구의 약 40%는 지중해 해안가의 비옥한 토지에 몰려있고 이 외의 지역은 사막이나 산악지대로 인구밀도가 크게 낮아진다.

오스만 제국 시대에 레바논, 시리아, 팔레스타인, 요르단 지역이 하나로 묶여 오스만 제국의 식민지였고, 오스만 제국의 멸망과 함께 프랑스의 임시 보호령 아래 한시적 지배를 받았다. 이후 프랑스는 레바논을 시리아에서 분리하여 새로운 공화국을 만들었고, 시리아는 프랑스로부터 1946년에 독립했다. 그러나, 불안한 정치적 상황이 계속되다가 1970년 쿠데타를 통한 장기 독재 정권이 성립되었다.

2011년 '아랍의 봄' 혁명 당시 시리아에서도 장기집권하고 있던 알 아사드Al-Assad정권에 저항하는 민중 혁명이 일어났다. 이 상황이 내전으로 확대되어 지금까지 혼란이 계속되고 있다.

세계 4대 문명 중 하나인 메소포타미아 문명에 속하는 시리아 지역에는 역사상 가장 오래된 유적이 많이 남아있는데, 특히 수도인 다마스쿠스는 기원전 300년경에 조성된 세계에서 가장 오래된 도시이기도 하다. 그러나 내전을 겪으며 이러한 문화유산이 폭격으로 사라지는 안타까운 장면이 미디어의 조명받기도 했다.[42]

수도 다마스쿠스

42) 수니파 무장세력인 IS는 2015년 5월부터 2017년 2월까지 세계 문화유산인 팔미라Palmyre의 사원 일부를 우상숭배라는 이유로 파괴하였다. 2017년 2월 22일자 한국일보 인터넷 기사 참조.

2) 역사

1920년 프랑스는 영국과의 협상을 통해 시리아의 임시통치권을 차지하고 군대를 파견하였으나, 시리아 지역의 저항이 계속되자 군사적 대응으로 많은 사상자가 발생하였다. 1936년 독립을 위한 프랑스-시리아 회담이 시작되었으나 지진부진 하다가 1946년이 되어서야 독립이 성사되었다. 그러나 독립 직후인 1949년에만 세 번의 쿠데타가 발생하며 정파간 정치보복이 이루어졌고 국내 상황은 혼돈속으로 빠져들었다.

1960년 이집트와 연합국가를 이루기도 했으나 이듬 해, 시리아가 독자적 정부를 수립하면서 시리아의 독립이 완성되었다. 그러나 시리아의 내정은 여전히 불안해서 그 이후로도 쿠데타와 정치보복이 끊이지 않았다. 1970년 쿠데타로 정권을 잡은 알-아사드Al-Assad는 2000년 사망할 때까지 장기 집권하였고 그의 아들이 투표에 의해 차기 대통령으로 취임하면서 2대 세습정권이 되었다. 시리아의 국내상황은 소수파인 알라위파가 다수파인 수니파를 통치하면서 종교적 갈등이 심화된 상황이었다. 더구나 알아사드 정권은 정권유지를 위해 군대와 비밀경찰을 이용하여 정적을 무차별 암살하였다. 1982년에 벌어진 반정부 시위 역시 잔혹하게 진압되었다. 아들에게 넘겨진 정권은 경제분야에서 민주적인 행보를 시작하는 듯 했으나 지역정세에 의해 그 추진 원동력을 상실한 채 정체된 상황을 벗어나지 못하고 있다.

2011년 튀니지에서 시작된 '아랍의 봄' 혁명은 시리아에서도 큰 반향을 불러일으켰다. 부패한 정권에 정치개혁과 민주화를 요구하는 평화적 시위를 하던 국민들이 정부군에 의해 무력으로 진압당하면서 수천의 사상자가 발생하였다. 이에 대응하기 위해 시위대 역시 무기를 갖추면서 정부군과 반정부군이 충돌하는 본격적인 내전상태로 접어들었다. 시리아 내전에 터키, 카타르, 사우디 아라비아 등 인근 국가들과 이란, 이라크, 미국, 이슬람 과격 무장단체인 이슬람국가IS가 개입하고, 2015년에는 러시아까지 정부군을 지원하면서 국제전 양상을 보이고 있다. 시리아 사태를 해결하기 위한 관련 국가들 간의 논의는 스위스 제네바에서 2014년 2월 개최되었던 회의를 마지막으로 사실상 중단된 상태이다. 길고 잔인한 전쟁으로 시리아 국민들은 일상을 포기한 채 인구의 1/4인 약 5백만 명 이상이 고향을 떠났고, 최대 45만 명의 인명이 희생되었다. 또한 시리아 내부에 남아있는 국민들을 돕기 위한 국제적 손길이 멈추지 않고 있으나 구호단체를 겨냥한 공격이 빈번하게 발생하여 인도적 도움을 주기도 수월하지 않다.

내전으로 폐허가 된 도심 건물

지중해를 건너는 시리아 난민 아일란 쿠르디 Alan Kurdi의 죽음

시리아의 내전으로 알레포와 수도 다마스를 옮겨다니던 아일란의 가족은 마지막으로 정착한 마을마저 2014년 IS의 폭격으로 황폐화되자, 시리아를 빠져나가기로 결정하였다. 최종 목적지는 친지가 살고 있는 캐나다. 2012년에 태어난 아기 아일란은 세 살이 되던 2015년 9월 2일 가족과 함께 지중해를 건너는 고무보트에 몸을 실었다. 그들은 공식비자가 없었기 때문에 터키를 거쳐 그리이스로 들어가는 밀입국 루트를 선택할 수밖에 없었다. 유럽에 도착하게 되면 친척이 있는 캐나다로 가서 정식 이민신청을 하고 새로운 삶을 살 수 있을 거라는 희망을 품고 있었다. 그러나 그날 밤 충분한 안전장치도 없이 많은 사람을 태운 고무보트는 난파되었고, 5살 형, 엄마와 함께 아일란은 터키 해안에서 시체로 발견되었다.

붉은색 티셔츠와 파란 반바지를 입은 아기 아일란은 마치 잠자고 있는 것처럼 해변 진흙에 얼굴을 묻은 채였다. 시신 사진은 전 세계에 전파되며 큰 충격을 주었고 세계인들은 패러디한 사진과 그림으로 시리아 난민 사태에 대한 세계 각국의 인도주의적 대책을 요구하였다. 시리아 난민에 대한 시각을 바꾸는 계기가 되었던 아일란의 사망은 시리아 난민에 대한 유럽 각국의 냉담한 정책에 결정적인 영향을 주었다. 당시 바티칸의 프란체스코 교황은 성당마다 난민 가정을 수용하도록 지침을 내렸고, 유럽 각국은 난민수용을 분담하는 체계를 약속하였다. 이에 앞장선 독일의 메르켈 수상은 시리아 난민 수용방침을 밝히며 '난민의 어머니'라는 별칭을 얻기도 하였다.

3) 사회와 문화

세계 최초의 문자 발명, 현존하는 가장 오래된 도시, 메소포타미아 문명과 경쟁했던 찬란한 고대 문명을 꽃피운 지역이었던 시리아는 고고학적 가치가 무한한 역사 유적이 산재한 곳이고, 국민들은 수준 높은 문화유산에 커다란 긍지를 가지고 있다.

국민의 대부분은 이슬람 신자이고 이슬람 신자의 대부분이 수니파이다. 그러나 시리아 집권세력은 시아파의 일파인 알라위파로 인구의 약 12%를 차지한다. 소수의 지배권력 종파와 다수의 피지배 민중들 사이의 종교적 갈등도 시리아 내전의 원인중 하나이다. 이 외에도 콥트, 마론교 등의 기독교도, 유대교도들도 소수이나 존재하고 있다.

시리아에서 아랍어는 공식언어이고, 공교육을 받은 국민들은 영어, 프랑스어, 러시아어 등을 구사한다. 프랑스어는 아주 소수에 그치고 대부분 영어를 제 2외국어로 사용한다. 시리아 국내 3백만 이상의 쿠르드인들은 고유언어인 쿠르드어를 사용한다.

IV
사하라 이남 아프리카

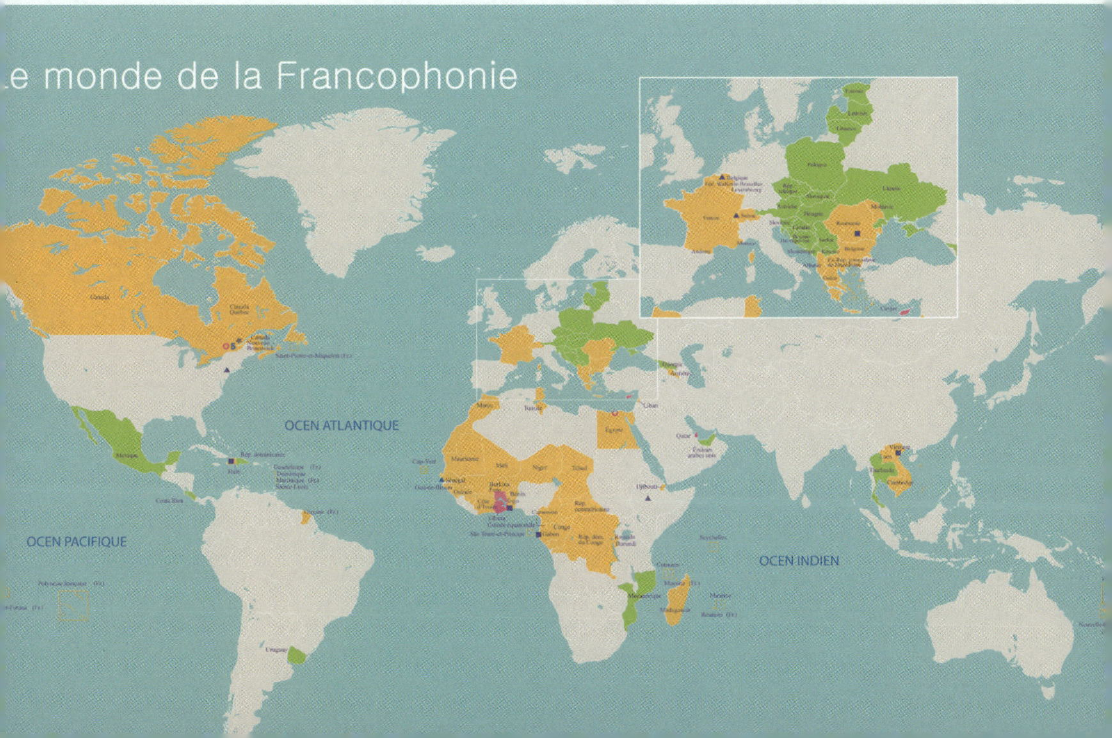

사하라 이남의 아프리카는 사하라 사막을 경계로 북아프리카와 민족, 문화, 언어 등 모든 면에서 커다란 차이를 보인다. 앞에서 살펴본 바와 같이, 북아프리카는 아랍어-이슬람교-베르베르의 혼혈문화에 지중해를 사이에 두고 유럽과 긴밀한 관계를 맺고 있다면, 사하라 이남 지역은 2,000여 개의 언어를 사용하는 크고 작은 부족들이 흩어져 살고 있다. 아프리카의 전형적인 흑인 부족으로, 다양한 언어와 부족마다 각각의 독특한 문화를 가지고 있으나, 아프리카는 에티오피아 단 한 나라를 제외하면 모두 유럽 제국주의의 식민지로 지배당하며 지금까지 끊이지 않는 내전과 빈곤, 기아 그리고 질병에 시달리는 비극의 대륙이 되었다. 최근에는 폭발적으로 늘어나는 인구가 가진 소비 시장으로서의 잠재력, 풍부하게 매장되어 있는 천연자원, 젊고 활동적인 노동력 등 미개발된 대륙으로 새롭게 떠오르는 곳이다.

최초의 인류가 아프리카 대륙에서 시작했다는 사실은 고고학적으로 인정되고 있으나 현생 인류의 출현 이후의 아프리카 역사는 알려진 바가 많지 않다. 선사시대 이후에도 아프리카에는 기록으로 남은 역사가 존재하지 않기 때문에 구전으로 전해지는 이야기를 통해 역사를 추측해야 하는 경우가 대부분이고[43], 시간이 흐르면서 많은 부분이 소실되거나 왜곡되는 부분이 있어서 고대 아프리카의 역사적 사실을 알아내기란 쉽지 않다. 우리가 알고 있는 아프리카의 역사란 대부분 유럽인들이 아프리카와의 접촉을 통해 알려진 사실들을 기록에 남긴 것이어서 유럽인들과의 접촉 이전, 즉 15세기 이전의 역사는 사라졌다고 해도 과언이 아니다. 또한 유럽인의 시각으로 남겨지면서 왜곡되는 부분도 있기 때문에, 아프리카 특히 사하라 사막 이남 지역의 역사는 어

43) 말리에는 '그리오Griot'라고 지칭되는 일단의 사람들이 있는데 이들은 대대로 왕국의 역사를 구전으로 전달하는 일을 한다. 말리편 참고.

둠에 묻힌 곳이 많다. 15세기 유럽인과의 접촉은 아프리카 불행의 시작이었다. 침탈의 역사가 시작되었고 현재 아프리카가 안고 있는 문제들을 잉태한 채 사하라 이남 아프리카 국가들이 독립하였다. 이번 장에서는 나라별 소개에 앞서 사하라 이남 아프리카에 대해 전반적인 내용들을 먼저 알아보도록 하자.

1. 아프리카의 정치 경제 협력기구

1) 아프리카 연합 Union Africaine

1963년 5월 25일 에티오피아의 수도 아디스 아바바Addis Abeba에서는 서구 유럽의 식민지배에서 독립한 32개의 신생국들이 모여서 아프리카 통일기구 OUA Organisation de l'Union Africaine[44]의 설립을 천명하였다. 이후 독립을 이룩한 22개 국가들이 가입하면서 모두 55개국의 회원국을 가진 영향력 있는 국제기구가 되었다[45]. 1991년 제정된 아프리카 통일기구의 헌장[46]을 기초로 만들어진 아프리카 경제 협의회를 운영하고 있으며 아프리카 대륙의 경제연합과 UA 회원국의 상호 경제 발전을 위한 기구이다. 유로화를 사용하는 유로존과 같은 아프리카 경제통화 연합을 만드는 것이 최종 목표다. 1990년대를 지나며 점차

---

44) 영어식 표기는 OAU Organization of African Union이다. 본서에서는 프랑스어식 표기인 UA로 표기할 것이다. www.au.int/fr

45) 마지막 가입국은 2017년 1월 UA로 되돌아온 모로코이다. 모로코는 서사하라가 모로코에서 독립을 선언하고 이를 OUA가 추인하자 이에 반발하며 1984년에 탈퇴하였다. 2016년 7월, 모로코의 국왕 모하메드 6세는 UA에 가입하는 조건으로 서사하라의 탈락을 내세웠으나, 이후 가입조건을 포기하고 55번째 UA의 회원국이 되었다.

46) 아부자Abuja 조약이라고 알려져 있다. 1991년 6월 나이지리아의 아부자에서 제27차 아프리카 통일기구 정상회담에서 논의되었다. <기회의 땅 아프리카가 부른다> 박경덕, 시공사, 2012, pp. 215~225.

변화하는 세계질서를 반영하기 위해 OUA는 기존의 체계를 바꿀 필요성에 직면하였다. 특히 유럽을 하나로 만드는 유럽연합을 모방하여 하나의 아프리카를 만들고자 하는 목표를 새롭게 세우게 되었다. 그리하여 1999년 리비아의 시르테Syrte에서 열린 아프리카 정상회담에서 아프리카 연합UA Union Africaine의 결성을 확정하였다. 아프리카 연합 설립을 위한 구체적 행동 강령 채택과 UA 실현을 위한 로드맵을 완성한 뒤, 2002년 남아공의 더반Durban 회의에서 UA가 정식 출범하고 첫 번째 정상회의가 소집되었다.

OUA의 기존 회원국 대부분이 UA로 옮겨갔고, 진행 중이던 프로젝트나 운영하고 있던 산하기구들도 새로운 기구에 흡수되었다. UA에서 사용중인 공식언어는 아랍어, 영어, 프랑스어, 포르투갈어, 스페인어, 스와힐리어, 그 외 아프리카 고유언어라고 표시되어 있으나 실제적으로 사용되는 실무언어는 아랍어, 영어, 프랑스어, 포르투갈어로 범위가 좁아진다.

UA의 최고 의사결정 기관은 범아프리카 의회PPA Parlement panafricain이다. 회원국 정부의 정상들을 포함한 모든 회원국 대표들이 모여 정책을 결정하고 결정된 정책의 실행과정을 점검하며 아프리카 연합의 주요 의제에 대한 방향을 제시한다. 특히 아프리카 지역의 분쟁, 전쟁, 테러 등 위급한 상황이 발생했을 때 산하기관인 '집행위원회'와 '평화와 안전위원회'에 조정방안을 제시하고 권고사항을 하달한다. 이러한 권한은 아프리카 연합의 헌장에 명시되어 있는 아프리카 연합 의회의 권리이며 이 외에도 의장 선출이나 각 위원회 의장 선출 등 책임자를 임명하고, 예산을 정하며, 필요에 따라 새로운 위원회를 만드는 등 아프리카 대륙과 관련된 중요 이슈들에 대한 정책의 방향 제시, 수립, 시행, 감독 등의 임무를 수행한다.

UA의 전신인 OUA의 헌장에 나타난 주요 목표는 다음과 같으며 부분적인 항목에 대한 개정은 있었으나 큰 틀은 변함이 없다 :

- 아프리카 국가들의 통합과 연대감 증진
- 아프리카 국가들 간의 협력 강화를 통한 아프리카인의 삶의 질 향상
- 회원국의 주권과 국가 영토 보호
- 아프리카 대륙에서 인종차별과 식민주의 제거
- 유엔의 테두리 안에서 국제 협력 증진
- 회원국의 정치, 외교, 경제, 교육, 문화, 건강, 복지, 과학, 기술, 국방 정책의 조화 추구[47]

UA는 국제 무대에서 아프리카를 통합하는 목소리를 내며 세계 각국과 파트너십을 체결하여 경제발전을 꾀하고 있는데, 지리적 인접 국가들인 유럽이나, 아랍국들과의 파트너십 뿐 아니라, 남미지역, 인도, 터키, 중국, 미국, 일본, 한국, 호주와도 파트너십을 체결하였다. 특히 한국의 경우에는 한국-아프리카 포럼을 만들어 첫 장관급 회담을 2006년 11월 서울에서 개최하였으며 이후 3년에 한 번씩 정기적인 회담을 열어 학문적인 면 뿐 아니라 경제적 분야의 협력까지 우호적이고 발전적 관계를 다지고 있다.

이 외에 장관협의회, 일반사무국을 두고 있으며, 분쟁예방, 관리, 해결 기구와 경제사회 위원회, 교육과학문화건강 위원회, 국방위원회를 산하 기구로 두고 있다.

47) www.au.int/fr

2) 아프리카 지역화와 지역경제 협의체[48]

광활한 아프리카 대륙을 하나로 묶고자 하는 아프리카 연합의 목표로 가기 위한 중간 단계로 지역별 경제권을 만들어 각 지역 특징에 맞는 경제정책을 수립하고 지역 통합을 도모하는 임무를 맡고 있다. UA 산하 경제 공동체는 모두 8개로 몇몇 아프리카 국가는 여러 개의 지역공동체에 가입함으로써 대륙 전체를 연결하는 부차적인 효과를 가져왔다. 8개의 지역공동체는 다음과 같다 :

동아프리카 공동체CAE Communauté d'Afrique de l'Est : 부룬디, 케냐, 우간다, 르완다, 남수단, 탄자니아의 5개국 간 협의체로 1967년 처음 설립되었으나 1977년 해체되었다가 2000년 7월 다시 결성되었다. 아프리카 동부 지역의 5개국 경제협력체로 자유무역 시장확대를 목표로 하고 있으며 아프리카 경제공동체의 한 축을 담당하고 있다.

아랍 마그레브 연합UMA l'Union du Maghreb arabe : 북아프리카의 5개국 즉, 알제리, 튀니지, 모로코, 모리타니, 리비아가 회원국으로 아랍-이슬람-베르베르의 문화적 공통성을 지니고 있다. 그러나 서사하라 독립 문제 등 각국의 이해관계가 대립되면서 1994년 이후로 활동을 중지한 상태이다. 이 기구와 비슷한 지역의 경제공동체로 지중해 연합 l'Union pour la Méditerranée[49]이 설립되었다.

---

48) www.fr.wikipedia.org, *L'Afrique Nouvelle frontière du XXIe siècle*, A. Nonjon, A. Pautet, 2015, elliopses, pp.40~41.

49) 지중해 연합은 지중해를 둘러싼 43개국이 모여 2008년 설립한 정부 간 국제기구로 회원국은 유럽연합에 가입한 28개국을 비롯해 북아프리카의 모로코, 튀니지, 모리타니, 중동의 팔레스타인, 시리아, 요르단, 이스라엘, 레바논, 터키, 발칸반도의 알바

동남아프리카 공동시장 COMESA[50] le Marché commun de l'Afrique orientale et australe : 동남 아프리카 지역 19개 국가들 간의 관세동맹에 대한 정책을 마련하고자 설립되었다.[51] 회원국 간 자유무역에 대한 합의를 바탕으로 자유로운 교역을 보장하며 인구 5억명, 회원국 GDP총액이 7천억 달러에 달한다.

사헬-사하라 국가공동체 CEN-SAD Communauté des Etats sahélo-sahariens : 알제리와 서사하라를 제외한 사하라 사막 인근 28개국을 회원국으로 두고 있으며 2009년에는 세네갈 서해에 있는 도서국가인 카보베르데Cap-vert가 가입하였다. 2008년에 열린 회의의 의제는 지역 발전과 식량안보에 관한 것이었다.

중앙아프리카 경제공동체 CEEAC Communauté économique des Etats de l'Afrique centrale : 중앙아프리카 지역 11개국이 회원국[52]이며 회원국 간의 경제, 문화, 기술, 안보 등 전반적인 협력과 지역 발전을 목표로 설립되었으며, 특히 회원국은 이러한 지역 공동체의 정책수행을 위한 다국적군을 만들어 안전과 위험예방의 임무를 맡겼다.[53] 중앙아프리카 경제통화공동체 CEMAC Communauté économique et monétaire

---

니아, 보스니아, 몬테네그로이다.

50) Common Market for Eastern and Southern Africa

51) 회원국은 브룬디, 코모로, RD콩고, 지부티, 이집트, 에리트리아, 에티오피아, 케냐, 리비아, 마다가스카르, 말라위, 모리셔스 섬, 르완다, 세셸, 수단, 남수단, 스와질랜드, 우간다, 잠비아, 짐바브웨이다.

52) 회원국은 앙골라, 브룬디, 카메룬, 중앙아프리카 공화국, 콩고공화국, RD콩고, 가봉, 적도 기니, 차드, 르완다, 상투메프린시페이다.

53) CEEAC의 다국적군FOMAC은 Force multinationale de l'Afrique centrale로 UA의 승인을 받았다.

de l'Afrique Centrale는 CEEAC와 중복되는 6개국의 회원국으로 구성되어 좀 더 긴밀한 관계 증진을 목표로 하고 있다. CEMAC의 경우, 기구의 운영 프로그램을 직접 챙기는 은행 BEAC을 설립하여 회원국의 경제상황에 필요한 맞춤서비스를 제공하고 있다.

서아프리카 경제공동체 CEDEAO Communauté économique des Etats de l'Afrique de l'Ouest : 1975년 서아프리카 회원국 정부 간 기구로 서부 아프리카 지역 15개국이 모여 지역의 경제와 통화를 일원화하기 위해 협력과 통합을 증진하고자 만들었다. 현재는 이러한 경제적 목표 외에 정치적 안정을 도모하고자 유엔의 다국적군[54]을 모방한 '하얀 헬멧Casques Blancs' 군대를 만들어 CEDEAO의 지휘 아래 지역 분쟁에 군사개입을 하며 회원국 간 정전협약을 준수하도록 한다.

발전을 위한 정부 간 기구 IGAD[55] l'Autorité intergouvernementale pour le développement : 동아프리카의 8개국이 모인 협의체로 1974년과 1984년에 있었던 가뭄과 자연재해 등으로 인한 사회 경제적 문제를 해결하고자 만들어졌다. 그러나 활동영역이 회원국 간 경제개발과 자유무역을 위한 협력과 관계증진으로 확대되었다.

남아프리카 개발공동체 CDAA Communauté de développement d'Afrique australe : 1980년 설립된 남아프리카 개발회의를 승계하여 1992년 새롭게 창립한 15개국의 합의체이다.[56]

54) 유엔의 다국적군은 하늘색 헬멧을 쓰기 때문에 'Casques Bleus'라고 부른다.

55) Intergovernment Authority on Developemnt의 약자.

56) 회원국은 앙골라, 보츠와나, 리소토, 말라위, 모잠비크, 나미비아, 스와질랜드,탄자

아프리카 개발을 위한 새로운 파트너십 NEPAD[57] Nouveau partenariat pour le développement de l'Afrique : 기존의 오메가 플랜과 밀레니엄 아프리카 플랜을 병합하여 2001년 새롭게 만든 것이 네파드로 UA의 중요한 프로젝트이다. 네파드는 UA의 감독아래 진행되는 여러 프로젝트 중 하나로 지속적인 개발과 경제성장을 촉진하고, 아프리카 대륙의 기아와 빈곤을 퇴치하며 국제질서 속에서 아프리카가 소외되지 않도록 하는 것이 이 프로그램의 목표이다.

Franc CFA : 서아프리카 경제통화연합 UEMOA l'Union économique et monétaire ouest-africaine의 8개 회원국[58]이 1994년부터 자국의 공식 화폐로 사용하는 통화를 말한다. 이 외에도 중앙아프리카 경제통화공동체 CEMAC의 6개 회원국[59]에서도 공식화폐로 사용하고 있다. 유로화로 바뀌기 전 프랑스의 화폐였던 프랑화는 1945년 프랑스 정부가 필요에 의해 아프리카 식민지역 화폐로 도입한 것으로 그 당시의 CFA는 아프리카의 프랑스 식민지Colonies Françaises d'Afrique를 의미한다. 즉 아프리카의 프랑스 식민지에서 사용되는 프랑을 말한다. 그러나 1960년 독립 후에는 아프리카 재정공동체Communauté Financière Africaine의 CFA를 의미한다. UEMOA는 서아프리카 경제공동체CEDEAO와는 별개의 경제기구로 1994년 설립되었으며, 회원국 간의 경제통합을 실현하고 나아가 개방경제의 흐름 속에서 경쟁력을 확보하고자 설립되었다.

니아, 잠비아, 짐바브웨, 남아공, 모리셔스 섬, RD콩고, 마다가스카르, 세셸이다.

57) www.afdb.org afdb는 아프리카 개발은행African development Bank을 말한다.

58) 8개 회원국은 베냉, 부르키나 파소, 코트디브와르, 기니 비사우, 말리, 니제르, 세네갈, 토고이다.

59) CEMAC Communauté économique et monétaire de l'Afrique centrale로 6개 회원국은 카메룬, 중앙 아프리카, 콩고, 가봉, 적도기니, 차드이다.

UEMOA의 산하기구로 회원국의 출자로 만들어진 은행BCEAO이 자금과 정책 운영에 직접적으로 관여한다.

현재까지 아프리카의 지역주의화와 관련하여 만들어진 정부 간 단체 및 기구는 모두 21개이다. 이러한 공동체 설립의 이유는 범아프리카 차원에서 정치적 연합체 구성을 가속화하고, 경제개발과 성장을 증진하고자 함이다.[60] 독립 직후부터 시작된 아프리카 지역공동체 설립은 각국의 서로 다른 식민지배의 역사와 다양한 언어와 민족적 구별에 따라 이루어졌다. 아프리카의 지역 공동체는 국제화보다는 아프리카 국가 간 교류에 촛점을 맞춘 행보라고 할 수 있으며 각 공동체가 관장하는 은행들은 지역의 색채에 맞는 세밀한 정책을 수립, 시행함으로써 내수 시장을 활성화하여 시장을 조성하고 산업이 발전하면서 도로, 통신 등의 지역 인프라 발전이 연쇄적으로 일어나는 선순환 작용을 초래했다. 그러나 정책 결정에 있어서 각 지역 공동체를 이끄는 지역 강국의 입김이 작용하거나 지역 공동체 간 서로 모순되는 정책을 시행하는 등의 단점을 초래하기도 했다.[61] 그러나 이러한 지역경제 공동체 설립 노력은 모두 2028년까지 일원화된 경제통화 공동체를 이룩하고자 하는 아부자Abuja 협약의 목표를 달성하기 위한 과정으로 긍정적인 평가를 받고 있다.

---

60) *L'Afrique Nouvelle frontière du XXIe siècle, op.cit.*, p.40
Le régionalisme, en Afrique précise le rapport 2009 de l'ONU sur le développement de l'Afrique, répond à deux nécessités : [...] renforcer l'unité politique au niveau panafricain. [...] promouvoir la croissance économique et le développement.

61) 예를 들어 사헬-사하라 국가공동체CEN-SAD는 리비아의 지도자 카다피에게 예산의 2/3을 몰아주기도 하였다. *ibid.*, p.41.

2. 사하라 이남 아프리카의 언어와 주요 문화 공동체

1) 스와힐리Swahili어

아프리카의 약 800~1,000만의 인구가 모국어로 사용하고 있는 스와힐리어는 가히 아프리카를 대표하는 언어이며, 언어적으로 극단적 다양성을 보이는 아프리카 대륙을 통합할 수 있는 언어로 여겨진다. 'swahili'라는 말은 '해안, 평평한 땅'을 의미하는 아랍어 '사힐sahil'에서 비롯되었다.[62] 약 400여개의 언어를 포함하는 반투어족은 사하라 이남 아프리카의 대부분 지역에서 사용되는 언어이다. 반투어족을 대표하는 언어들 중 하나가 스와힐리어로, 특히 케냐, 탄자니아, RD콩고의 공식 언어이며, 인근의 우간다, 르완다, 브룬디, 모잠비크, 소말리아에서는 언어가 다른 부족 간의 소통 언어로 쓰이고 있다.

또한, UA의 실무언어이자 동아프리카 경제협의회CAE의 공식언어이며 최근에는 대규모 국제기구의 출판물에도 점차 출현빈도가 높아지고 있다. 뿐 만 아니라 BBC, 미국의 소리, 라디오 차이나 같은 라디오 뉴스 프로그램의 언어로 점차 중요성이 증가하고 있는 상황이다.

마다가스카르 등 인도양의 섬지역 언어에도 큰 영향을 끼친 스와힐리어는 아프리카 지식인들 사이에서 '아프리카 연방'의 공식언어로 가장 적당하다는 평가를 받고 있기도 하다. 아프리카 원주민의 고유 언

---

62) *Civilisation progressive de la Francophonie*, niveau intermédiaire, 2003, p.74.

어인 스와힐리어는 문자체계를 갖고 있지 않아 몇 세기 전부터 아랍어의 글자를 빌려 쓰다가 19세기 이후에는 알파벳을 문자로 사용하고 있다.[63]

2) 반투Bantou족과 사헬Sahél 지역 사람들[64]

사하라 이남 흑아프리카Afrique noire에는 서로 다른 언어와 문화, 전통을 가진 다양한 사람들이 살고 있다. 그러나 이들은 크게 두 부류의 민족, 문화 공동체로 나눌 수 있는데 그것이 바로 반투족과 사헬인이다.

'피그미'족의 후손으로 여겨지는 반투족들은 작지만 건장하고 둥글둥글한 외모를 지니고 있다. 각 국의 대표적인 반투족은 베티Béti족(카메룬), 팡Fang족(가봉), 바콩고Bakongo족(콩고), 반갈라Bangala족(RD 콩고) 등을 들 수 있다. 현재 약 3억 1천만 명인 반투족은 인종의 개념이라기보다는 '반투어'로 분류되는 언어적 동질성을 기반으로 분류한 문화공동체로 보는 것이 타당하다. 아프리카의 동쪽 끝 홍해 연안[65]에서 아프리카 대륙 전체로 퍼져나간 반투족은 농경사회를 기초로 하는 정착문화를 가지고 있다. 아프리카 전지역으로 진출한 반투족은 이미 11세기에 콩고Kongo 왕국, 모노모타파Monomotapa 왕국 같은 강력한 왕국을 건설하기도 하였다.[66]

---

63) www.inalco.fr

64) *Civilisation progressive de la Francophonie*, niveau débutant, 2005, p.76.

65) 현재 수단의 동쪽 해안 지대이다.

66) www.lesbantous.fr

반면 사헬인들은 말리(밤바라Bambara족), 기니(풀라Peul족), 코트 디브와르(디울라Dioula족)을 비롯해 세네갈, 부르키나 파소 지역의 서아프리카인을 가르키며 일반적으로 가늘고 늘씬한 모습을 하고 있다.

사헬Sahel

일반적으로 '사헬'지역은 사하라 사막과 열대우림 지역사이의 중간지대로 서쪽의 카보-베르데 섬부터 세네갈, 모리타니, 말리, 부르키나 파소, 니제르, 나이지리아, 차드, 수단에 이르는 띠 모양의 지역을 말한다. 사하라 사막 남쪽의 연간 강수량이 200~600mm인 지역과 일치한다.

이 지역은 농업이 불가능하기 때문에 대부분 가축을 기르거나 카라반caravan으로 상업에 종사한다. 이 지역의 대표적 민족은 풀라족, 투아레그족이며, 인구증가와 사육가축 수의 급격한 증가로 사막화가 급속하게 진행되는 것이 가장 큰 문제로 떠오르고 있다.

사헬 지역의 사막화

3. 검은 대륙 아프리카 – 질병, 빈곤, 전쟁

1) 아프리카의 풍토병

에이즈와 결핵

아프리카는 세계 어느 곳보다 질병으로 인한 피해가 큰 지역이기도 하다. 1980년대 시작되어 전 세계로 확산된 에이즈AIDS가 가장 대표적인 질병이다. 에이즈는 후천성 면역결핍 바이러스HIV에 의해 나타나는 면역결핍 증후군을 말한다. 아프리카에서 시작된 에이즈는 세계적으로 많은 인명피해를 냈다. 2000년 에이즈 관련 사망자가 약 220만 명에 이르렀으나, 2010년에는 사망자가 150만 명 수준으로 떨어진 것으로 나타났다.[67]

아프리카 에이즈 확산의 가장 큰 이유 중의 하나는 임산부의 에이즈 감염으로 인한 태아 감염 즉 수직 감염인데, 가임기 여성의 감염을 줄이면 영아 감염이 줄어드는 효과를 가져올 수 있다. 가장 감염자가 많은 에티오피아, 나이지리아, 남아공, 잠비아, 짐바브웨 등에서는 에이즈의 확산 속도가 떨어지고 있는 추세이나, 남아프리카 지역의 감염자 수는 전체 감염자 수의 1/3에 달하고 있으며 지부티나 남수단에서는 에이즈 감염이 오히려 확산되고 있는 것으로 나타났다.

에이즈로부터 감염을 막으려는 아프리카 각국 정부의 노력과 국제

67) *l'Afrique, op.cit.* pp.122~123.

사회의 각종 NGO단체들은 성교육 활동을 펼치거나 콘돔을 나눠 주는 등의 대책을 마련하였으나, 보다 근본적인 예방대책은 평화를 정착시켜서 전쟁의 가장 큰 피해자인 여성과 아이들의 인권을 지키고, 그들의 빈곤과 기아를 해결하는 것이다. 그렇게 된다면, 10대 소녀가 생계를 위해 성매매를 하다가 에이즈에 감염될 가능성도 사라질 것이고, 혹 감염되더라도 충분한 영양을 섭취한다면 체내 면역체계가 제대로 작동하여 부차적인 감염을 피할 수 있을 것이기 때문이다. 그러나 실제로는 이와 거리가 멀어서 에이즈 유행 지역에서 다른 질병에 감염되는 복합적인 상황이 종종 발생하는데 대표적인 질병이 바로 결핵이다. 또한 에이즈가 아니더라도 영양부족으로 인한 면역력 저하상태가 되면 각종 질병에 쉽게 노출되는데 이때에도 감염 위험성이 큰 질병으로 꼽히는 것이 결핵이다. 결핵에 감염되는 경우에는 열악한 위생상태, 기아로 인한 영양 부족 등으로 치사율이 30~50%에 이르기도 한다. 결핵은 특히 아프리카 남부 지역에서 유행 중이며 사망률도 높은 편이다.

말라리아와 황열병

말라리아는 모기에 의해 감염되는 급성 감염병으로 아프리카의 말라리아는 치료가 늦어지면 중증으로 진행하며 뇌말라리아와 같은 치명적인 합병증을 유발한다. 특히 아프리카의 어린이들이 주요 피해자이며 2010년에 65만 5천여 명이 사망했다. 말라리아는 아프리카를 비롯해 최근에는 우리나라에서도 감염자가 나오기도 하는 질병이다. 통계에 따르면 5세 이하 영아 5명 중 1명이 말라리아로 사망하며 세계 말라리아 환자의 약 80%가 아프리카에서 발생하는 것으로 나타났다. 말라리아로 인한 피해는 최근들어 남아공이나 보츠와나 같은 국가에서는 현저하게 감소하고, 이집트나 에티오피아의 상황도 상당히 개선된 것으로 조사되었다.

황열병도 모기로 전염되는 질병이다. 황열병은 황열바이러스에 의해 감염되는 급성 바이러스성 출혈열이며 몇몇 환자에게서 보여진 황색병변으로 황열이란 병명이 붙여졌다. 제한적인 경우이긴 하지만 상태가 심각해지면 7~10일내에 사망하며 적도 아프리카를 중심으로 확산되고 있다. 황열병의 경우에는 치료약이 없고 예방백신만 있다.[68] 말라리아나 황열병은 모기장을 사용하는 것만으로도 감염을 막을 수 있다. 그러나 전쟁으로 인한 이재민의 경우에는 식량을 해결하기도 벅찬 상황이기 때문에 가장 간단한 예방책도 이용하지 못하고 있는 실정이다.

에볼라 바이러스[69]

에볼라 바이러스는 콩고의 에볼라강 근처에서 1976년 발견되었으며 이 당시 431명이 사망하였다. 1995년 조사에서는 254명, 2000년 224명, 2007년 157명, 2014년 224명이 에볼라에 감염되어 사망했으며 지금까지 감염자 1만 3,500여 명 중 5,000여 명이 사망한 것으로 집계되었다. 에볼라 바이러스는 박쥐의 몸에 기생하고 있다가 사람에게 전염되는 것으로 알려졌다. 아직 세계적인 유행의 조짐은 보이고 있지 않으나[70] 치사율이 50~70%에 이르는 데다 백신도 개발되어 있지 않아 무서운 질병 중 하나이다.

---

68) www.who.int/fr, www.worldbank.org

69) *l'Afrique, ibid.*, pp.122~123.

70) 감염사례가 스페인 1건, 미국 4건 등으로 확인되어 세계적 유행상태라고 볼 수는 없다.

2) 빈곤과 기아

검은 대륙 아프리카는 사실상 사하라 사막의 남쪽지역으로, 이 지역에 대해 우리가 가지고 있는 대표적인 이미지는 끊이지 않는 전쟁, 빈곤과 기아, 질병과 죽음 같은 부정적인 것이다. 기본적인 인권이 존중받지 못하는 참혹한 실상은 종종 TV보도를 통해 방송되기도 한다. 아프리카는 세계에서 가장 가난하고 저개발된 국가들이 모여 있는 대륙이다. 아래 표1에서 나타난 것처럼 아프리카 대륙에서 상대적으로 경제상황이 좋은 북아프리카의 마그레브 지역에서도 하루 2달러 이하로 살아가는 국민의 비율이 14~25%에 달하고 있으며, 사하라 이남 지역에서는 이 수치가 급격하게 높아진다. 빈곤율이 높다는 것은 인간개발지수IDH가 비례하여 낮아지고, 기대수명도 짧아지며 도시화비율은 낮아진다. 모든 수치들이 밀접한 관련을 갖고있기 때문이다.

〈표1〉 아프리카 국가들의 빈곤율과 관련 수치, 2013[71]

나라이름	빈곤율(%)	기대수명(남/여)	도시화 비율(%)	영아사망율(%)
모로코	14	70/74	58	23.7
튀니지	15.5	73/77	66	12.1
알제리	24.6	72/75	72	21.9
이집트	18.5	71/75	43	20.3
앙골라	24	53/55	59	96
부르카나 파소	81.2	54/56	24	60.9
R.D. 콩고	80	47/50	34	74.5
코트 디브와르	46.8	54/56	50	66.6
에티오피아	78	57/60	22	41.4

71) *l'Afrique, ibid.*, pp.6~7. 표1의 빈곤율은 하루 2달러 이하로 생활하는 국민들이 차지하는 비율을 의미한다. 이 외에 영아사망율은 www.jeuneafrique.com을 참고하였다.

케냐	40	60/63	18	35.5
마다가스카르	92.6	65/68	31	35.9
나이지리아	84.5	48/54	51	69.4
세네갈	60	57/59	42	41.7
세셸	1	69/78	56	11.7
수단	44.1	58/62	41	53.8

그러나 희망적인 점은 아프리카 국가들이 세계 경제침체 속에서도 플러스 성장을 계속하여 중산층이 지속적으로 증가하고 있다는 것이다[72]. 1980년대 1억 1천만 명에 그쳤던 중산층이 2010년 이후에는 3억 5천만 명으로 아프리카 전체인구의 33%에 달하였으며, 앞으로도 이 수치는 더 증가할 것으로 예측된다.

빈곤문제와 더불어 아프리카에서 기아 역시 심각한 상황이다. 아프리카는 인구밀도나 기후의 특성 상 자체 내에서 필요한 식량의 자급자족이 가능한 곳이다. 그러나 현실은 아프리카 곳곳에서 기아에 시달리는 인구가 상당수에 달한다. 이유는 무엇인가? 물론 이 문제도 경제, 사회적 문제가 복잡하게 얽혀있으나 가장 큰 요인으로 꼽을 수 있는 것은 식민지배의 잔재로 남은 재배 작물의 선택과 관련이 있다.

아프리카 농업은 식민지배 시절 식민본국 정부의 정책에 의한 플랜테이션의 흔적이 진하게 남아있다. 산업이 발달한 식민 본국은 공장에 공급할 원료가 필요하고, 생산한 제품의 판매처가 필요했는데 이 역할을 식민지가 수행했다. 예를 들어 현재 부르키나 파소는 주로 면화를, 세네갈은 땅콩을 대규모로 재배하여 별 다른 가공단계를 거치지 않고

72) 여기서 중산층은 하루 4~6달러를 소비하는 계층을 말한다. 10달러 이상은 상류층으로 분류한다.

수출한다.[73] 산업이 발달하지 못해서 원자재를 가공할 능력이 없기 때문이다. 실생활에 필요하지만 자체 생산이 불가능한 면제품이나 낙화생유 등은 수입해야 하는 처지이다. 결국 경작이 가능한 토지에서 주민을 위한 식량을 생산하는 대신 수출을 위한 작물을 재배하는 것이다. 물론 재배작물을 바꾸면 되겠지만, 100년 이상의 재배 경험이 축척된 농업 시스템을 바꾸는 것은 결코 쉬운 일이 아니다. 상품작물이 대체적으로 노동 집약적인 작물이다 보니 가족을 위한 소규모 식량재배도 불가능한 경우가 많다.

상품작물 재배와 수출의 또 다른 문제는 유동적인 가격이다.

농산품을 수출하는 경우 국제시세에 따라 판매가격이 정해지는데, 수출작물의 가격이 하락하면 국가수입이 줄어들면서 필요한 식량을 수입할 수 있는 양이 적어지고 국내 식량사정은 악화될 수밖에 없다. 면화를 재배하여 대부분 수출하는 부르키나 파소의 경우가 전형적인 경우이다. 면화를 수출하고 그 대금으로 식량을 수입해야 하는데, 미국이 자국의 면화 생산자에게 보조금을 지급하면서 면화의 국제시세가 하락했다. 그러나 부르키나의 가난한 농부가 가격유지를 위해 면화를 내다팔지 않을 수는 없다. 더군다나 면화는 먹을 수 있는 작물도 아니다. 따라서 낮은 가격에 면화를 팔 수밖에 없고 살 수 있는 식량은 자연히 줄어들게 된다.

세네갈의 경우 농산품의 약 50%를 땅콩이 차지하고 있는데 땅콩은 프랑스의 식민지 시절, 자국의 요리용 기름과 공업용 윤활유 공급을 위해 대규모 재배를 시작했다. 경작 가능한 토지가 제한된 상태에서 수출용 작물을 대규모로 재배하는 것은 식량공급에도 불리하고 특히

73) 가나와 코트 디브와르의 커피, 코코아 등도 수출의 위한 대표적인 작물로 식량공급과는 거리가 있다.

땅콩은 지속적으로 재배할 경우 지력을 빠르게 쇠퇴시키기 때문에 다른 작물의 경작도 불가능한 경우가 많다.

그러나 식량 작물의 재배가 모든 문제를 해결할 수 있는 것은 아니다. 식량작물은 그동안 연구대상에서 소외되면서 품종개량도 이루어지지 않았고 재배 기술도 발달하지 못했다. 완전 수작업에 의해 경작되는 식량재배는 생산성도 현저히 떨어지고 농산품 가공산업에 편입될 수 없는 작물인 경우가 많다.[74] 결국 기아를 해결하려는 정부의 강력한 개혁의지와 점진적인 변화를 통해 식량 독립권 확보를 위한 식량생산에 노력을 기울여서 자국민의 기본적인 식생활 문제를 해결하고, 지역적 특징을 반영하는 다양한 식생을 통한 생태계 다양화, 여성과 어린이의 노동 시간 단축과 같은 부차적인 효과까지 기대해야 할 것이다. 이러한 과정은 결코 짧은 시간내에 이루어지기 어렵기 때문에 그동안 국제적 차원에서의 도움이 필수적이라 할 것이다.

74) *l'Afrique*, *ibid.*, pp.84~85.

토마스 상카라 Thomas Sankara(1949~1987년)*
-브루키나 파소의 혁명가

상카라는 브루키나 파소의 군인, 정치인이자 최고지도자였다. 1983년 쿠데타로 정권을 잡았으나 4년후 측근에게 암살당했다. 상카라는 1984년 최고지도자가 되자 프랑스 식민지 시절의 국명이었던 오트-볼타Haute-Volta를 고유의 아프리카 언어로 '공명정대한 사람들의 나라'라는 의미를 지닌 브루키나 파소Burkina Faso로 바꾸었다. 군인으로서의 교육을 이수하고 고국으로 돌아온 상카라는 사회주의 노선의 정당ROC을 만들고 1981년 쿠데타로 세워진 정권의 정보담당 장관으로 취임했으나 이듬해 "국민의 입을 막는 정권이 불행하기를!"이라고 일갈하며 사임했다. 1983년 10월 쿠데타로 정권을 잡은 상카라는 아프리카의 맹주라 여겨지는 프랑스의 기득권에 선전포고를 하였다. 프랑스의 식민지배에서 독립한 조국을 위해 프랑스와 대립하였던 상카라는 늘 생명의 위협을 느꼈다고 한다. 가난한 나라의 지도자로서 부정부패 척결과 함께 국민의 생존과 관련된 의식주를 해결하고, 어린이들을 교육을 시키며, 양성평등을 이루고자 했던 진정한 개혁가로 존경받는 인물이다. 특히, 아프리카의 고질적 문제였던 굶주림을 해결하기 위해 상카라는 토지개혁이라는 획기적인 정책을 시행하였으나, 혁명 동지였던 콩파오레Compaoré에게 암살당하였다. 상카라 암살 후 콩파오레는 대통령에 취임하였고, 이 암살에는 프랑스 정부와 친프랑스계의 아프리카 지도자들이 개입되어 있을 거라는 의혹이 짙다. 젊은 대령 상카라는 유엔 방문 전, 늘 할렘에 들려 빈민들의 삶에 관심을 가졌고, 최고지도자로서의 모든 기득권을 내려 놓은 검소한 생활로 국민들의 추앙을 받았다.

* www.thomassankara.net

아프리카의 빈곤과 기아 문제는 사실 한 가지 원인만 꼽을 수 있는 것은 아니다. 식민지 시절부터 시작된 노동력과 자원의 착취, 농업을 중심으로 한 단순한 경제체제, 이로 인한 경쟁력 상실 등은 구조적 차원의 문제이다. 그러나 무엇보다도 각국 정부의 무능과 부정부패를 제외할 수는 없다.

1960년 아프리카 식민지들의 독립 이후, 대부분의 신생 정부 지도자들은 장기 집권을 꾀하며 부정부패의 온상이 되었다. 이러한 정부의 비리를 비난하며 쿠데타로 정권을 잡은 세력도 마찬가지 행보를 보였다.

쿠데타로 정권을 잡은 중앙아프리카 공화국의 보카사Bokassa는 1966년 대통령에 취임한 뒤, 국방장관과 법무장관을 겸임하다가 1972년에는 종신대통령이 되었다. 그러나 그는 이에 만족하지 않고 1976년에는 헌법을 고쳐 공화국을 제국화하고 스스로 황제에 올라 폭정을 휘둘렀고 화려한 황제즉위식은 또 한번 논란거리가 되었다.

짐바브웨의 무가베Mugabe 대통령은 1987년 12월 31일 제 3대 대통령에 취임한 이래 현재까지 대통령직에 머무르고 있는 최장기, 최고령 대통령이다.[75] 부정 선거의혹에 더해 무가베 대통령은 대통령 일가의 호화로운 생활과 재산 해외 도피로 서방세계의 비난을 한 몸에 받았다. 최근 기사에서는 무가베 대통령이 개인 생일 파티에 29억원을 지출했다는 보도도 있었다.[76]

정치, 경제적으로 안정되어 있다는 평가를 받았던 코트 디브와르의 브와니Boigny 대통령도 집권 후반기에는 카카오 수출로 벌어들인 외화의 일부를 개인적인 용도로 사용하였다. 당시 아프리카의 가장 발전된 도시이자 수도였던 아비장Abidjan 대신 자신이 태어난 곳인 야무

75) 1924년 생인 무가베 대통령은 2017년 현재 우리나라 나이로 94세이다.

76) 2017년 3월 4일자 한국일보 인터넷 신문 참고.

수크로Yamoussoukro를 새로운 수도로 정하고 대규모 건설공사를 벌인 것이다. 이 때 지어진 이슬람 모스크는 세계 최대 규모로 알려져 있다.

2011년 아랍의 봄 혁명 당시 축출된 튀니지의 벤 알리Ben Ali 대통령도 일가의 호화로운 생활과 부정부패로 얼룩진 인물이었고, 40여 년간 리비아를 지배했던 카다피Gadafi 역시 이때 권좌에서 쫓겨나 국민의 심판을 받았다. 아프리카의 빈곤을 해결하고자 하는 정부와 지도자들의 의지와 노력이 아쉬운 대목이다.

가나와 코트 디브와르의 카카오 산업 *
-세계 초콜릿 산업의 이익 불균형

카카오는 원래 남미가 원산지로 아즈텍인들은 카카오를 화폐로 사용하기도 하였고 카카오 음료는 신의 음식으로 마법의 힘을 갖고 있다고 믿었다. 남미의 카카오는 유럽 특히 영국으로 흘러들어갔고 영국의 '캐드배리Cadbury' 일가는 최초로 카카오를 가공하여 초콜릿을 만들었다. 유럽인들은 초콜릿의 달콤함에 빠졌고 초콜릿 산업은 점점 커져 갔다. 카카오에 대한 수요가 급격히 늘어났으나 카카오 공급은 마땅치 않았다. 카카오나무는 강수량과 그늘, 기온 등 생육조건이 까다로워서 아무 곳에서나 키울 수 있는 작물이 아니기 때문이다. 영국 정부와 초콜릿 기업들은 기후와 토양이 카카오 재배에 안성맞춤인 서아프리카 지역의 영국 식민지인 가나Ghana로 코코아 수입처를 돌렸다. 이제 가나의 농민들은 카카오 재배에 너도나도 뛰어 들었고 카카오는 가나 농민들의 거의 유일한 수입원이 되었다. 뿐만 아니라 카카오 재배는 주변 지역으로 퍼지며 그 생산량은 빠른 속도로 늘어났다.

덕분에 가나와 코트 디브와르는 카카오 수출을 중심으로 경제적 호황기를 누리게 되었다. 국가는 카카오에 대한 세금으로 재정상태가 나아졌지만, 농민들의 삶은 크게 나아지지 않았다. 서구의 초콜릿 회사들은 카카오 출하 시, 가격을 멋대로 정하고 카카오의 무게를 재는 저울을 속이는 등 농민들의 피해가 점점 커졌다. 이에 가나 정부는 카카오 수출을 전담하는 정부기관인 '카카오 위원회'를 만들었지만, 이번에는 담당 공무원들의 부정부패가 빈번해졌고, 정부 최고위 지도자들은 쉽게 걷히는 세금 덕분에 풍부하진 세수를 개인의 부귀영화에 쓰기 시작했다.

이웃 나라인 코트 디브와르도 비슷한 상황이 벌어졌다. 독립 이후 10여 년간 경제부흥의 바탕이 되어준 카카오 산업은 커피와 함께 경제기적을 만들었지만 일부 지도층을 제외한 일반 국민들은 빈곤을 벗어나기 힘들었다. 당시 대통령이었던 브와니는 농업육성을 정책 우선과제로 삼아 성공은 했지만 노동력 확보를 위해 이민을 장려하다가 이민자들로 인한 또 다른 사회문제가 야기되기도 하였다.

카카오 농사로 국가 경제를 책임지고 있던 농민들은 국가의 도움을 받기는 커녕 빠른 속도로 증가하는 세금부담, 초콜릿 기업들의 횡포와 농간과 싸워야 했다. 효율적이고 능력있는 정부, 자국민의 이익을 위해 적극적인 개입을 마다하지 않는 능동적인 정부, 윤리적이고 도덕적인 정부가 있었다면 카카오 재배 농민들은 더 나은 미래를 꿈꿀 수도 있었을 것이다.

* 초콜릿 탐욕을 팝니다, 오를라 라이언 지음, 최재훈 옮김, 상계, 2012.

3) 아프리카의 지역전쟁

르완다 내전

1960년대 아프리카의 국가들은 독립 이후 정치적 안정을 이루지 못하고 불안한 상태였다. 식민지배의 잔재로 남은 부족 간의 갈등과 반목은 이기적인 지도자들에 의해 집권을 위한 도구로 이용되었다. 1994년 시작된 르완다 내전이 대표적이다. 독일과 벨기에의 지배를 받은 르완다는 다수파인 후투족과 소수파인 투치족이 식민지배 정권의 차별대우 아래 갈등이 고조되었다. 공화국 체제아래 국민투표로 대통령을 선출하자, 그동안 차별받던 다수파 후투족이 정권을 잡았고 투치족은 후투족의 보복이 두려워 콩고, 우간다 등으로 대거 빠져나갔다. 우간다에 자리잡은 투치족들은 우간다 정부의 지원아래 르완다 반군인 르완다 애국전선FPR을 구성했는데, 당시 우간다 대통령인 무세베니Museveni가 투치족 출신이었을 뿐 아니라, 대통령이 되기 전 우간다의 반군 지도자였을 때 르완다 반군의 도움을 받아 집권에 성공하였기 때문이다. FPR은 1994년 마침내 후투족 정부를 무너뜨리고 투치족 정부를 재건하는데 성공하였다. 내전에 패배하였으나 후투족은 조직적인 투치족 학살에 나서며 약 3개월간 100만여 명의 인명피해를 냈다.[77]

두 번의 RD콩고 내전

콩고의 동부지역인 키부Kivu에는 1994년 수립된 투치족 정부를 피해 후투족이 반군활동을 하고 있었다. 르완다 정부는 이 지역에서 콩

---

77) 르완다 내전과 학살에 대한 내용은 르완다 편 참조.

고의 반군 지도자로 활동하고 있던 카빌라L. D. Kabila와 손잡고 후투족 반군세력을 뿌리 뽑고자 했다. 후투족 반군토벌에 큰 도움을 준 카빌라를 이번에는 르완다 정부가 도울 차례였다. 르완다 정부군은 카빌라를 도와 1997년 콩고의 모부투Mobutu 대통령을 쿠데타를 통해 끌어내리는데 성공하였다. 이것이 콩고의 1차 내전이다.

르완다와 우간다의 도움으로 정권을 잡은 카빌라는 르완다 군대가 콩고의 영토 내에서 군사작전을 벌이자 위협을 느끼고 각자의 나라로 돌아갈 것을 촉구하였다. 카빌라 정권 창출에 큰 기여를 한 르완다 정부는 카빌라 정권에 배신감을 느끼고 정권전복을 시도하였다. 당시 카빌라에 대항하는 두 부류의 반군이 존재했는데, 하나는 콩고의 동부지역을 점령하고 있던 '민주주의를 위한 콩고인의 모임RCD'이고 다른 하나는 북부지역에서 정부군과 교전을 벌이던 '콩고자유운동MLC'이다. 반군들은 물론 외부의 지원을 받으며 반정부 활동을 하고 있었는데, 이 외부세력이 르완다로 알려져 있다. 반군활동이 거세지면서 정권을 위협하자 카빌라 대통령은 급기야 앙골라, 짐바브웨, 나미비아, 차드에 도움을 요청하였고, 이 나라들이 군사개입을 개시하자 아프리카 중부지역은 전쟁에 휩싸이게 되었다[78]. 콩고 1차 내전이 마무리된 지 1년 후인 1998년 8월에 본격적인 전쟁이 다시 시작된 것이다. 콩고는 카빌라 정부가 통치하는 킨샤사 지역과, 반군들의 세력이 미치는 지역으로 나뉘었고, 전 국토는 전쟁터가 되었다. 이것이 콩고 2차 내전이다.

1999년, 전쟁 당사자 간의 정치적 타협으로 정전협상을 모색하기도

78) 앙골라는 콩고에서 앙골라 정부에 대항하는 반군을 없애는데 카빌라 정부의 도움을 얻고자 군대를 파견했으며, 나미비아는 대통령 개인의 경제적 이익을 위해, 차드는 프랑스의 요청으로 군대를 파견했다.
<아프리카에는 아프리카가 없다> *op.cit.*, 윤상욱, p.213.

하였으나 성과는 없었고, 2001년에는 카빌라가 암살당하자 아들인 카빌라 J. Kabila가 2002년 실권을 장악하며 2차 내전은 새로운 국면을 맞았다. 카빌라는 르완다, 우간다와 각각 평화협정을 체결하고 2002년 10월부터 르완다 군대가 자국으로 철수하면서 4년간의 내전은 끝이 났다.[79] 콩고 2차 내전은 최악의 현대전으로 여겨지는데 약 540만 명의 인명피해가 있었던 것으로 알려졌다.

앙골라 내전

앙골라 내전은 미국과 구소련이 대치하던 냉전시대의 마지막 무력 충돌이라고 할 수 있다. 1975년 독립을 하면서 앙골라는 소련과 쿠바의 지원을 받는 '앙골라 자유인민운동MPLA'이 앙골라 인민공화국을 선포하였다. 그러나 동시에, 미국과 남아공의 지지를 받는 '앙골라 자유민족전선FNLA'과 '앙골라 독립을 위한 민족연합UNITA'이 앙골라 민주인민공화국을 선언하였다. 정치이념에 따라 두 개의 서로 다른 정부가 동시에 만들어진 것이다. 독립과 동시에 내전이 시작되었다. 1976년 2월 MPLA가 FNLA와 UNITA를 상대로 승리하고 정권을 잡았지만, UNITA는 콩고로 넘어가 반군활동을 계속하였다. 앞에서 본 대로 앙골라는 콩고 정부의 협조 아래 UNITA를 없애고 싶어 콩고 2차 내전에 군대를 파견한 것이다. 앙골라 정부는 1991년 5월 UNITA와 평화협정을 맺었는데 앙골라 내전으로 사망한 사람만 10만여 명으로 추정된다.

---

79) www.diplomatie.gouv.fr

소말리아 내전

소말리아 내전은 집권을 위한 정치세력 간의 무력 충돌로 발생한 것으로 앙골라 내전과 동일한 성격을 갖는다. 1990년 1월 당시 대통령이던 바레Barre를 파면시킨 반군세력들은 마디Mahdi를 다음 대통령으로 지명하였다. 그러나 마디 대통령도 같은 해 11월 아이디드Aîdid 장군의 쿠데타로 실권하였다. 1991년 5월에는 또 다른 반군 세력이 소말리아 북부지역에서 '소말리랜드Somaliland'의 독립을 선포하는 등 소말리아 전체가 혼란에 빠져들었다. 이에 1992년과 1993년 미국 주도로 유엔 평화유지군이 2차례 파견되었다. 그러나 미군과 평화유지군이 탄 헬리곱터가 소말리아 민병대에 격추되며 미군 18명과 말레이시아 국적의 유엔군 1명이 숨지고, 교전으로 소말리아 주민 수백명이 사망하자 유엔은 이 군사작전이 실패했음을 인정하고 1994년 미군을 비롯해 모든 평화유지군을 철수하고 1995년 유엔의 군사작전은 공식적으로 종료되었다. 소말리아는 현재까지 이슬람주의자들과 정부군 간의 교전이 멈추지 않고 있으며 알-카에다나 셰밥Chebab 같은 과격 이슬람주의자들까지 무력분쟁에 합세하고 있어 그 끝을 알 수 없는 지경이다.

코트 디브와르 내전

코트 디브와르는 독립 후 약 30여 년간 정치적 카리스마를 지닌 브와니Boigny 대통령의 장기집권과 경제성장으로 안정적인 상태를 유지했다. 그러나 1993년 대통령이 질병으로 사망하자 혼란에 빠져들었다.

여기에는 '아이보리인ivoirité'이라는 정체성의 문제가 깊이 결부된다.[80] 카카오와 커피 농사를 위한 노동력이 필요하자 코트 디브와르 정부는 적극적으로 이주민을 유치하였다. 특히 북부지역의 주민들과 부르키나 파소, 말리인들까지 대거 유입되었는데 이들은 이슬람교 신자들로 주로 카톨릭 신자들이 모여 사는 남부지방 사람들과는 문화적 차이를 가지고 있었다. 이러한 상황에 권력을 승계한 국회의장 베디에Bédié는 정치적 라이벌이었던 와타라Ouattara가 북부출신으로 진정한 아이보리인이 아니라는 공격을 하며 북부지역과 남부지역의 갈등을 조장하였다.

와타라는 아이보리인이 아니며 따라서 피선거권이 없다는 법원의 판단으로 출마 자체가 금지된 채, 2000년 대통령 선거로 그바그보Gbagbo가 당선되었다. 선거결과에 불만을 가진 반군은 북부지역에서 세력을 결집하며 2002년 내전이 시작되었다. 그바그보는 반군 지휘자를 수상으로 편입시키는 대신 대통령직을 보장받으며 평화가 정착되는 듯 했다. 그러나 2010년 대통령 선거에서 선거위원회는 와타라Ouattara 후보의 당선을, 국회는 그바그보 현대통령의 당선을 선포하면서 다시 내전이 시작되었다. 이 무력충돌로 3천여 명이 사망하였고, 프랑스와 아프리카 연합UA이 와타라의 당선을 인정하면서 그바그보 대통령은 체포되었다. 2014년 국제 형법재판소는 그바그보와 그의 지지세력들이 반인권적 범죄를 저질렀다고 확인했다.

지금까지 살펴본 대로, 아프리카는 기본적인 인권이 지켜지지 않는 비극의 땅이다. 이 비극을 만들어낸 3가지 요인은 사실상 서로 맞물려

80) 아이보리인이라는 정체성은 토지사용권, 선거권 등 국적민으로서의 다양한 권리와 연관되어 있다. 특히 토지소유권을 둘러싸고 주민들 간의 갈등이 확대되고 있는 상황에서 국가 지도자가 상대편 정치지도자의 정체성에 대한 문제를 제기함으로써 갈등을 더욱 증폭시켰다.

있다. 민주주의적 가치가 사라진 사회에 불안요소가 가득한 상태에서 이기적인 지도자가 개인의 이익만을 추구하다보니 곳곳에서 인명피해가 발생하는 전쟁이 끊이지 않게 되었다. 또한 전쟁으로 인해 경제개발은 늘 뒷전으로 밀려나서 민생은 더욱 어려워지는 악순환이 계속되고 있다. 사하라 이남 아프리카의 공통문제로 꼽은 질병과 내전, 빈곤과 기아의 문제는 사실상 정치, 경제, 사회 등 복합적인 구조를 가지고 있어서 이를 해결하고자 하는 정부 지도자의 확고한 신념과, 같은 목표를 추구하는 지도자들 간의 협력이 있다면 상당 부분 해결할 수 있는 부분이다. 각 종족 간의 문화적 차이를 무시한 채 그어진 국경선, 개인적인 권력 욕심, 서구 유럽의 이기적인 정책, 능력도 의욕도 없는 정부 등 현재 아프리카인들의 고통 속에는 풀어야 할 숙제가 산적해 있다. 그러나 암흑의 대륙 아프리카는 최근 세계 경제불황에도 불구하고 상대적으로 높은 경제성장율을 보이고 있어서 마지막으로 남은 미개발 지역으로 평가받으며 경제대국들의 구애의 손길이 향하고 있다.

4. 아프리카의 잠재력과 발전 가능성

1) 폭발하는 인구와 풍부한 천연자원

아프리카는 현재 지구촌에서 마지막으로 남은 기회의 땅으로 여겨진다. 이를 뒷받침하는 두 가지 요인은 바로 폭발적으로 증가하는 인구와 가장 오래된 대륙이 지하에 품고 있는 풍부하고 다양한 천연자원이다.

1950년 1억 8천만 명에 불과하던 아프리카의 인구는 2050년에는 20억을 돌파할 것으로 예측되었다. 특히 사라하 사막 이남 지역에서의 인구 증가율은 놀라운 수준으로 2100년에는 약 34억 명이 될 것으로 추정하였다. 에이즈의 위협에도 불구하고 사하라 이남 지역 아프리카 여성의 1인당 출생아는 평균 4.5명에 이른다. 전쟁과 질병으로 인한 사망자 수도 어느 대륙보다 높지만, 이를 상쇄하고도 남을 만큼 높은 출산율을 보이고 있다.[81]

아프리카의 인구 증가는 단순히 인구수의 증가만을 고려한 것이 아니라 무엇보다도 15~24세의 청년층의 인구비율이 높다는 점을 유의해야 한다. 2040년에는 청년층 인구가 약 4억 명에 이를 것으로 보이는데 생산활동 인구가 25%가량 증가하면서 풍부한 노동력을 제공하고 동시에 잠재적 소비자층을 구성한다는 점에서 기업들의 시선을 끌고

81) <기회의 땅 아프리카가 부른다> *op. cit.*, p.76~77.

있다. 그러나 아직 빈약한 산업체계로 이들의 실업률은 높은 편이다. 중진국의 경제, 사회적 수준을 보이는 마그레브 지역은 중등교육 이상을 이수한 고학력자의 일자리가 상대적으로 부족하고, 후진국이 많은 사하라 이남 지역에서는 일자리의 질이 현저히 떨어진다. 청년들은 생계를 위해 비정규직으로라도 사회 진입을 하게 되고 이는 임금 수준이 낮아지면서 생활의 질이 떨어지는 결과를 가져온다. 특히 2011년 튀니지에서 시작된 재스민 혁명이 과일 행상을 하던 대학졸업자의 죽음으로부터 시작된 것임을 상기하면 그 심각성은 쉽게 이해할 수 있다.

아프리카의 발전 가능성을 높이는 또 다른 요인은 풍부한 천연자원이다. 석유, 천연가스 등 에너지원부터 금, 은, 다이아몬드, 구리, 코발트, 인산염 등 주요 광물과 티타늄, 우라늄, 희토류 등 희귀자원, 무성한 열대 우림의 산림자원, 다양한 동, 식물 등 관광자원까지 종류도 다양하고 매장양도 풍부한 것으로 나타났다. 문제는 이러한 자원을 얼마나 잘 관리하여 국부의 축적으로 연결시키느냐 하는 것이다. 그러나 불행하게도 아프리카 정부들의 부정부패 지수는 세계 최고 수준인 것으로 나타나고 있으며, 기술부족으로 자원의 개발과 관리가 외국 기업에 맡겨지면서 계약 단계에서부터 불공정한 사례가 많다. 계약 성사 후에도 국고로 유입되어야 할 국부가 정부 고위관리들의 개인재산으로 유출되는 경우도 많아 이러한 점도 개선되어야 할 과제이다. 또한, 자원을 직접 개발할 수 있는 기술과 필요한 인프라를 갖추어야 원유 생산국가이나 정제기술이 없어서 석유를 수입해 쓰는 것과 같은 모순된 상황을 피할 수 있을 것이다.

2) IT의 발전 – 모바일을 이용한 새로운 경제시스템

산업인프라가 절대적으로 부족한 아프리카 대륙에서 유선 전화망은 해안 도시 중심으로 깔려있으며 통화품질도 좋지 않은 편이다. 내륙지방으로 가면 이마저도 이용할 수 없는 경우가 많다. 이러한 상황에서 모바일 서비스는 아프리카에 성공적인 세계화의 도구가 되었다. 2005년 무선전화 가입자 수는 이미 유선전화 가입자 수를 넘어섰으며, 마다가스카르의 경우에는 모바일을 통한 임금지급이 가능해졌다. 현재 아프리카에는 약 5억 명이 무선전화를 이용하고 있으며 이중 1억 5천만 명은 스마트 폰을 이용하고 있다. 아프리카에서의 휴대전화 시장은 아시아 다음으로 급속하게 성장하고 있다. 또한 스마트 폰을 통한 인터넷 접속은 모바일 뱅킹이라는 새로운 경제 시스템을 연쇄적으로 만들었다. 현재 아프리카인의 약 10%만이 은행에 계좌를 소유하고 있는 상황에서 스마트 폰을 통한 이체나 송금은 아프리카 경제에 획기적인 기회가 되고 있다. 2011년의 통계에 따르면, 동아프리카에서 약 2천억 달러 또는 통화자금의 80%가 모바일을 통해 이루어졌다고 한다.[82]

아프리카에서의 휴대전화는 의사소통의 방법이고, 결제 도구이며, 일자리를 찾고, 일자리를 생산하는 효과를 가져왔다.[83]

---

82) *l'Afrique*, *op. cit.,* pp.128~129.

83) <기회의 땅 아프리카가 부른다>, *op. cit*., pp.182~197. 중국의 스마트 폰 생산업체인 화웨이는 말리에 스마트 폰 생산 공장을 세움으로써 1만 2천여 개의 일자리를 창출하였다.

르완다에 깔린 KT의 4G/LTE망*

KT는 2007년과 2008년 약 4,880만 달러 규모의 와이브로 망 및 국가 기간망 구축 사업을 수주하였고 2009년 다시 추가 사업을 계약했다. 르완다 정부는 정치 사회적 안정과 견실한 경제 성장과 더불어 자국을 중부아프리카의 IT허브로 성장시킨다는 야심찬 계획에 따라 경제규모 대비 대규모 투자를 하고 있다. 이를 통해 중앙정부 기관과 30개 주요지역 및 외곽 국경지역까지 약 2,200km에 달하는 광케이블을 구축하여 명실상부한 중앙아프리카 지역의 IT허브로 자리매김할 계획이다. KT와 르완다 정부는 LTE 서비스를 전담하는 민관 합작법인 oRn(olleh Rwanda networks)을 설립하고 2014년 서비스 상용화를 목표로 하고 있다. 이를 위해 르완다의 폴 카가메 Kagame 대통령은 2008년과 2014년 각각 한국을 방문하면서 KT를 방문하기도 하였다.

KT는 케냐 정부와 4G LTE 기반의 모바일 브로드밴드 네트워크를 구축하고 이와 관련된 서비스를 제공하는 사업을 위한 MOU를 2013년 체결하였다. 케냐 대통령은 우간다, 말리, 남수단 등 아프리카 전 지역으로의 확대를 최대한 지원하기로 했다.

KT의 oRn은 2015년 영국에서 열린 GTB(Global Telecoms Business, 영국의 통신 전문 잡지사) 이노베이션 어워드에서 모바일 네트워크 부문 이노베이션 상을 받기도 했다.

* www.kt.com

케냐의 모바일 결제 시스템 M-PESA *

휴대전화를 통한 결제 시스템은 아프리카 경제에 커다란 영향을 미치고 있다. 그 중에서도 케냐의 엠페사는 모바일 결제 시스템의 가장 대표적이고, 혁신적이며 가장 성공적으로 정착된 모델로 인정되고 있다. M-PESA의 'M'은 'mobile'에서, 'pesa'는 스와힐리어로 '돈'을 뜻하는 단어이다. 엠페사는 케냐의 이동 통신업체인 사파리콤Safaricom이 처음 도입한 것으로 은행을 통한 계좌이체나 송금 등 은행 서비스 이용이 불가능한 사람들을 위한 획기적인 서비스이다. 케냐에서는 대다수의 서민들이 엠페사를 이용하여 입금, 송금, 출금, 이체 등의 서비스를 이용하며 개발도상국에서 상용되고 있는 서비스 중 가장 성공한 모바일 결제 시스템으로 평가받는다. 2007년 3월 첫 서비스를 개시한 이래 2012년 3월 현재 1,460만 명이 가입했고 매달 평균 6억 5천만 달러의 금액이 엠페사를 통해 결제되고 있다. 엠페사는 특히 신분증이나 여권만 있으면 즉시 가입할 수 있고, 일단 가입이 되면 언제든지 송금과 결제가 가능한 매우 편리하면서도 사용방법이 단순한 시스템으로 특별한 지식이나 기술이 없어도 누구나 사용할 수 있는 장점을 지니고 있다. 엠페사는 서비스를 시작하며 "Send money home"을 슬로건으로 광고하며 서비스 개시 첫 2년 동안 가입자 5백만 명에 이르는 큰 성공을 거두었다. 엠페사는 케냐에서의 성공을 발판삼아 주변국가로 서비스를 확대하였으며 최근에는 남아공을 비롯해 아프가니스탄, 인도, 동유럽에까지 진출하였다. 2010년에는 'Equity Bank' 상업은행과 제휴하여 자회사인 'M-kesho'를 설립하고 소액 대출 등 전통적인 은행업무도 해결할 수 있는 새로운 부가서비스도 개시하였다. 이에 이동통신 업체와 은행 간 서비스 경쟁이 시작되고 후발 주자들의 모바일 서비스를 촉발시키기도 하였으며 현금을 직접 지니지 않기 때문에 범죄발생률까지 줄이는 효과까지 불러왔다. 엠페사의 성공 요인으로는 휴대폰의 대중적인 사용이 급증했으며, 적은 비용과 단순한 사용방법으로 접근성을 높였고 효과적인 서비스를 위한 케냐 중앙은행의 신속한 대응을 꼽을 수 있다.

* *l'Afrique, op. cit., p.190~192,* www.paiementmobile.com

3) 물과 태양 – 무한한 가능성의 에너지원

아프리카 대륙은 지하의 자원만 풍부한 것이 아니다. 땅위를 흐르는 강과 하늘의 태양은 최근 새로운 에너지원으로 부상하고 있다. 강물을 이용한 수력발전의 경우에는 수자원 관리라는 근본적인 대책이 필요한 상태이나 체계적인 관리만 이루어 진다면, 물 부족으로 인한 주민들의 고통을 해소하고 에너지 부족 문제도 상당 부분 해결할 수 있다. 우선 물 부족 상황을 알아보자.

콩고강이나 나일강을 비롯한 대규모 하천과 빅토리아 호수 등 담수호가 산재한 아프리카 대륙의 자연환경을 보자면, 아프리카의 많은 국가들이 물부족 국가로 분류되는 현상은 쉽게 이해할 수 없는 부분이기도 하다. 그러나 고질적인 인프라 부족으로 상하수도 시설이 절대적으로 부족하다보니, 아프리카 전체인구의 1/3은 음용수에 대한 이용이 상당부분 제한되고, 대도시라고 해도 인구의 20%는 물 부족을 겪는 형편이다. 농촌의 여성들은 물을 긷느라 농사를 지을 수 없어 식량난을 가중시키는 요인으로 작용하기도 한다. 또한 환경에 대한 적절한 대책없이 지하자원을 개발하면서 물이 오염되기도 한다. 극단적인 경우 더러운 물을 먹음으로써 치명적인 질병을 앓거나 심하면 목숨을 잃기도 한다. 특히 어린이들은 이로 인한 피해가 매우 큰 편이다.

아프리카 각국의 사정을 살펴보면 그 심각성을 알 수 있다.[84] 콩고-킨샤사의 경우 인구의 15%정도만 물을 공급받고 있으며, 나미비아의 경우에는 농사짓는데 필요한 물을 포함하여 전체필요량의 약 1/3을 앙골라와 남아공으로부터 수도관으로 공급받고 있다. 정부의 물공

---

84) *l'Afrique*, *ibid.*, pp.66~67.

급이 여의치 않자, 코모로에서는 사설 수도업자가 수돗물을 공급하기도 한다. 인구가 증가하고 삶의 수준이 높아지면서 물소비가 늘어나고 있지만 공급이 이를 따라가지 못해 벌어지는 현상이다. 이런 물 부족 현상은 분쟁의 원인이 되기도 한다. 2004~2005년 소말리아의 수도 모가디슈에서는 우물을 차지하고자 부족 간 전쟁이 일어나서 약 250여명이 사망하는 사건도 있었다. 나일강 유역의 국가들끼리도 물공급 문제로 갈등을 빚다가 1929년 '나일강 합의'를 맺고 각국의 물 공급량을 정하기도 했다.[85]

아프리카의 물 부족은 수자원의 관리부실 탓이 크다. 아프리카의 각국 정부는 수자원 관리를 위해 댐건설을 계획하거나 완성하기도 했다. 콩고강에 세워진 인가Inga댐은 콩고강을 따라 Inga 1, 2의 댐 두 개가 건설되었고, 거대댐인 Inga 3 건설도 계획되어 있다. 세 개의 인가댐은 수력발전으로 전력을 생산하는 주목적 외에도, 적절한 수자원 활용을 통해 물공급을 조절하는 부차적인 효과도 기대하고 있다. 그러나 댐건설이 전통적 농업 시스템과 환경을 파괴한다는 지적에 따라 계획이 좌절되기도 하고, 자금충당에 어려움을 겪기도 한다. 자체적으로 댐을 건설할 자금과 기술이 부족하기 때문에 외부의 도움이 필수적인데, 국제정세에 따라 상황이 유동적이기 때문이다.

85) 세계에서 가장 긴 강인 나일강은 상류지역과 하류지역 간의 갈등이 가장 크다. 강 상류지역은 청나일blue-Nile과 백나일white-Nile의 두 지류가 있는데, 청나일에 댐을 설치하여 물을 가두자 하류지역의 국가들이 강하게 반발하였다.

인가 Inga3 댐건설 계획 중단*

콩고의 수도 킨샤샤에서 서쪽으로 420km 떨어진 카당가Katanga에 위치한 인가댐은1972년에 첫 번째 댐이, 그로부터 10년 후인 1982년에 두 번째 인가댐이 완성되어 전력을 생산하고 있다. 콩고정부는 아프리카 연합과 세계은행의 자금지원을 받아 추가로 4개의 댐을 건설해 이집트부터 남아공에 이르기까지 전기공급망을 구축하는 거대한 계획을 1969년부터 추진하고 있었고, 인가댐 1, 2는 그 시작이었다.

그러나 2016년 7월, 같은 달 시공예정이던 인가3의 건설과 중간급 규모의 다른 댐 건설 계획이 세계은행 측의 자금지원 보류로 큰 차질을 빚게 되었다. 세계은행 측은 2014년 3월 7,310만 달러 규모의 지원을 승인했었다. 세계은행 측은 보류 이유로 콩고정부의 전략적 전환에 따른 것이라고 발표했으나 새로운 전략이 무엇인지는 밝히지 않았다. 그러나 댐개발 프로그램 적합성을 마지막으로 평가했던 보고서에 따르면, 댐의 유지, 관리를 맡을 중앙기관의 설립이 2015년까지 설치되지 못한 것을 지적하였다. 세계은행은 인가3을 제외하고 "중간규모급 전력생산 기지 현대화, 국영전기회사의 경영성과 개선, 에너지 공급현황 개선, 아프리카 각 지역간 전력 송수신망 확대"에 대한 계획은 변함없이 지원될 것이라고 발표하였다. 이에 대한 아프리카 개발은행BAD의 의견은 알려지지 않았다. BAD는 이번 인가3 건설에 3천만 달러를 지원할 계획이었다.

* www.jeuneafrique.com

주요 산유국들이 모여있는 아프리카는 역설적이게도 에너지 공급이 절대적으로 부족하여 전체인구의 9%정도만 전기를 이용하고 있다. 수력발전과 수자원 관리를 위한 댐건설도 필요하지만, 재생가능 에너지원으로 새롭게 떠오르는 것이 바로 태양열 발전이다. 이 <데저테크

프로젝트Projet Desertec>는, 현재 지구의 사막지역에 내리쬐는 태양열 에너지를 모두 합한다면, 그 양이 전세계에서 필요로 하는 에너지양의 약 100배에 달한다는 연구결과에 토대를 두고 있다. 우주 항공센터의 연구에 의하면, 전체 사막면적의 0.3%에만 태양열 발전 판넬을 설치해도 2009년 기준 한 해 동안 지구촌 전체가 사용할 수 있는 전기를 생산할 수 있다고 결론 내렸다. 지구에서 가장 큰 사하라 사막은 이런 점에서 태양열 발전에 최적의 잇점을 갖추고 있다. 지리적으로 적도가 지나가는 뜨거운 사하라 사막에 수백, 수천의 거울을 설치해 태양열을 모은 뒤, 이 열에너지를 이용하여 전기를 생산한다는 계획이다. 이 거대한 사업은 유럽에 전기를 공급하는 것이 주된 목적이지만, 송신소 건설, 발전소 관리 등 수많은 일자리 창출과 궁극적으로 북아프리카 지역과 중동아시아 지역에 에너지를 공급하는 긍정적인 역할을 할 것으로 기대된다. 독일을 비롯한 유럽 각국의 에너지관련 기업들이 컨소시엄 형태로 참여하며, 2009년 비영리단체를 만들었다. 완성될 경우 유럽에서 필요로 하는 전기의 약 17%를 2050년부터 공급할 것으로 예상된다. 그러나 2011년 북아프리카의 재스민 혁명으로 인한 정치적 불안정과 세계 경제불황으로 수천억 유로의 재원모집에 어려움을 겪는 것은 사실이다.[86]

86) www.connaissancedesenergies.org, www.desertec.org

4) 아프리카의 여성 – 신뢰할 수 있는 인적자원

아프리카의 여성들은 세계 어느 곳의 여성들보다 열악한 상황에 내몰리고 있다. 전통적으로 남녀차별이 심한 문화적 환경 속에서, 제대로 교육 받지 못한 채 조혼을 강요당하고, 기아에 시달리며 임신과 출산의 의무를 다하고 있다. 도시로 일자리를 찾아 나선 남편 대신 집안일을 하고 아이들을 양육하며, 생계를 위해 농사일을 해야 한다. 이러한 상황은 사하라 이남 지역에서 더욱 두드러지게 나타난다. 통계상의 수치를 살펴보면, 산업화된 국가에서 출산 중 산모 사망률이 1/3,800(명)인 반면 아프리카에서는 평균 1/16(명)으로 나타났다. 에이즈에 감염된 사람들 중 여성비율이 58%에 달하고 아프리카 여성의 1/2이 18세 이전에 결혼하는 것으로 조사되었다. 또한, 여성의 85%가 면화, 커피, 카카오 등의 농사를 짓지만, 정작 자신 명의의 토지를 소유하고 있는 비율은 12%에 불과한 것으로 나타났다. 상하수도 시설이 설치되어 있지 않은 대부분의 지역에서는 물 긷는 일도 만만찮은 일이다. 예를 들어 말리의 도공Dogon지역 여성들은 물을 긷기 위해 매일 8시간씩 걸어야 한다고 한다.[87]

아프리카 여성들을 위협하는 또 다른 요인은 일부다처제이다. 아프리카의 상당지역에서 일부다처제가 용인되고 있는데, 이슬람교의 영향을 받은 것으로 보인다. 그러나 이슬람의 역사가 깊은 북아프리카의 사회에서는 오히려 일부다처를 법으로 제한하거나, 양성평등의 민주적 이념이 일반화되고 있는 현상과 비교해 보면, 사하라 이남 아프리카의 성차별은 아직 갈 길이 멀다고 하겠다. 아프리카에서 빈번하게 일어나는 전쟁으로 가장 큰 피해를 입는 계층도 약자인 여성과 어린이

87) *L'Afrique*, *op.cit.*, pp.154~157.

이다. 정치적 대립과 폭력이 여성에 대한 성폭력으로 이어져 아프리카에서는 매일 6명의 여성이 살해되고 연간 5만여 명이 강간당한다는 통계도 있다. 이러한 인권침해 현상에 튀니지의 부르기바Bourguiba 대통령[88]이나 모로코의 모하메드 6세는 남녀불평등을 해소하기 위한 정책을 펴거나, 이슬람 율법을 완화하는 등의 조치를 취하였으나 사하라 이남의 상황은 아직 요원한 실정이다.

그러나 역사적으로 아프리카의 여성들은 독립적인 존재로서 강력한 권력을 가진 여왕들도 찾아볼 수 있다. 코트 디브와르의 포쿠Pokou 여왕은 17세기 서아프리카 지역에서 왕성한 무역활동을 벌였고, 앙골라의 진가Zingha 여왕은 당시 식민지배를 하던 프르투갈에 저항운동을 이끌었다. 프랑스의 식민지배가 시작되면서 추방되었던 마다가스카르의 라나발로나Ranavalona 3세도 여왕이었다.

종교와 문화적 영향으로 남녀차별이 일반화한 아프리카에서도 최근에는 여왕의 후계자들이 하나 둘 여권신장에 기여하고 있다. 대표적인 인물이 라이베리아의 여성 대통령 설리프Sirleaf이다. 그녀는 아프리카 대륙에서 민주적인 선거를 통해 당선된 첫 여성 대통령으로 영국의 대처 수상에 빗대어 '철의 여왕'이라는 별칭을 얻었으며 낙후된 조국의 경제적 부흥과 재건에 힘쓴 대통령으로 평가된다. 라이베리아의 또 다른 여성 정치인이자 인권운동가인 그보위Gbowee는 라이베리아 내전을 종식시키려는 정치적 노력을 했으며 특히, 내전에 참가하고 있는 남편과의 성관계를 거부하여 총을 버리도록 호소했던 소위 '섹스파업'이라는 유명한 일화를 만들기도 했다. 2011년 노벨 재단은 라이베리아의 두 여성 지도자와 예멘의 인권운동가 카르만Karman 등 여성 3인에

88) 튀니지의 초대 대통령으로 엄격한 이슬람 율법으로부터 여성의 인권을 보호하고 노동자의 권리를 지키려 개혁정책을 폈다. 튀니지편 참조.

게 노벨평화상 수상을 결정하였다.

아프리카 여성들의 활동은 정치적인 분야를 넘어서 경제분야에서도 활약을 해왔는데 특히 토고의 나나벤츠Nana benz를 들수 있다. 이 여성 사업가들은 서아프리카의 일상복인 파뉴Pagne를 네델란드를 비롯한 유럽에서 수입해 서아프리카의 상류층 여성들에게 판매하여 부를 축적하는데, 일단 돈을 벌면 가장 먼저 독일제 고급차량인 벤츠를 구입했다고 한다. 이들은 비즈니스에서 완벽한 협상을 주도하며 1970, 80년대 토고 경제의 40%를 차지했던 여장부들이었으며, 아프리카 경제에서 여성들이 차지하는 부분을 한눈에 보여주었던 장면이었다.[89] 아프리카의 희망으로 여성의 역할에 기대를 거는 것이 지나친 것은 아니다.

5) 아프리카로 향하는 나라들 – 중국, 인도, 브라질

세계의 글로벌기업들은 자국 정부의 지원 아래, 아프리카의 풍부한 천연자원, 급격히 증가하는 인구, 유럽시장과 가까운 지리적 잇점을 높이 평가하며 아프리카 진출에 열정적이다. 아프리카의 전통적 패권국가인 프랑스를 비롯해 유럽 국가들의 경우 식민지배를 통해 서구언어의 소통이 가능하다는 장점이 있는 반면, 식민지배 동안 이루어졌던 가혹한 수탈과 착취에 대한 저항감이 남아있는 것도 사실이다. 그러나 중국, 인도, 브라질은 과거 서구 열강의 식민지배를 받았던 역사적 공통점, 미국이나 서구 유럽 중심의 국제 질서에서 벗어나려는 제3세계 국가들의 공감대 형성 등을 이유로 아프리카에서 환영받고 있다.

89) *Civilisation de la Francophonie*, *op.cit.*, 2005, p.110.

2000년대에 들어 중국과 아프리카의 관계는 'Chinafrica'라는 말이 만들어질 정도로 다방면에서 긴밀한 관계를 맺고 있다. 중국은 2000년 이후 매3년마다 중국-아프리카 협력 포럼FOCACForum on China-Africa Cooperation을 개최하여 양 지역 간의 교류를 정례화하였다.[90] 과거 아시아의 강국으로 이미 5세기에 현 케냐 지역의 술탄과 외교관계를 맺었으며, 15세기에는 유명한 항해가 정화 제독을 파견하여 동아프리카 지역을 탐사하였다는 역사적 사실을 발판으로 아프리카 진출에 열을 올리고 있다. 아프리카 국가 지도자들 역시 민주적 정책, 환경과 인권 보호 등 까다로운 조건을 요구하는 서구의 기업에 비해, 별 다른 요구조건을 내세우지 않는 중국측과의 관계가 덜 부담스러운 측면도 있다.

최근 괄목할 만한 경제 성장을 이룬 중국은 아프리카 국가들과의 무역교역량을 획기적으로 늘리고 있다. 2012년 이미 중국은 아프리카의 대외 교역량에서 유럽에 이어 두 번째 국가가 되었고 2013년에는 교역량이 2천억 달러가 넘었다. 대아프리카 투자액도 44%가 증가하였으며 이것은 중국의 대외 투자액의 15%에 달하는 막대한 금액이다. 중국은 주로 소비재를 수출하고 아프리카의 자원 개발권을 가져가고 있다. 특히 중국은 자국의 석유 수입의 1/4을 아프리카에 의존하기 때문에 주요 교역 국가들이 앙골라, 나이지리아, 남아공, 수단, 알제리 등 산유국에 집중되어 있다. 또한 유엔 평화 유지군 파견, 해적 소탕 등 정치 외교적 분야 뿐 아니라 중국 문화원 개설[91], 의사 파견, 엔지니어 교육, 사회 인프라 건설 등 다방면에서 아프리카와의 협력을 강화하고 있다. 특히 2012년 에티오피아의 아디스아바바에 아프리카 연합 본부

---

90) www.fr.wikipedia.org

91) 2004년 케냐에 첫 번째 중국 문화원이 문을 열었으며 2006년에는 라디오 방송국 Radio china international을 개국하였다. *L'Afrique, op.cit.*, p.144.

를 건축하여 무상제공한 것은 중국의 친아프리카 정책을 가장 분명하게 보여준 장면이다. 중국인의 아프리카 이주도 활성화되어 통계에 따르면 약 2백만~5백만 명의 중국인이 아프리카에 진출한 것으로 나타났다.

그러나 중국의 아프리카 협력강화 정책은 과거 식민지 시절 서구 유럽의 형태와 비교되며 새로운 식민지배라는 반감도 커지고 있는 실정이다. 아프리카의 정부들은 중국 기업들이 안정적인 사업으로 일자리를 보장해 주길 원하지만, 기업활동에 변화가 많아 불안정한데다 세금포탈 등의 사회적 문제점을 야기하기도 하였다. 또한 기술력을 갖춘 중국 노동자의 유입으로 지역주민이 일자리 경쟁에서 소외되었고, 원주민을 무시하는 듯 한 중국인들의 고압적 태도로 인하여 양 국민 사이에 갈등이 불거지기도 했다.[92] 이러한 문제점에도 불구하고, 중국의 대아프리카 정책은 새로운 '아프리카 쟁탈전'에서 자원의 안정적 확보와 미래 소비시장 마련, 국제 사회에서 미국과 서구 유럽을 뛰어넘는 새로운 패권을 만드는 데에 공을 들이고 있다.

인도와 브라질[93]

중국만큼이나 아프리카에 공을 들이는 나라는 인도와 브라질이다. 지구의 남반구에 위치한 인도, 브라질과 아프리카의 협력을 보통 남-남 협력이라고 부른다. 인도는 네루 대통령 재임 시 아프리카와의 긴밀한 유대관계 조성에 촛점을 맞추었다. 2004년 인도 대외 교역량의

92) *L'Afrique*, *ibid.*, p.174~175. 2012년 잠비아에서는 중국인 직원들과 현지 주민 간의 갈등이 폭력사태로 비화하면서 중국인 관리자가 피살되고 직원이 부상을 입은 사건이 발생하였다.

93) *L'Afrique*, *ibid.*, p.148~151.

1.5%를 차지하던 대아프리카 교역량은 2012년 4.6%로 증가하였다. UA에서 주관하는 사회 인프라 개발 프로그램인 NEPAD에 인도는 2억불을 제공하였고, 관세와 관련한 전문가를 공유하였으며, 포커스 아프리카Focus Africa 프로그램을 통해 특히 통신 사업에 진출하였다. 인도는 '발리우드Bollywood[94]'라는 별명이 붙을 만큼 세계에서 가장 활발한 영화제작 국가로 유명한데, 특히 세네갈에서 인도 영화는 큰 인기를 모으고 있다. 인도와 아프리카에서 금기시하는 사항이 공통적이어서 인도영화에 친숙함을 느낀다고 한다. 인도의 타타그룹은 자동차, 통신장비, 인프라 건설부터 사치품에 이르기까지 다양한 제품으로 아프리카 시장을 흡수하고 있다. 이에 대한 댓가로 인도는 향후 유엔 상임이사국 진출에 대한 아프리카의 외교적 지지를 기대하고 있으며 핵개발을 위한 우라늄, 중동에 치우친 석유 수입국 다변화 등 아프리카의 지하자원에 대한 안정적 공급을 원하고 있다.

브라질은 과거 포르투갈의 식민지배를 받아 공용어가 포르투갈어이다. 이런 언어적 매개체를 이용하여, 역시 포르투갈의 식민지였던 앙골라, 모잠비크 등에 진출하였으나 최근에는 동아프리카 지역으로 브라질 기업들의 활동반경이 넓어지고 있다. 룰라 대통령은 재임 시절(2003~2010년) 아프리카 국가들과 소프트 파워 부분에서 160여 개의 계약을 체결하였는데, 이것은 이전 40여 년간 체결했던 총 계약액과 맞먹는 수준이다. 브라질 역시 나이지리아, 알제리의 원유 수입과 남아공의 석탄 등 자원 확보와 유엔 안전보장 이사회의 상임이사국 진출에 대한 외교적 지지를 원하고 있다.

---

94) 봄베이Bombay와 할리우드의 합성어로 인도 영화산업을 통칭하는 말이다. 인도의 최대도시 봄베이는 1995년 뭄바이Mumbai로 개칭되었다.

아프리카는 원래 우리 것이었다?*
- 친중국 노선을 걷는 아프리카에 대한 서구의 대응

중국의 아프리카 진출에 대해 미국을 비롯한 서구 유럽은 경계의 눈빛을 거두지 못하고 있다. 또한, 국가주도의 기업 진출, 민주주의적 가치와 인권 등 이념과 윤리를 따지지 않는 일방적 계약 조건 등에 거부감을 갖고 있다. 그러나 중국은 기본적인 인권은 윤리를 떠나 생존을 보장하는 것이라는 시각을 견지하고 있어서 아프리카 정책에 차이를 보이고 있다. 이유를 불문하고 중국이나 서구 유럽이나 아프리카에 대한 우선권을 차지하고자 하는 목적은 모두 같다고 할 수 있다. 서구의 국가들 역시 민주주의와 인권을 앞세웠지만 실질적으로는 자국의 이익을 위해 아프리카의 자원을 확보하려는 이기적인 행태를 보여 온 것이 사실이기 때문이다.

중국의 아프리카 진출에 우호적인 여론조사 결과는 미국과 서구 유럽에 경각심을 높이고 있다. 2007년 부시 행정부는 군사시설인 아프리카 사령부Africom을 독일에 설치하고 아프리카로 이전하는 계획을 결정했다. 이것은 미국의 원유수송선 보호, 테러 및 해적소탕 등의 명분을 내세웠지만, 중동에서 기니만 일대로 원유 수입국 다변화를 비롯하여 아프리카에서 중국의 영향력이 높아지자 이에 대비하여 미리 선점하려는 전략적인 측면도 있었다. 오바마 대통령도 아프리카의 중요성을 인식하여 일관된 정책을 유지하고 있으므로 아프리카에 대한 미국의 개입의지는 변함이 없다.

프랑스는 전통적으로 아프리카에 상당한 영향력을 미치는 나라이다. 예를 들어, 사르코지 정부는 리비아의 독재자 카다피와 우호적인 관계를 맺으며, 항공기나 무기를 판매한 것으로 드러났다. 독재자와 거래를 했다는 비난을 받자, 태도를 바꾸어 군사개입을 통해 리비아와 카다피를 압박하는 모습을 보였다. 코트 디브와르에서는 현직 대통령과 대통령 당선자가 대립 상태였을 때, 아프리카의 경찰을 자처하던 프랑스는 군대를 파견하여 정권이양을 도왔다. 프랑스의 이러한 정치적 개입은 아프리카 진출에 열을 올리는 여러 나라에 프랑스의 존재를 확실히 알리는 조치의 일환이기도 했다.

* <아프리카에는 아프리카가 없다>, op.cit., 윤상욱, 2012, pp.344~361.

우리나라도 아프리카에 대한 잠재성을 높이 평가하여 2000년대 이후 본격적으로 아프리카 진출에 시동을 걸고 있다. 1980년대 중동건설 시장에 진출하여 리비아의 대수로 건설 등 거대 건설 프로젝트를 수행했던 한국은 한류를 바탕으로 화장품, 소비재부터 기계설비류, 통신사업 등의 분야에 진출하고 있다. 2012년 9월에는 대한무역투자진흥공사kotra를 중심으로 아프리카 시장진출을 위한 회의에서 국가적 지원을 약속하였다. 우리나라의 대아프리카 교역액수는 2012년 7월 기준 수출 90억 달러, 수입 50억 달러로 흑자를 기록했는데, 우리나라 총무역수지 흑자의 30%에 달한다. 우리나라는 최근까지 아프리카 시장에 대한 분석을 통해 기업들의 진출을 체계적으로 돕고 있다.[95]

아프리카는 경제자립에 대한 준비없이 독립을 하였고, 이후에도 여러 정치적, 사회적 요인으로 경제발전을 이루지 못했다. 일부 경제상황이 나아지는 국가도 있지만 여전히 사회계층 간 불평등과 지역 간 불균형의 문제는 존재하고 있다. 인구가 늘고 청년층이 절대다수인 아프리카가 미래 소비시장으로써 잠재성을 평가받지만, 아직 가야 할 길이 먼 것도 사실이다. 17세기 이래로 세계 경제대국들의 각축장이었고, 지금은 신흥국들이 자원과 미래시장 선점을 위해 새로운 경쟁의 무대가 되고 있는 아프리카는 현재 다방면으로 발전의 시동을 걸고 있다. 아프리카의 문제를 스스로 해결하기 위해 정부 간 기구를 만들고, 경제, 사회, 지리적 공통점을 가진 나라들끼리 지역경제 협의체를 만들어 자신들만의 특화된 장점을 극대화하고 국제 경쟁력을 키우고자 한다. 2011년 튀니지에서 시작된 재스민 혁명은 먹고사는 문제 뿐 아니라, 개혁을 통해 사회적 수준을 한 단계 끌어올리고자 하는 시민들의 성

95) www.kotra.or.kr

숙한 의식을 보여준 사건이었다. 아프리카는 대륙의 고질적 문제인 빈곤 문제를 민주적 해법을 통해 해결하고 산업발달에 따른 환경파괴와 기후변화의 문제에 필요한 대책을 겸비한다면 세계 경제, 문화의 돌파구가 될 수 있을 것이다.

사하라 이남의 프랑코포니 지역은 크게 세부분으로 나누어서 살펴볼 것이다. 첫째, 대서양을 접하고 있는 서아프리카 지역과 둘째, 내륙의 중앙아프리카 부분, 마지막으로 인도양의 마다가스카르를 비롯한 섬나라들로 묶어서 살펴보도록 한다.

V

서부아프리카

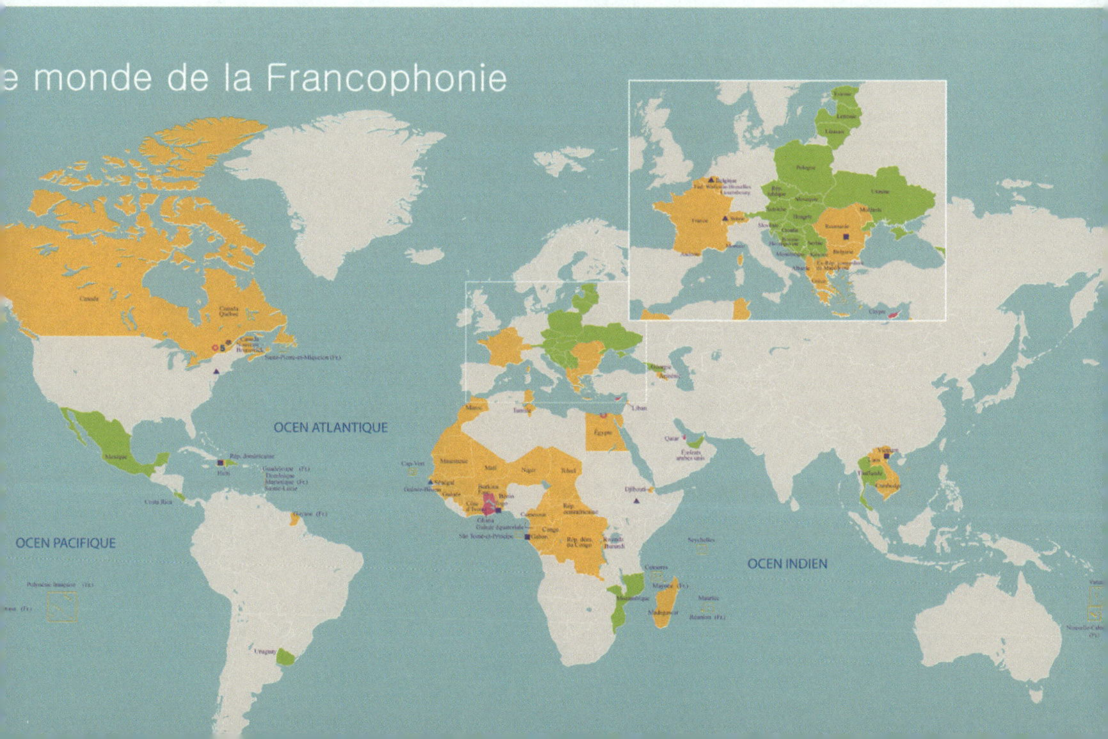
e monde de la Francophonie
OCEN ATLANTIQUE
OCEN PACIFIQUE
OCEN INDIEN

 세네갈

· 정식명칭 : 세네갈 공화국
· 정치체제 : 대통령제
· 수도 : 다카르Dakar
· 인구 : 약 1,460만 명
· 문맹율 : 48%
· 공용어 : 프랑스어
· 상용어 : 왈라프Wolof어, 디올라Diola어, 말린케Malinké 외 20여개 언어 사용
· 종교 : 이슬람(94%), 기독교(4%), 토착신앙(2%)
· GDP : 160억 달러
· 화폐 : franc CFA[96]
· IDH : 170위

1) 소개

아프리카의 가장 서쪽에 위치한 세네갈은 서쪽으로 대서양에 접해 있으며 모리타니, 말리, 기니 비사우, 기니와는 각각 북, 동, 남쪽으로 국경선을 접하고 있다. 세네갈에는 3개의 큰 강들이 동에서 서로 흐르고 있는데, 그 중 가장 긴 강인 세네갈 강(1,700km)에서 나라이름을 따

96) Franc CFA : Commuauté financière africaine의 준말. 서아프리카 국가들 중 모리타니(우기야), 기니(기니 프랑)를 제외한 14개 나라에서 공통으로 사용중인 화폐이다. 유로화와 환율은 고정되어 있다(1 euro = 656FCFA). IV장 참고.

왔다. 두 번째로 긴 강인 감비아 강(750km)을 중심으로는 영어권 국가인 감비아가 튜브의 형태로 세네갈의 내륙에 가로로 위치하고 있다. 세네갈은 적도와 가까운 지리적 위치로 열대성 기후를 보이는데, 전형적인 건기(11월~6월)와 우기(7월~10월)로 나눌 수 있다. 국토의 남쪽에는 열대우림이 펼쳐져 있고, 중앙 부분은 사바나, 북쪽지역은 스텝 지역으로 구분된다.

2) 역사

세네갈-감비아 지역은 청동기 시대의 유적으로 보이는 거석문화가 존재하여 일찍이 인류가 살아왔던 것으로 추측된다. 세네갈을 비롯해 서아프리카 지역에는 역사적으로 강력한 제국들이 존재했는데, 그 제국들의 원류가 되었던 졸로프Jolof 왕국이 7세기 이후부터 존재했다. 졸로프 왕국은 말리 제국이 번성하면서 지역 봉건국가로 전락하였으나, 19세기까지 존재하며 프랑스의 침략에 마지막까지 저항하였다. 사하라 사막을 건너 교역을 했던 상인들을 통해 이슬람교가 사하라 이남지역에도 전파되면서 많은 주민들이 이슬람교로 전향하였다. 이슬람교는 지역의 토속신앙과 일정 부분 섞이면서 원주민들에게 포교되었고, 19세기에는 유럽의 식민지에 대항하는 연결고리로 작용하며 식민지 국민들을 하나로 묶는 역할을 했다.

수도 다카르

삼각무역Commerce triangulaire

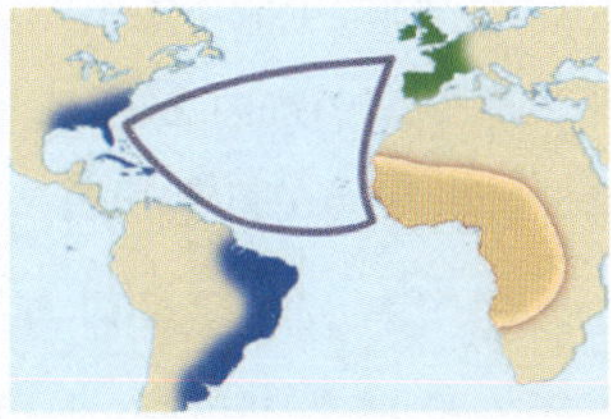

삼각 무역은 대서양을 중심으로 유럽-아메리카-아프리카의 3개 대륙을 잇는 무역 형태를 말한다. 유럽인 선장은 흑인 노예를 사기 위해 서아프리카로 항해한다. 세네갈의 고레섬Gorée에서 흑인 노예들을 싣고 대서양을 건너 아메리카로 항해하는 동안, 많은 수의 흑인이 질병이나 기아로 사망하지만 그래도 남는 장사이기 때문이다. 살아있는 흑인을 비싼 값에 팔고, 사탕수수나 커피를 대규모로 재배하는 플랜테이션 농장에서 흑인 노예들의 노동력으로 생산된 설탕이나 커피, 면화, 담배, 금 등을 배에 싣고 유럽으로 향한다. 유럽에 도착하여 화물을 내리고 나면 아프리카의 노예 공급자에게 선물로 제공될 옷이나 장신구, 공산품 등을 싣고 다시 아프리카로 출항한다.

이러한 형태의 무역은 16세기부터 18세기까지 계속 되었고, 이 기간동안 아프리카에서는 1,500만 명 이상의 인명 피해가 있었던 것으로 여겨진다. 초기에는 부족간의 전쟁을 통해 인질로 잡힌 포로들을 노예상인들에게 양도한 것으로, 젊고 건강한 남성위주로 노예무역이 이루어 졌으나 후에는 운반이 상대적으로 용이하거나 출산이 가능하다는 이유로 15세 이하의 아동이나 여성들도 노예로 팔려가는 예가 많았다. 인간 매매를 기본으로 하는 삼각 무역은 19세기 노예제 폐지에 대한 법안이 통과되면서 점차적으로 사라졌다.

프랑스는 1659년부터 세네갈에 4개의 코뮨Commune을 설치하며 식민지배의 기초를 마련하였고, 세네갈은 1960년 독립할 때까지 300여

년에 걸쳐 프랑스의 영향력 아래 있었다. 1885년 베를린 회의[97] 직후 프랑스는 프랑스령 서아프리카AOF, Afrique occidentale française를 세우고 1886년부터 공식적인 식민 지배를 시작하였다. 특히 세네갈은 대서양을 중심으로 아메리카-아프리카-유럽을 잇는 삼각 무역의 한 축으로, 아프리카 흑인들이 노예로 팔려 돌아올 수 없는 길을 떠나던 비극이 남아있는 지역이기도 하다.

독립 이후 세네갈 초대 대통령인 셍고르Senghor 대통령은 식민지배의 잔재로 남은 프랑스어를 인정하고 공용어로 지정하였다. 20년간 이어진 초대 대통령의 집권은 세네갈이 정치적으로 안정될 수 있는 기반을 마련하였고, 이후 투표를 통해 차기 대통령을 선출하고 권력이 이양되는 민주적 형태를 보이고 있다.[98] 세네갈의 친프랑스 정책기조는 현재도 유지되고 있으며, 특히 서아프리카에서 가장 완벽하게 프랑스어를 활용하는 국가 중 하나이다. 세네갈은 이러한 정치적 안정과 민주적인 사회 분위기 덕분에 서아프리카에서는 경제적으로도 발전된 국가로 평가받고 있으며, 외교적으로는 프랑스와의 긴밀한 관계를 유지하며 서아프리카의 중심 국가로 거듭나고 있다.

---

97) 1884~1885년 베를린에서 개최된 회의. 영국, 프랑스, 미국, 러시아, 포르투갈, 독일 등 유럽의 15개 열강들이 모여서 아프리카를 나누고 식민지배 지역을 결정하였다. 회의에서는 실제로 자를 대고 국경선을 긋고 분리 통치하여, 그 후유증이 엄청났다.

98) 셍고르 대통령 이후, 2대 디우프 대통령(1981~2000년), 3대 와드 대통령(2000~2012년) 4대 살 대통령(2012~ 현재)까지 전반적으로 대통령 재임 기간이 매우 긴 편이다.

레오폴드 셍고르 Léopold Sédar Senghor(1906~2001년)* - 세네갈의 프랑스어 애호가

세네갈에서 유년 시절을 보낸 셍고르는 20세에 파리로 유학을 가서 프랑스 최고의 고등교육을 받은 후, 프랑스어 교사를 지내다 드 골 재임 시 장관을 역임하기도 한 정치인이자, 흑인 최초로 아카데미 프랑세즈의 종신 회원이 된 문학가이다. 셍고르는 1930년대 함께 유학하던 마르티니크 출신의 에메 세제르Aimé Césaire 등과 함께 아프리카의 문화적 가치와 자긍심을 담은 네그리튀드négritude(흑인성)라는 새로운 이념을 만들고 이와 관련된 잡지를 발행하는 등 흑인들의 문화적 정체성을 세우려 노력하였다. 1960년 세네갈이 독립하며 초대 대통령으로 선출되자, 프랑스어를 옹호하며 공용어로 지정하고 국제적으로는 프랑코포니 결성을 적극적으로 지지하며 선구자 역할을 했다. 1968년 다카르의 대학생들이 시위를 하며 정치적으로 불안해지자 프랑스에 도움을 요청해 군대가 파견되기도 하였다. 이러한 정치적 위기를 극복하고 셍고르는 5번째 대통령직을 수행하던 중인 1980년 사임 할 때까지 20년간 세네갈을 통치하였다. 평화적인 권력 승계로 호의적인 평가를 받는 대통령이지만 독립 후의 세네갈을 새로운 프랑스 식민지로 전락시켰다는 상반된 평가도 있다.

* www.academie-francaise.fr, www.wikipedia.org

3) 사회와 문화

셍고르 대통령의 친프랑스 정책으로 세네갈에서 프랑스어는 유일한 공용어로 모든 공공분야에서 사용되고 있다. 프랑스어 외에 주요 부족들의 언어 20개를 국어로 지정하였는데 그 중 왈라프Wolof어는 국민의 70%이상이 일상어로 사용하고 있다. 국민의 대부분이 이슬람교 신자이나 북아프리카 지역과 달리 아랍어는 사용되지 않으며 프랑스어를 이용한 문학 작품도 활발하게 발표되고 있다.

세네갈 국민들에게 가장 사랑받는 스포츠는 축구지만, 가장 유명한 대회는 파리-다카르 자동차 경주이다. 1978년 시작된 이 대회는 12월 말에 파리에서 출발하여 배로 지중해를 건넌 뒤, 사하라 사막을 자동차로 관통해 다음 해 1월 중순 경 세네갈의 수도인 다카르에 도착하는 지옥의 레이스이다. 매년 개최되는 이 자동차 랠리는 목적지가 다카르 이 외의 도시가 되기도 하며 2000년대 이후에는 아메리카 지역으로 옮겨 열리기도 했다. 대회 출전선수나 스태프 또는 관중들의 사망 사고가 빈번히 일어날 만큼 혹독한 레이스를 펼쳐야 하지만, 세계적인 관심도도 높다.

말리

· 정식 국명 : 말리 공화국
· 수도 : 바마코Bamako
· 인구 : 1,600만 명
· 종교 : 이슬람교(90%), 기독교, 토속신앙
· 언어 : 프랑스어 (공용어), 13개의 국어 지정
· 화폐 : Franc CFA
· GDP : 약 140억 달러
· 문맹율 : 67%
· IDH : 0.309(160위)

말리는 북부 지역이 알제리와 모리타니 사이에, 남부지역은 부르키나 파소와 코트 디브와르, 세네갈, 기니 등 여러 나라들에 둘러싸인 내륙 국가이다. 북부 지역의 대부분은 사하라 사막으로 건조한 기후를 보이며 중부 지역은 대체적으로 건조한 기후를 보이지만, 니제르 강 덕분에 농업이 가능하다. 말리의 남쪽은 적도와 가까운 지역으로 연간 강수량이 1,400mm에 이르고 연평균 기온이 24~32℃에 이르러 열대기후를 보인다.

말리는 저개발국가로 인구의 대부분이 농업, 어업, 목축 등 1차 산업에 종사하고 있다. 농업의 경우, 말리는 면화와 땅콩을 주로 재배하여 수출하는데 이들 작물의 세계 시세에 따라 국가 수입이 불규칙하다.

이 외에 남아프리카 공화국, 가나에 이은 아프리카 제3의 금 수출국이나 광산개발 계획은 다국적 기업에 의해 이루어지고 있는 형편이다. 국내 산업이 충분히 발달하지 않은 상황이라 필요한 소비재는 대부분 수입에 의존하고 있다.

세네갈을 비롯한 모리타니, 말리 지역은 역사적으로 강력한 아프리카 흑인 제국들이 존재했었다. 대표적으로 3세기부터 1천여 년 동안 고대 서아프리카를 호령했던 가나Ghana제국, 12~15세기의 말리Mali제국, 14~16세기에 번성했던 송가이Songhaï제국이 그것이다. '말리'라는 국명은 14세기 번성하였던 소운디아타 케이타Soundiata Keïta가 세운 '말리제국'에서 차용하였다. 말리 제국의 전통은 국명 뿐 아니라 그리오Griot라는 궁정 시인을 통해 전해지고 있다.

말리 제국의 궁정 시인 그리오Griot*

말리 제국의 그리오들은 궁정에서 아프리카의 역사를 시로 들려 주는 사람들로, 코라Cora라는 전통 현악기를 연주하며 노래하는 음악가이며 시인이고 살아 있는 역사 구술자, 사회학자이자 교훈을 주는 우화나 속담을 인용하여 사회를 풍자하고 인생을 논하는 심리학자의 역할을 하는 사람들을 가리킨다. 궁정에서 왕을 자주 대면하기 때문에 왕의 결정에 영향을 미치는 경우가 많았으며, 대를 이어 이 직업을 승계하기 때문에 과거 선조의 직업이 후손들에게는 음악가로 실현되는 예가 종종 있다고 한다. 현재 말리는 공화국으로 왕은 더 이상 존재하지 않지만, 그리오의 전통은 이어지고 있다.

* *Civilisation progressive de la Francophonie, op. cit.,* 2005, p.30.

1960년 세네갈과 말리 연방을 창설하였으나, 같은 해 해체하여 각각 독립된 국가가 되었다. 여러 번의 쿠데타를 통해 정치적 불안정을 겪었으나, 1990년대 투표를 통한 민주적 정권 이양이 실현되어 정치적 발전을 이루어냈다. 그러나 2012년 말리 북부 지역에서는 베르베르족에 속하는 투아레그족이 말리로부터 독립을 요구하며 현재까지 무장 항쟁[99]을 벌이고 있고, 이 내전에 프랑스가 2013년 군사적으로 개입하기도 했다.

99) '아자와드의 자유를 위한 민족 운동MNLA Movement national pour la libération de l'Azawad'이 주도하는 독립 무장 항쟁으로 이슬람교의 성전(지하드)이라는 명분을 내세운다.

3대 서아프리카 제국
- 가나제국, 말리제국, 송가이 제국,

3세기경 현재 모리타니와 말리의 국경지역에 세워진 가나제국은 1,000년의 역사를 지닌 고대 서아프리카의 제국이다. 원래 가나제국은 와가두 Ouagadou 왕국에서 시작되었으나 유럽이나 이슬람 세계에는 가나제국으로 알려졌다. 가나 제국은 8세기경 금과 소금을 수출하며 문명이 발전하기 시작해 주위의 지역을 정복하며 10세기에 번성기를 누렸다. 11세기 경, 베르베르 족의 무라비드 왕조에 복속되면서 차츰 국운이 기울다가 13세기 말리제국에 통합되었다.

말리 제국은 가나 제국을 이어 12~16세기 서아프리카를 지배한 제국으로, 전성기에는 가나제국의 영토에서 서쪽으로 영토를 확장해 현재의 세네갈까지 아우르는 거대한 제국이었다. 말리제국을 세운 사람은 소운디아타 케이타로 아프리카 역사상 가장 유명한 장군 중 한명이다. 말리 제국은 당시로서는 가장 발전된 국가 체제를 갖춘 것으로 추측되는데, 세금, 투옥, 내치, 외교 등의 부문으로 나누어 지휘자를 임명하는 효과적이고 현대적인 것이었다. 그의 아들인 칸칸 무사Kankan Moussa도 아버지 못지않은 전설적 인물로, 14세기에 이슬람의 성지인 메카까지 순례를 다녀온 것으로 전해지고 있다. 말리 제국은 16세기에 들어서면서, 정권 불안으로 인한 갈등과, 유럽의 간섭, 노예 무역 등으로 기울어 갔다.

송가이 제국은 니제르 강 유역의 작은 왕국으로 시작하였으나 15세기 말, 주변국을 정복해 나가며 제국으로 성장하였다. 11세기 경 이슬람교로 전향하고, 현재의 말리, 니제르의 대부분의 지역을 정복하며 대제국을 건설한 송가이 제국은 1591년 모로코와의 전쟁에서 패배하며 마지막 흑인 제국으로 기록되고 있다. 대제국이 무너진 후, 서아프리카 지역은 소규모 공동체로 쪼개지면서 유럽인들에 대한 저항을 효과적으로 수행하지 못하고 쉽게 식민지로 편입되는 원인이 되었다.

〈16세기 무렵의 송가이 제국〉

코트 디브와르

· 정식 국명: 코트 디브와르 공화국
· 인구 : 약 2,200만 명
· 전체 인구 중 외국인 : 550만 명
· 수도 : 야무수크로Yamoussoukro
· 종교 : 이슬람(42%), 기독교(34%), 토속신앙(4%)
· 공식언어 : 프랑스어
· 상용언어 : 60여개의 부족 언어
· 문맹율 : 43%
· IDH : 0.397(172위)
· GDP : 320억 달러
· 화폐 : Franc CFA

1) 소개

코트 디브와르는 나라 이름은 상아해안이라는 의미를 지닌 프랑스어이다. 남쪽으로 대서양을 접하고 있고 동, 서, 북쪽은 각각 가나, 기니, 부르키나 파소와 국경을 접하고 있다. 적도에 가까운 남부 지역은 고온 다습한 열대기후를 보이고 북부 지역은 건기와 우기의 두 계절적 특징을 보인다. 원래 수도는 대서양 연안의 아비장이었다가 1983년 야무수크로로 옮겼다. 새 수도는 정치, 행정적인 수도이고 아비장은 코트 디브와르 경제의 중심으로 제 1의 도시이며 인구 470만의 서아프리카 최대 도시이다. 공용어는 프랑스어로 인구의 35%가 사용하며 도시 지역에서는 이 수치가 훨씬 높아진다. 이 외에 20여 개의 국어를 지정하고 있고 이 중 6개 언어가 주요 언어이다.

아프리카의 파리로 불리는 수도 아비장

2) 역사

1843년 프랑스 보호령이 되었고, 1960년 독립까지 긴 식민지배의 역사를 가지고 있다. 1960년 독립에 공헌한 브와니Boigny 초대 대통령은 1993년 갑작스럽게 사망할 때까지 장기집권한 대통령이었다. 브와니 대통령은 지식인으로 프랑스 본토의 정치인을 지냈다는 점과, 코트 디브와르의 독립 직후 정치적 안정을 이루어 낸 점에서 세네갈의 셍고르 대통령에 비견되는 정치인이다.

코트 디브와르는 현재 커피와 카카오의 세계적인 생산 국가이다. 독립 이후 브와니 대통령은 정치적 지도력을 발휘하여 경쟁력있는 농업 생산에 국가적 노력을 쏟았다. 이에 힘입어 코트 디브와르는 1960

년대에 경제호황을 누리면서 인근의 빈곤 국가들로부터 일자리를 찾아 많은 인구가 유입되었고 현재에도 인구 중 외국인 비율이 26%에 이른다. 그러나 이러한 경제호황은 1970년대 중반, 원자재 가격 하락으로 내리막길을 걷게 되었다. 더구나, 국가 주요 수입원인 커피와 코코아의 수출가격이 하락하면서 경제위기가 시작되고, 장기 독재정권의 부정부패가 심해지면서 브와니 정부에 대한 국민들의 불만도 커지게 되었다. 그럼에도 불구하고 1990년 국민 투표에 의해 7번째 임기를 시작한 브와니 대통령은 임기를 마치지 못한 채 1993년 갑작스럽게 사망하였다.

유력한 정치권력이 사라지고 난 뒤, 코트 디브와르는 정치적 불안감이 급속하게 확산되었다. 정치적 혼란은 군부의 정치개입으로 귀결되었고 군사 권력의 지휘아래 새로운 헌법에 의한 대통령 선거가 2000년 실시되었으나 유혈사태가 발생했다. 선거 결과에 승복하지 못한 반정부 세력을 끌어 안고 새로운 정부를 출범시켰으나 2010년 이루어진 대통령 선거에서는 두 명의 대통령이 옹립되는 진풍경이 벌어졌다. 두 명의 대통령은 자신을 지지하는 국가기관이나, 군부의 지지를 바탕으로 급기야 내전까지 벌어지면서 유엔 평화유지군이 파견되었다. 2011년 수도 야무수크로를 손에 넣은 와타라Ouattara가 최대 도시 아비장을 흡수하며 이 사태는 일단락되었다. 2015년 5년 임기의 대통령에 재선된 와타라는 새로운 헌법을 제안함으로써 새로운 전환점을 마련했다.

20여 년간 계속된 정치적 혼란은 경제후퇴와 직결되었고 이는 청년 실업과 주거, 환경 등 각 분야에 문제를 야기했다. 급격한 인구증가로 인한 실업을 해결하고자 시작한 토지 개간사업은 삼림훼손으로 이어지며 오히려 이로 인한 여러 경제, 사회적 문제가 발생되었다. 또한 내전으로 인한 인명피해와 기아와 빈곤문제, 전염병 등 국가 전반

브와니 대통령과 새 수도 야무수크르

의사이자 농부이기도 했던 브와니 대통령은 프랑스 본국 행정부의 장관을 거쳐 당시 코트 디브와르의 수도였던 아비장의 시장을 지냈고, 코트 디브와르의 수상을 거쳐 독립 후 초대 대통령에 오른 입지전적 인물이다. 그는 외국의 투자를 유치하고 농업에 집중하여, 코트 디브와르가 세계적인 커피, 코코아 생산국이 될 수 있는 바탕을 마련하여 1960년대 경제호황을 누리는 데 크게 공헌하였다.

그러나 1970년대 원자재 가격 하락으로 커피와 코코아의 수출가격이 하락하면서 시작된 경제위기가 계속되고, 대통령을 비롯한 위정자들의 부정부패가 만연하면서 브와니 정부에 대한 국민들의 불만도 커지게 되었다. 계속되는 경제 정체로 1980년대에 국가는 파산의 위기에 이르렀고 중산층이 무너지며 사회적 불안감은 극도에 이르렀다. 1983년 대통령은 자신의 출생지인 야무수크로를 새로운 수도로 지정하고 성당을 건축하였다. 이 바실리카 성당은 세계 최대 규모의 성당으로 로마의 성 바오로 성당의 외관을 재현한 것으로 유명하다.

브와니 대통령은 여러 부정부패 스캔들에 연루되며 정치적 위기를 겪었지만 1990년 7번째 대통령 임기를 시작한 뒤 병세가 악화되며 1993년 12월 89세의 나이로 사망하면서 30년이 넘는 장기 독재가 마무리 되었다.

야무수크로의 대성당

적인 부문에 악영향을 끼쳤다. 현재 코트 디브와르에는 많은 NGO 단체들과 유엔 다국적군이 투입되어 사회 질서유지와 빈곤해결에 힘쓰고 있다.

3) 사회와 문화

코트 디브와르의 교육체계는 프랑스의 그것을 그대로 계승하였다. 대부분의 공립학교는 의무, 무상교육을 실시하고 있으며 고등교육과 그랑제꼴까지 프랑스와 닮은꼴이다. 그러나 실제 취학아동은 전체의 50% 미만인 것으로 나타나고 있다.

코트 디브와르는 세네갈과 함께 서아프리카에서 프랑스어의 본거지라 할 정도로 적극적으로 사용하고 있다. 프랑스의 식민지에서 독립한 국가들 중 국가 지도자가 프랑스어 사용을 적극 권장한 나라 중 하나로, 프랑스어를 기반으로 풍부한 문학 작품이 양산되고 있다. 특히, 1960년대 작가들과 2000년대 이후 2세대 작가들이 등장하며 한층 단단한 문학적 토양을 만들어 내고 있다. 코트 디브와르에서는 기독교가 이슬람교와 균형을 이룰 만큼 널리 퍼져있다. 17세기 프랑스 선교사들의 포교활동과 19세기 프랑스 식민문화의 영향도 있겠으나, 정부는 특정종교를 표방하지 않고 중립을 지키며 신도들 사이에 상대방의 종교를 존중하는 문화가 큰 몫을 하고 있어 종교적 갈등은 없다고 볼 수 있다.

다른 아프리카 국가들처럼 코트 디브와르에서도 축구가 가장 인기 있는 스포츠이다. 특히 디디에 드록바Drogba는 뛰어난 실력으로 프랑스 리그에서 활약하고 있는데, 내전 당시 일주일만 전쟁을 멈춰 달라는 메시지에 실제로 일시휴전이 이뤄질 만큼 그의 존재는 특별하다.

2002년 이후 코트 디브와르는 특히 중국과 협력을 강화하고 있는데, 남부 대서양 연안 도시들을 중심으로 사회 인프라를 제공하고 공공시설을 건설해주며 양국 간의 우호관계가 상당히 발전하였다.

프랑스 식민지의 독립 후 각 국의 언어 정책*

프랑스어권이라는 카테고리는 19세기 이후 프랑스의 식민지였다가 독립한 나라들이 주류를 이루고 있다. 사실 역사적으로 프랑스어는 이미 16~17세기에 걸쳐 프랑스가 유럽의 최강국으로 부상하면서 유럽 왕실의 언어로, 외교와 사교계의 언어로 유럽 전역에서 사용된 경험이 있다. 프랑스가 아메리카와 아프리카, 아시아를 비롯한 주요 대륙과 태평양, 인도양의 섬 등 전 세계에 걸쳐 건설된 식민지를 통한 언어의 확산은 곧 전 세계로의 프랑스어 확산과 일맥상통하는 말이다. 프랑스는 식민지를 보다 효율적으로 지배하기 위해 무엇보다도 언어 교육에 치중했는데, 본토에서의 언어 교육체계를 그대로 식민지에 적용하는 '동화assimilation' 정책을 폈다. 격렬한 저항이 예상되는 군사적 정복보다, 문명 전파를 명분으로 선교사들을 먼저 파견하여 병원과 학교를 짓고 치료와 교육을 통해 지역 원주민들과 우호적인 관계를 먼저 형성하는 방식이었다. 프랑스에서는 1882년부터 자유, 평등, 박애의 공화국 가치를 가르치는 공교육이 실시되었다.

지역적으로 가장 넓은 식민지는 아프리카이다. 20세기 초, 프랑스와 벨기에에 의한 프랑스어권 식민지는 아프리카 대륙의 1/2을 차지하기도 했다. 북아프리카에서 가장 먼저 유럽의 식민지가 된 알제리의 경우, 공립학교에서 아랍어와 프랑스어의 교육을 병행했으나, 실제 학교에 입학하는 아동의 수가 절대적으로 작았기 때문에 프랑스어의 대중화에는 실패했다. 또한 대부분의 주민들은 이슬람 신도들이었고 코란에 의한 교육체계가 이미 존재했기 때문에 공교육에 대한 필요성이 크지 않은 점도 실패의 한 원인으로 여겨진다. 현재 알제리 정부는 아랍화를 통해 프랑스어를 배척하고 있으나 실제로는 행정어, 교육어로 일부 사용되고 있는 실정이다.

서부 아프리카에서 프랑스어는 북부 아프리카와는 다른 양상을 보인다. 가장 대표적인 프랑스어 사용국인 세네갈과 코트 디브와르의 경우에는 다음과 같은 몇 가지 공통점을 가진다: 첫째, 17세기부터 프랑스의 영향 아래에 있었다는 점과 둘째, 독립 후 정치 지도자가 프랑스어 사용을 적극 권장했다는 점, 셋째, 원주민들이 사용하는 언어들은 문자가 없거나 혹은 체계적인 문법이 없어 사전을 만들 수 없다는 점, 마지막으로 군 입대나 시민권 취득 등 사회적 신분상승에 프랑스어 구사가 필수적이라는 점을 들 수 있다. 특히 코트 디브와르는 인구의 26%이상이 외국인 이주 노동자들이기 때문에 이들과의 의사소통에서 프랑스어는 매개언어로서 활발하게 사용되고 있다. 또한 6개 부족이 균형을 이루고 있는 국내사정 상, 어느 특정 부족의 언어를 국어로 지정할 경우, 소외된 부족들의 저항을 감안해야 하므로 상대적으로 중립적인 프랑스어를 선택하지 않을 수 없는 상황이다. 그러나 이 두 나라에서도 프랑스어는 중산층 이상 교육을 받은 사람들을 중심으로 사용하므로 대중교육에는 실패했다고 볼 수 있다. 식민 지배국의 언어라는 저항감이 깔려있는 데다가, '평등'과 같은 공화국의 가치를 교육하는 학교의 교육내용이 결코 평등하지 않은 사회 분위기와 모순되는 것도 대중교육이 정착하지 못한 이유로 꼽을 수 있다. 프랑스에서도 국민에 대한 공교육 확산에 90여년의 시간이 필요했다는 점을 상기해 보면 식민지에서의 프랑스어 확산은 더욱 어려운 시도였을 것이다. 이런 저런 이유에도 불구하고 현재 프랑스에서 독립한 아프리카국가들은 대부분 프랑스어를 공용어 또는 행정어로 사용하고 있다.

* *Le français, quelle histoire!, op.cit.*, 2007, pp.195~204.

부르키나 파소

· 정치체제 : 대통령제와 의원내각제 혼합형
· 수도 : 와가두구Ouagadougou
· 인구 : 1,700만 명
· 공식언어 : 프랑스어
· 문맹율 : 71%
· IDH : 0,388(181위)
· GDP : 125억 달러
· 화폐 : Franc CFA

1) 소개

프랑스 식민지배를 받던 시기에는 오트-볼타Haute-Volta로 불리던 서아프리카의 내륙국이다. 6월에서 9월까지 많은 비가 내리는 우기를 제외한 나머지 기간 동안에는 사하라 사막에서 불어오는 덥고 건조한 바람으로 비가 거의 오지 않는 건기이다. 프랑스 식민지 이전 시대에 대한 자료가 많지 않아서 자세한 역사는 알려지지 않았다. 1983년 쿠데타로 집권한 33세의 젊은 군인 토마스 상카라Thomas Sankara는 1984년 식민잔재가 남아있는 국명을 '완전한 사람들의 나라'라는 의미를 가진 토속어 '부르키나 파소Burkina faso'로 바꾸고, 가난과 싸우다가 1987년 암살당했다. 그의 개혁이 실패로 돌아가고, 부르키나[100]는 아직도 세계에서 가장 가난한 나라 중 하나로 빈곤과 기아에 시달리고 있다.

100) 국명 '부르키나 파소'는 모레Moré어에서 'Burkina(완전함, 영광)'을, 디울라Dioula어의 'faso(땅, 조국)'을 차용하여 만든 것으로 '부르키나' 혹은 '파소'로 불리기도 한다.

부르키나 파소의 전통적인 모스크의 모습

2) 역사

현재의 부르키나에는 여러 부족이 모여 왕국을 이루며 살고 있었다. 그러나 그들의 역사는 기록으로 남아있지 않고 프랑스의 식민지로 복속되기 전에 유럽인들과의 접촉도 없어서 미지의 땅으로 남아있었다. 그러다가 1896년 와가두구Ouagadougou 지역의 모시Mossi 왕국이 프랑스의 보호령이 되었다가 1904년 세네갈, 니제르와 함께 프랑스령 서아프리카AOF로 병합되었다. 오트-볼타로 불리던 이 지역은 한때 코트디브와르, 말리, 니제르에 나뉘어 흡수되었다가, 1947년 다시 국토를 회복하였고 1960년 프랑스에서 독립하였다.

독립 이후의 상황은 다른 아프리카 국가들과 크게 다르지 않았다. 공화국을 선언한 헌법에 기초하여 대통령을 선출하였으나, 독재와 억압적인 정치를 해나가고 이에 반발하는 세력에 의한 쿠데타가 끊임없이 발생하였다. 또한 여러 부족이 모여 있다 보니 부족 간의 갈등도 무시할 수 없는 요인이었다. 1970년 군부가 주도하여 아프리카에서는 가장 먼저 민주적인 헌법을 제정하는 등 민주적 정치를 시도하기도 하였으나 군부 쿠데타의 주역 라미나자Laminaza는 1974년 의회를 해산하고 정당활동 금지 및 헌법정지로 민주주의는 크게 후퇴하였다.

몇 차례의 쿠데타 후, 1982년 의사이자 사령관이었던 우에드라오고Ouédraogo는 집권하자마자 1983년 33세의 젊은 대령 토마스 상카라를 수상에 임명하였다. 급진적 좌파의 상카라는 같은 해 대통령의 자리에 오르며 개혁을 실시했다. 반제국주의자이자 범아프리카주의자이며 사회주의자였던 상카라는 식민잔재를 없애려 국명부터 바꾼 후, 국민들의 빈곤을 해결할 여러 개혁정치[101]를 실시하였다. 여성의 지위향상, 어린이에 대한 기초 예방접종과 기초교육 실시, 진료소 설치 등 조국의 발전을 도모하던 중 혁명동지인 콩파오레Compaoré가 일으킨 쿠데타의 와중에 암살당하였다. 상카라의 개혁정책들은 대부분 긍정적이나, 예산부족과 너무 잦은 인민재판으로 일부 국민들이 소외되는 부작용도 부정할 수는 없다. 부르키나의 희망이었던 상카라의 암살에 쿠데타를 결행한 동지 콩파오레와 친프랑스 세력이 깊숙이 개입한 것으로 의심된다.

콩파오레는 개혁정책을 중단하고 새로운 헌법에 의해 장기집권의 기초를 만들어 국민들의 저항에도 불구하고 2014년까지 집권에 성공하였다. 콩파오레는 주변 국가들의 내란에 중재자로 나서며 정치적 면모를 보이기도 했다. 2013년 국회의원 선거를 앞두고, 야당은 4선 대

101) 사회주의자였던 상카라는 토지 무상배분, 농민 세금인하, 공공인프라 건설, 지하자원의 국유화 등 당시로서는 획기적인 개혁정책을 폈다. 이러한 정책들은 국민 대부분이었던 빈민들의 강력한 지지를 받았으며 현재도 상카라는 국가적 영웅으로 존경받고 있다.

통령인 콩파오레가 개헌을 통해 대통령의 재임횟수를 제한하는 항목을 없애려는 시도를 한다고 주장하였다. 야당은 연합세력을 형성하고 실제로 개헌안을 제안한 콩파오레 대통령에 대한 대대적인 반대시위가 벌어졌다. 폭력적 시위가 벌어진 가운데, 24명이 사망하는 인명피해가 발생하기도 하였다. 2014년 10월 콩파오레는 대통령직을 사임하고, 코트 디브와르에 망명하였다. 이후 과도정부와 과도기 국회의 지휘아래 정상적인 대통령 선거와 국회의원 선거가 예정되어 있었으나, 무장폭동으로 투표일정이 연기되었다가, 2015년 11월에 실시되었다. 카보레Kaboré가 53%의 득표율로 대통령에 당선되었고 과도정부는 그 역할을 마쳤다.

3) 사회와 문화

부르키나는 프랑스어를 공용어로 지정하였으며, 매년 프랑스어 사용자가 증가하는 것으로 나타났다. 이외에도 주요 부족의 언어로 모레moré어, 산san어를 비롯하여 약 60여개의 소수민족 언어가 있는 것으로 조사되었다. 종교는 전체인구의 약 80%가 이슬람교(60%)와 기독교의 신자이다.

부르키나는 2000년이후 매년 5%이상의 견고한 경제성장을 하고 있다. 그러나 유엔개발계획UNDP에 따르면 인구의 80%이상이 극빈층으로 생계에 어려움을 겪고 있으며 IDH도 세계 최하위권을 나타내고 있다. 특히 수출의 큰 부분을 차지하고 있는 면화의 국제시세가 하향세를 그리고 있고, 새로 출범한 정부의 정국운영 능력이 불투명한 상황이라 고속성장을 기대하기는 어려운 실정이다. 최근에는 광산업이 발전하여 금 수출이 빠르게 성장하고 있는데 생산된 금은 주로 스위스나 남아공으로 수출된다.

부르키나는 토고나 코트 디브와르의 내전 상황에서 양 진영 간의 중재자 역할을 톡톡히 함으로써 아프리카내에서 존재감을 나타냈고 부르키나의 외무부 장관은 아프리카 연합UA과 다르푸르Darfour의 유엔지부의 중개자로 임명되기도 하였다. 또한 자국의 많은 국민이 이주해있는 코트 디브와르와는 2008년 우호적인 협정을 체결하기도 하였다. 부르키나는 모리타니, 말리, 니제르, 차드와 함께 사헬지대 국제기구를 구성하여 국경을 넘나드는 국가 간 협력을 모색하고 있다.

범아프리카 영화 텔레비전 페스티발 FESPACO *

Le Festival panafricain du cinéma et de la télévision de Ouagadougou

미국 영화산업의 메카인 헐리우드처럼 와가우드Ouagawood라 불리는 페스파코는 1969년 2월, 일단의 영화 애호가들이 와가두구에 모여 아프리카의 영화에 소외된 부르키나인들을 위해 마련한 작은 규모의 축제로 시작되었다. 당시 아프리카는 영화산업이 초창기에 들어서며 작품들을 선보이기 시작했으나, 부르키나는 영화를 찍을만한 여력이 없어서 이러한 흐름에서 소외되어 있었다. 이후 1972년과 73년에 각각 영화제가 개최되면서 참가국들이 늘어나기 시작했고, 76년과 79년도에는 아프리카 각국의 국내 사정상 참가영화가 줄어들기도 하고, 때로는 행사가 취소되기도 했다. 1981년부터 매 2년마다 2월에 정기적으로 열리기 시작한 페스파코는 금상, 은상, 동상을 시상하며 아프리카 대륙 이외의 여러 국가에서도 출품작을 내면서 국제적인 면모를 갖추기 시작했다. 예를 들어 1981년 60개의 총 출품작 중 아프리카 이외의 지역 출품작은 9개에 지나지 않았으나, 1997년에는 39개 출품작 중 17개가, 2009년도에는 90개 작품 중 절반인 45개 작품이 아프리카 이외의 지역 출품작으로 집계되었다. 1999년부터 장편과 단편으로 장르를 나누었고, 영화산업의 다양화에 따라 2003년에는 비디오 부문을, 2009년에는 다큐멘터리 부분을 신설하였다. 2013년에는 총 출품작이 101개로 늘어났다.

48년 전, 영화에 대한 열정으로 시작한 페스파코는 현재 국제영화제로 자리잡았다. 영화제가 선정하는 주제도 전통적인 아프리카 사회문제에서 소년병, 독재, 전쟁의 참상 등 정치적인 문제와, 엘리트의 두뇌유출 같은 사회문제로 다양해졌다.

* *L'Afrique, op.cit.*, pp.158~159.

VI
중앙아프리카

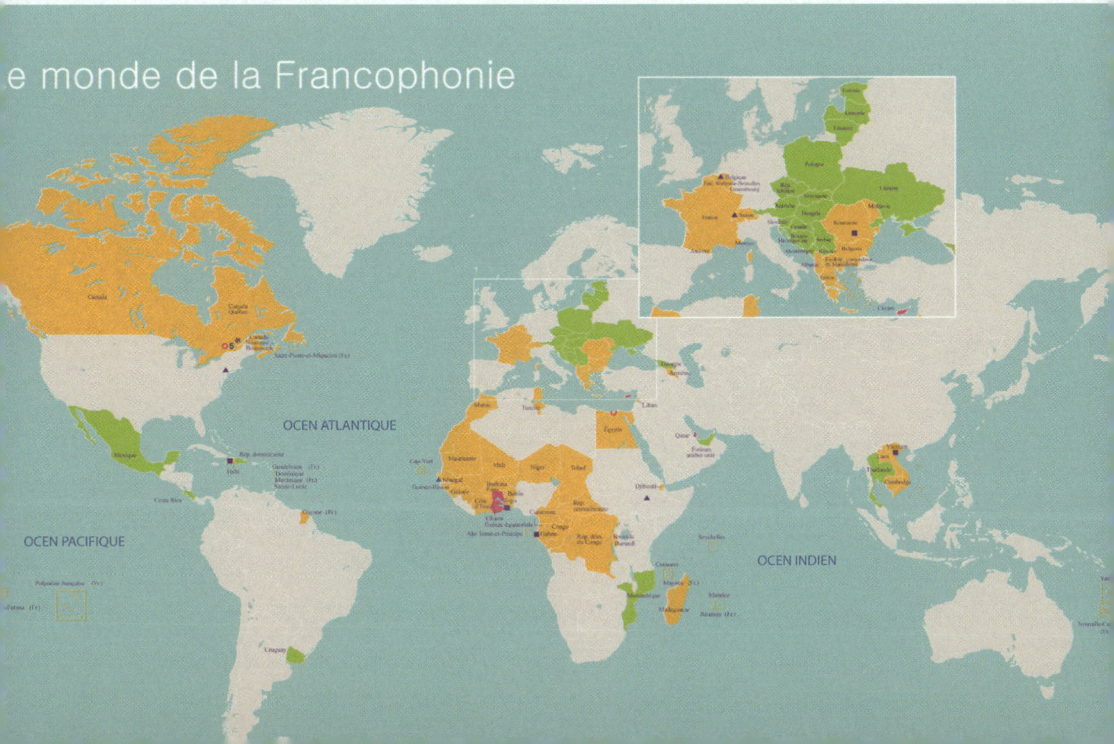
e monde de la Francophonie
OCEN ATLANTIQUE
OCEN PACIFIQUE
OCEN INDIEN

 콩고공화국

· 정식국명 : 콩고공화국
· 정치체제 : 대통령제
· 수도 : 브라자빌Brazaville
· 인구 : 462만 명
· 공식언어 : 프랑스어, 링갈라lingala어
· 종교 : 기독교(90%), 이슬람교, 토착신앙
· IDH : 136위
· GDP : 89억 달러
· 화폐 : Franc CFA
· OIF 가입 : 1981년 정회원국

1) 소개

중앙아프리카 지역의 나라로 적도에 걸쳐 있어서 국토의 대부분이 빽빽한 산림으로 덮여 있고 덥고 습한 기후를 보인다. 동쪽 국경을 접하고 있는 콩고 민주 공화국과는 콩고강과 우방기Oubangui강을 국경으로 삼고 있으며, 국경 바로 옆에 수도인 브라자빌Brazaville이 있다.[102] 브라자빌이 정치적 수도인 반면, 콩고 제2의 도시인 프엥트-느와르Pointe-Noire는 대서양에 접해 있으며 경제분야의 수도 역할을 하고 있다. 그래서 인구의 대부분이 남쪽에 몰려있는 반면, 적도가 지나는 북

102) 비공식적으로 콩고 공화국은 콩고-브라자빌로, 콩고 민주공화국은 콩고-킨샤사로 각국의 수도를 병기하여 이웃한 두 나라를 구별한다. 또는 콩고-킨샤사를 RD콩고로 칭하여 구분하기도 한다.

브라자빌 시의 시청

쪽지역은 인구밀도가 희박하다.

콩고의 경제는 석유관련 사업과 3차 산업을 제외하면 국내 생산에서 다른 분야가 차지하는 부분은 매우 미약하다.[103] 콩고정부는 농업과 산림 분야로 국내산업 다각화를 꾀하고 있으며 특별 경제구역을 두고 역내에서의 관세와 세금을 낮춰주고 있다. 특히, 도로, 철도 등 내륙 지역까지 연결하는 사회 인프라 건설에 힘쓰고 있으며 최근에는 남쪽의 프엥트-느와르Pointe-Noire와 북쪽의 우에소Ouesso를 잇는 1,400km의 포장도로가 2016년에 개통되었다. 그러나 콩고의 비즈니스 환경은 아직 열악한 편으로, 2015년 비즈니스 환경평가에서 조사 대상국 188개 국중 176위로 나타났다. 노동자의 27%가 빈곤층이고 약 1백만 명의 청년들이 실업상태인 것으로 조사되었다.[104]

2) 역사

원래 피그미족이 살고 있던 이 지역에 반투족이 대거 이주해 왔으며, 13세기 이후에 여러 정치세력이 국가를 이루었다고 알려져 있다. 15세기 대서양 연안으로 유럽인들과 접촉이 있었고, 프랑스의 경우에는 1879년 해군 장교였던 브라자Brazza[105]가 대서양을 통해 들어가, 조약을 체결하고 무역을 시작하였다.

103) 공공사업부분 4.3%, 제조업 4.7%, 농,축산업 3.8%, 천연가스 0.7% www.diplomatie.gouv.fr

104) www.diplomatie.gouv.fr

105) 수도인 브라자빌은 브라자의 이름을 기린 것이고 프랑스어로 빌ville은 '도시'를 뜻한다.

콩고는 베를린 회의에서 프랑스의 식민지로 결정되었고, 1910년 설립된 '프랑스령 적도아프리카'[106]에 병합되었고, 브라자빌은 식민지의 중심도시가 되었다.

콩고의 독립운동은 제2차 세계대전 후에 본격적으로 시작되었다. 1946년 정당들이 하나 둘 설립되면서 정치활동을 했지만 선거가 치러지고 카톨릭 신부였던 율루Youlou수상이 선출된 것은 1956년이었다. 이제 막 출범한 정권을 위협하는 세력이 있었으나 프랑스가 군사적 개입을 하여 1960년 율루를 이번에는 대통령으로 선출하고 공화정의 독립 국가로 새 출발을 하게 되었다.

현재의 대통령은 1979년에 선출되어 1991년까지 대통령직에 있었던 은게소Nguesso로 후계자를 통해 정치권력을 유지하려고 하였고 당시 브라자빌 시장을 중심으로 한 야당의 정치지도자들은 반정부 투쟁을 벌였다. 1999년까지 이 두 정치세력은 외부세력의 도움을 받아가며 내전을 벌여 약 1만여 명의 사상자와 1십만 명 이상의 이재민이 발생하였다. 이 내전에서 승리한 은게소는 2002년 다시 집권에 성공하였다. 2016년 임기가 끝나는 은게소 대통령은 헌법에서 규정된 70세 이상, 3선 금지 조항에 따라 더 이상의 대통령 출마가 불가능했지만, 시대 상황에 맞지 않고, 더 민주적인 헌법을 마련한다는 명분 아래 2015년 개헌을 추진하였다. 개헌과 동시에 7월에 예정되어 있던 대통령 선거를 3월에 조기 실시하며 재집권에 성공하였다. 이 와중에 지지파와 반대파 간의 총격전이 벌어져 10여명의 사상자가 발생하기도 하였다. 은게소 대통령은 2016년 4월 30일 38명의 장관으로 구성된 새로운 정부를 발족시켰다.

---

106) 프랑스령 적도아프리카 A.E.F. L'Afrique-Equatoriale française는 1958년까지 현재의 가봉, 차드, 중앙아프리카, 콩고의 일부지역을 통치하던 식민지배 정부이다. www.fr.wikipedia.org

최근 콩고와 밀접한 국제관계를 맺고 있는 나라는 중국으로, 2014년 은게소 대통령이 베이징을 방문하였고, 2015년에는 시진핑 주석이 아프리카 순방 중에 콩고를 방문하였다. 중국은 콩고에서 활발한 활동을 하고 있으며, 특히 건설, 임산업, 석유, 광산업 개발 등에 초점을 맞추고 있다. 이외에도 최근 경제 대국으로 부상하는 터키, 러시아, 브라질, 인도 등과도 협력을 도모하고 있다.

콩고는 세금 수입의 78%를 탄화수소hydrocarbure[107]의 생산에 의존하고 있는데 탄화수소의 수출통로인 기니만 일대에서 최근 해적의 활동이 늘어나며 해상안전이 위협을 받자 인근 국가들과 해상안전을 위한 기구를 만들고 협약을 체결하기도 하였다.

콩고의 행정부처인 탄화수소, 광산부 건물

3) 사회와 문화

콩고는 가봉과 함께 중앙아프리카 지역에서 프랑어스를 가장 폭넓게 사용하는 나라이다. 특히 수도인 브라자빌의 경우에는 성인의 80%

107) 탄화수소는 석유원유에서 생산하는 물질로 가솔린, 연료, 윤활유 등 광범위한 용도에 사용되며, 의약품, 염료의 원료이기도 하다.

이상이 프랑스어를 읽고 쓰는데 문제가 없으며, 전체 인구를 대상으로 한 조사에서도 50% 이상은 프랑스어를 사용하는 것으로 나타났다. 이러한 수치는 문맹율을 감안하면 상당한 숫자의 국민들이 프랑스어를 사용하는 것을 의미하며, 프랑스어는 공용어로 지정되어 있다. 이외에는 반투어와 피그미족의 언어가 국어로 지정되어 있다.

콩고에는 아프리카 국가 특유의 조각품들이 가내 수공업으로 생산되어 관광객에 팔리고, 간혹 예술작품으로 인정받기도 한다. 그러나 국내 인프라 사정상 관광산업은 아직 초기 단계를 벗어나지 못하고 있으나 북쪽의 열대우림과 남쪽의 사바나 기후로 다양한 풍경을 갖춘 자연환경으로 잠재성은 풍부한 편이다.

콩고민주공화국

· 정식국명 : 콩고민주공화국
· 수도 : 킨샤사Kinshasa
· 인구 : 6,900만 명
· 문맹율 : 23%
· IDH : 176위
· 공식언어 : 프랑스어
· 국어 : 린갈라어, 키콩고어, 스와힐리어, 치루바어
· 종교 : 기독교(구교 50%), 프로테스탄트(20%), 이슬람, 토착신앙
· GDP : 391억 달러
· 화폐 : 콩고 프랑Franc
· OIF가입 : 1977년 정회원국

1) 소개

콩고 민주공화국은 아프리카에서 알제리 다음으로 광활한 국토를 가지고 있고 아프리카 4번째의 인구대국이다. 수도는 킨샤사로 이웃한 나라 콩고와 구분하기 위해 각국의 수도를 병기하여 콩고-킨샤사로 부르거나 RD콩고로 부른다. RD콩고는 프랑스어를 공식언어로 사용하는 프랑스어권 국가이지만, 프랑스 식민지가 아니라 같은 프랑스어권 국가인 벨기에의 식민지였다가 1960년 독립했다.[108] 1971년부

108) 1966년 수도인 레오폴드빌Léopoldville을 킨샤사로 변경하였다. 레오폴드는 당시 벨

터 1997년까지 당시 대통령이었던 모부투Mobutu의 지시로 '자이레 정책'을 펼치며 국명을 자이레Zaïre로 바꾸고 국민들의 서구식 이름을 아프리카 식으로 바꾸도록 하여 사회적 혼란이 생기기도 하였다.

1997년 카빌라Kabila대통령이 쿠데타를 통해 권력을 잡았는데, 이 과정에서 발생한 내전과 대를 이은 집권의 과정에서 발생한 두 번째 내전이 2002년에 마무리되기까지 많은 사상자와 이재민이 발생하였다. 내전은 국내 상황을 매우 불안하게 만들었고, 2006년 현재의 카빌라 대통령이 취임하면서 차츰 안정을 찾아가고 있는 듯 하지만, 동쪽의 내륙지역에서는 아직도 군사적 충돌이 계속되고 있는 상황이다.[109]

아마존 강에 이어 세계에서 2번째로 큰 콩고강은 콩고 동남쪽의 카탕가Katanga 고원지대에서 발원해 콩고내륙을 가로질러 대서양으로 흐르면서 풍부한 수자원을 자랑한다. 두 콩고의 수도인 브라자빌과 킨샤사는 콩고강을 사이에 두고 마주보고 있다. 적도가 통과하는 북부 지역의 삼림자원은 아마존의 그것과 버금갈 정도이며 카탕가는 풍부한 천연 광물의 보고이기도 하다. 거대한 국토에 어울리는 다양한 자연환경과 막대한 양의 천연자원을 가지고 있어서 '아프리카의 거인'이라고 불리기도 한다.

수도 킨샤사와 콩고강

기에의 왕이었던 레오폴드2세의 이름에서 따온 것으로, 1885년부터 1908년까지 콩고의 왕을 겸임하였다. 그래서 과거에는 콩고-레오폴드빌 또는 콩고–벨기에로 불리기도 했다.

109) VI 장 3) 아프리카의 전쟁들 참고.

2) 역사

현재 콩고 지역에는 피그미족의 조상으로 보이는 수렵-채집인들이 선사시대 이전부터 특히, 콩고강을 중심으로 흩어져 살고 있었던 것으로 추정된다. 15세기 경 유럽인과 처음 접촉하던 시기는 이 지역에 여러 왕국이 번성하던 시기와 일치한다. 그러나 이 왕국들은 정확한 국경이나 사유재산이 없었던 것으로 보여지며 외부의 적에 대응하기 위해 이웃 부족과 일시적인 연대를 하는 느슨한 정치, 군사적 관계를 맺고 빈번한 전쟁을 겪은 것으로 보인다. 이 와중에 포로로 잡은 상대편 인질을 아프리카 북부의 아랍국가들에 노예로 파는 무역이 시작되며 19세기까지 이어진 흑인노예의 비극이 시작되기도 했다. 한편 아랍-이슬람 세력이 사하라 남쪽으로 확산되면서 이 곳에서도 술탄이 지배하는 이슬람 왕국이 세워지고 상당한 영향력을 끼친 것으로 보인다.

1876년 벨기에의 레오폴드2세는 아프리카 식민지 개발 회사 AIA[110]를 세우고 아프리카 지역에서 세력 확장을 시도하고 있었는데, 1884~1885년에 열린 베를린 회의에서 콩고-킨샤사 지역의 지배권을 정식으로 인정받으며 현재의 국경선도 결정되었다. 식민초기에는 레오폴드 2세의 개인재산으로 식민지 개발이 되었으나 1908년 벨기에의 국회가 식민지로 병합시키며 1960년 독립할 때까지 벨기에-콩고의 체제가 유지되었다. 1940년대에는 콩고의 남, 북 지역을 대표하는 두 개의 독립 추진세력이 나타났고 정치세력으로 확대되었다. 벨기에는 순차적인 단계를 통한 독립을 구상하고 1957년 제한적이지만 첫 투표를 실시하였다. 그러나 각각의 정치 지도자들은 독립 후 콩고의 체제에

110) 아프리카 국제 협회AIA Association internationale africaine.

대한 이념이 달랐고 콩고 특유의 부족연합 전통과 맞물리면서 복잡한 양상을 보이게 되었다. 독립 바로 전 해인 1959년에도 독립에 대한 견해 차이로 두 정치세력 간 무력분쟁이 끊이지 않았다. 그래서 1960년 1월에 벨기에의 수도 브뤼셀에서 각 정당 대표와 벨기에 대표 등이 모여 콩고의 독립을 위한 단계적 절차와 독립날짜를 결정하고 이 시간표에 따라 그해 6월 30일 '콩고공화국'으로 독립을 완성하였다.

그러나 독립 후 정치 상황은 순탄치 않았다. 독립 직후 구성된 정부의 수상이 반란을 일으켰고, 이 반란을 진압한 인물이 군 최고책임자였던 모부투였다. 1965년 모부투는 2대 대통령으로 집권에 성공하고 1997년까지 32년간 장기 집권하였으나, 1997년 카빌라Kabila의 반란으로 권좌에서 물러난 후 수감 중 사망하였다. 카빌라는 권력을 잡고 국명을 '콩고민주공화국'으로 바꾸었다. 그러나 다시 반란이 일어나고, 1998년 콩고 정부군은 앙골라, 짐바브웨와 연합하여, 우간다와 르완다의 지원을 받는 반군과 내전이 벌어졌다.[111] 카빌라 대통령은 내전의 와중에 2001년 암살당하고, 아들인 카빌라가 아버지의 정치권력을 세습하였다. 2002년 평화협정을 체결하고 여러 정치세력과 연합하여 정부를 구성한 카빌라는 국민투표를 통해 2006년 대통령에 취임하였다.

2002년 이후로 내전은 공식적으로 종식되었으나 국내 상황은 아직 불안하다. 동부지역에서는 아직도 무장 반군의 활동이 계속되고 있으

111) 콩고내전에는 남아프리카 공화국부터 리비아까지, 아프리카 12개국이 개입된 국제전의 성격을 띠었다. 예를 들어, 르완다는 집권세력인 투치족 출신을 콩고 정부의 주요 책임자로 두고 콩고의 내정에 깊숙이 개입하고자 했다. 두 번째 내전은 RD콩고에 대한 영향력을 두고 르완다와 우간다가 각각 반란을 모의하여 일으킨 전쟁이었다. 이렇게 각국의 이해관계가 서로 얽히면서 콩고의 내전은 더욱 어려운 상황으로 전개되었다.

며 내전으로 인한 사망자만 지금까지 300만 명을 헤아린다. 또한 전쟁으로 정상적인 경제활동이 이루어질 수도 없고 거대한 국토에 비해 인프라는 턱없이 부족한 형편이다. 2009년에도 쿠데타 시도가 있었고 2010년 반란세력이 제압되기도 했다. 현재까지도 수도 킨샤사를 비롯해 곳곳에서 학살, 암살, 시위와 폭력, 무장테러 등으로 사상자가 발생하고 있으며 국제사회는 평화유지군을 파견하여 주민들의 안전을 도모하고 있으나 상황조정이 쉽지 않은 상태이다.[112]

20여년에 걸친 내전은 콩고에 지대한 영향을 끼쳤다. 이웃 국가들의 개입으로 국제전의 양상을 보이며 전쟁터가 되었던 콩고는 군비를 대기 위해 국가 소유인 천연자원[113]을 밀매하거나 정부의 관리체제가 혼란한 틈을 탄 관료들의 부정부패가 계속되면서 자원에 대한 적절한 관리가 이루어지지 못하고 있다. 1차 산업이 70%가까이 차지하는 후진적인 경제상황에서 전쟁으로 난민이 발생하고 농사를 지을 수 없는 상황이 지속된 데다가, 2002년 공식적인 내전 종식 이후에도 국지전적인 소규모 무력충돌이 계속되며 콩고의 국내총생산은 마이너스 성장세를 보이고 있다. 광활한 국토와 거기에 매장된 풍부하고 다양한 천연자원, 풍부한 노동력을 제공할 인구 등 경제에 긍정적인 요인은 충분하지만, 부패한 정부와 끊임없는 내전, 이웃 국가들의 이기적인 정책 등이 맞물리고 인구의 대부분이 빈곤과 기아에 시달리며 세계에서 가장 가난한 나라 중의 하나로 꼽히고 있다. 특히 지역 간 불균형이 심각한데 킨샤사 등 서부의 대도시 지역주민들은 동부 내륙지역 주민에 비해 연간수입이 거의 10배에 이르고 있다. 빈곤층의 상황도 더 악화

112) www.rfi.fr

113) 콩고의 대표적 지하자원은 금, 다이아몬드, 구리, 주석, 철, 보크사이트, 석유, 석탄, 코발트까지 종류도 다양하고 희귀한 자원이 매장되어 있으며 매장량도 매우 풍부하다.

되고 그 수도 늘어가는 추세이며, 필요한 식량공급도 대부분 외국의 원조에 의존하고 있는 상태이다.

3) 사회와 문화

콩고는 현재 인구대국으로 분류되지만, 15세기 이후 증가한 노예무역은 인구증가에 매우 부정적 영향을 끼쳤고 특히 19세기 벨기에의 식민지배 시기에 대규모 학살이 이루어지면서 국토의 넓이에 비하면 인구는 상대적으로 희박한 상태였다. 인구가 본격적으로 늘기 시작한 것은 2차 세계대전 이후이며 현재도 꾸준한 증가세를 보이고 있다. 열대기후의 정글이 우거진 북부와 중부지역에는 사람이 거의 살지 않지만, 대신 동남부의 고원지대, 콩고강 유역과 호수가 산재해 있는 지역 주변의 사반나 기후지역에 인구가 밀집되어 있다. 그러나 실질적인 문제는 출생율보다 국민의 보건환경에 관련되어 있다. 전쟁에서 살아남는다 하더라도 기아와 빈곤에 시달리고 있으며 불량한 영양상태로 말리리아와 같은 풍토병에 쉽게 노출되며, 에이즈는 국민의 3%를 감염시켰다.

다행히 콩고의 교육환경은 내전종식 이후 나아지고 있는 상황이다. 학령기 아동의 입학 숫자는 2배 이상 늘어났고 중등이상의 교육을 받는 청소년들의 숫자도 50%가까이 늘어난 것으로 유네스코는 밝혔다.[114] 따라서 문맹율도 상당히 낮아지고 있는 상황이다.

114) www.fr.wikipedia.org 학령기 아동의 경우 2002년 550만 명이 입학했으나, 2012년에는 1,200만 명이 입학하였으며, 중등교육 과정에 재학 중인 학생 수의 경우에는 2007년 280만 명에서 2012년 390만 명을 넘는 것으로 조사되었다.

아프리카 최대의 다민족 국가

콩고는 인구대국이기도 하지만 다양한 민족으로 구성되어 있는 것으로도 유명하다. 학자에 따라서 200~450여 개의 부족으로 분류하기도 하는데, 반투Bantou족 계열이 전체 인구의 80%정도를 차지하는 것으로 나타났다: 루바Luba족(18%), 몽고Mongo족(17%), 콩고(12%)족이 가장 큰 부족이고 그 외의 반투족 계열만 50여 개 부족이 넘는다. 이 외에도 수단족, 나일족, 햄족, 피그미족 등을 들 수 있다.

다양한 민족에 따르는 자연스러운 현상은 다양한 언어의 사용이다. 콩고에서 사용되는 언어의 수도 200~400여 개를 헤아린다. 이는 아프리카 국가들 중에서도 가장 다양한 언어를 사용하는 국가로 꼽히며, 서로 다른 언어를 사용하는 사람들끼리 의사소통을 위해 사용하는 매개언어로는 공용어인 프랑스어와, 국어로 지정된 린갈라어와 스와힐리어가 사용된다. 콩고인들은 결과적으로 다언어 사용인으로 일상적으로 4~5개의 언어를 할 줄 안다고 한다.

르완다Rwanda

· 정식국명 : 르완다 공화국
· 수도 : 키갈리Kigali
· 인구 : 1,100만 명
· 공용어 : 킨야르완다어, 프랑스어, 영어
· 사용언어 : 스와힐리어
· 종교 : 기독교, 이슬람교, 토속신앙
· IDH : 163위
· GDP : 79억 달러
· 화폐 : 르완다 프랑Franc
· OIF 가입 : 1970년 정회원국
· 프랑스어 구사인구: 31만여 명

1) 소개

르완다라는 나라 이름은 고유언어인 킨야르완다어로 '천개의 언덕'이라는 의미를 갖고 있는데 이런 별명은 르완다의 평균 고도가 1,000m에 가까운 지리적 특징을 반영하고 있다. 르완다는 중앙 아프리카 지역의 산간지역에 위치한 아프리카의 작은 나라들 중 하나이다. 르완다 중앙부는 2,000m의 고원지대이고, 동부지역은 호수와 늪지대, 서쪽은 최고 4,500m가 넘는 산맥이 위치하고 있다. 르완다는 주로 목축업에 종사하는 투치족과 농사를 짓는 후투족이 인구의 대부분을 이루고 있다[115]. 아프리카의 작은 나라인 르완다는 1994는 대규모 학살이라는 전세계적인 이슈로 알려졌다. 1994년 4월부터 6월까지 3개월간 약 80~100만명의 투치족과 온건주의적인 후투족이 희생된 것으로 알려졌다. 르완다의 대규모 학살사건은 가장 짧은 시간동안 가장 많은 사람이 희생된 가장 비극적 사건으로 기록되었다.

수도 키갈리

2) 역사

후투족과 투치족, 그리고 그 외 소수민족이 부족간 연합체제로 살아왔던 르완다는 1885년 베를린 회의에서 독일의 식민지로 결정되었다. 르완다를 통치하게 된 독일과 뒤이어 들어온 벨기에 지배자들은 식민지 지배에 협조할 부족을 정하기로 한다. 투치족은 전체인구의 10~15%정도를 차지하며 키가 크고 피부 빛깔이 후투족보다 밝았다. 지배자들은 심지어 코의 높이나 눈 사이의 거리 등 외모적 특징이 유

115) 르완다의 세 번째 부족은 트와Twa족으로 이들은 수공예 제작을 주로 하는 반투족 계열이다.

럽인과 비슷하다는 이유로 투치족을 준지배 민족으로 대우하여 후투족과 구별되는 지위를 부여하였다[116]. 1962년 르완다가 독립할 때까지 사회적 차별을 받아 온 후투족은 공화국 체제 아래에서 국민투표로 집권세력을 정하게 되자 절대적으로 유리한 위치에 놓이게 되었다. 인구의 80%이상이 후투족이었던 것이다. 후투족 출신이 대통령이 되면서 투치족에 대한 압박이 시작되었고 곳곳에서 투치족에 대한 학살이 자행되었다. 1973년 쿠데타로 정권을 잡은 하비야리마나Habyarimana 대통령은 온건파 후투족으로 양 부족 간의 갈등을 봉합하려는 노력을 기울여 왔다. 그러나 1994년 그가 탄 비행기가 로켓 공격으로 격추되며 암살당하자 이를 투치족의 소행으로 여긴 후투족 정권은 집단적인 학살을 시작한다. 3개월간 이루어진 투치족에 대한 후투족의 학살은 약 100만여 명의 사망자와 200만 명이 넘는 피난민을 기록하였다.

116) 전통적 씨족 사회였던 르완다에서 부계혈통이 투치족이나 후투족인 사람이 씨족 대표를 맡았고, 투치족 출신 중 한사람이 르완다를 지배했다. 결론적으로 투치족 중에 왕이 나온 것으로 유럽인들은 모든 투치족을 왕족으로 분류하였다. 그러나 이러한 인종 차별적 구분은 식민지배자였던 벨기에의 반인륜적 처사로 독립 후 투치족과 후투족의 갈등의 시초가 되었고 1994년 대학살의 빌미가 되었다.
www.fr.wikipedia.org

르완다 대학살 Génocide des Tutsis au Rwanda

1962년 독립과 함께 공화국을 선포하고 대통령을 국민투표로 선출한 르완다는 독립 직후부터 후투족과 투치족간의 갈등이 불거지기 시작했다. 두 민족간의 외모와 전통문화 등이 완전히 다른데다가, 식민지배의 폐해로 두 민족간 사회적 계층 차이가 뚜렷하게 존재했기 때문이다. 소수파인 투치족은 교육과 일자리에서 후투족에 비해 특혜를 받고 있었고, 후투족은 이에 대한 반감이 극심한 수준이었다. 그래서 독립 후 초대 대통령이었던 카이반다Kayibanda는 투치족 학살을 묵인하였다. 위협을 느낀 투치족은 이웃 국가들인 브룬디, RD콩고, 우간다 등으로 떠났고 그 곳에서 르완다 반정부군으로 거듭났다.

1973년 쿠데타로 정권을 잡은 후, 1978년 일당독재 체제로 2대 대통령에 취임한 하브야리마나는 타국에 난민으로 살고 있는 르완다인들의 송환을 시도하고, 국내의 갈등을 가라앉히려고 노력하였다. 후투족 출신이었으나 전임 대통령에 비하면 온건주의자였다. 그러나 우간다에서 세력을 키운 투치족들의 르완다 반정부군(르완다 애국전선FPR)은 르완다 북부 지역을 점령하면서 1990년 내전이 시작되었다. 다당제를 도입해 새롭게 출범한 정부에는 투치족 출신의 장관들도 포함시키며 유화책을 펼쳤으나, 몇몇 과격 언론들은 투치족에 대한 보복을 주장하며 후투족들을 선동하여 사회적 불안이 더욱 고조되고 있었다.

1992년 반군과 정전을 합의하였지만 투치족들에 대한 학살은 계속되었고, 정전협정과 관련한 약속이 지켜지지 않자 반군의 공격이 다시 시작되었다. 1993년 르완다 정부와 반군간의 평화협정이 조인되고 유엔에서는 르완다 사태를 감독할 평화유지군을 파견하였다. 그러나 미국을 비롯한 서구 각국의 미온적인 태도로 국제기구의 역할에는 한계가 분명한 상황이었다.

1994년 4월 6일 르완다와 브룬디의 두 대통령이 탑승한 비행기가 로켓공격으로 추락하며 암살당하는 사고가 발생하였다. 그리고 다음 날인 4월 7일 투치족에 대한 조직적인 학살이 시작되었다. 이 학살은 투치족 뿐 아니라 투치족 학살에 반대한 후투족 일부도 포함되었다. 일부에서는 대통령의 암살이 투치족에 의한 것이 아니라 후투족의 과격파에 의한 것이라는 분석도 있었다. 학살이 진행되던 3개월간 유엔에서는 평화유지군을 축소하는 소극적 대응을 하였고, 그동안 적극적인 군사개입으로 정부군을 지원했던 프랑스는 시민보호와 난민구호를 위한 군대를 파견하였다. 1994년 7월 17일 투치족 반군이 수도 키갈리를 점령하며 전쟁종료를 선언했고 이번에는 후투족들의 탈출이 시작되었다. 투치족 정부가 새로 조각되며 후투족 출신의 비지뭉구Bizimungu 대통령이 취임했으나 실질적인 권력은 투치족 출신의 폴 카가메Paul Kagame 부통령이었다. 카가메는 2000년 전임 대통령의 사임 후, 대통령에 당선되었다.

1994년 11월 국제 르완다 형사재판소에서는 학살에 책임이 있는 정부인사들에 대한 재판이 시작되었다. 카가메 대통령은 후투족 정부와 가까웠던 프랑스가 학살에 직접적인 책임이 있다는 주장을 하고 있으며 프랑스는 정책적 실수는 인정하지만 적극적 개입은 부인하고 있다. 학살에 대한 책임문제로 양국 관계는 매우 경직된 상태이며 르완다는 2010년 이후 프랑스어를 공용어에서 제외하였다.

독립 이후 지속된 사회불안과 내전, 학살 등 비극적인 현대사를 거친 르완다는 2003년 헌법을 개정하고 사회-경제적 개혁을 추진하면서 2000년대 이후 지속적인 경제성장을 하고 있다. 특히 2003년과 2010년 국민투표로 현 카가메 대통령을 재신임하고, 차츰 사회적 안정도 찾아가고 있다. 경제발전은 여러 지표로도 보여 지는데, 빈곤층이 2014년 39%로 줄어들었고 경제구조도 농업에서 서비스 산업으로 옮겨가는 모습을 보여주고 있다. 르완다 정부는 지속적인 경제성장을 위해 공기업 민영화와 무역 자유화 등의 정책을 추진하고, 2020년까지 빈곤층 구제를 목적으로 하는 경제개발을 계획하고 있다.

르완다의 최대 수출품은 커피와, 고산지 차tea, 광물 등이다. 특히 커피는 수출액의 약 1/4을 차지할 정도로 주요 수출품이고 고산지에서 재배된 르완다 산 차는 최상품으로 여겨진다. 최근 부상하는 관광업은 르완다의 새로운 성장동력으로, 멸종 보호종인 마운틴 고릴라와 풍부한 자연환경을 보호하기 위해 다수의 국립공원을 지정하여 관광산업의 발전을 모색하고 있다.

멸종 보호종인 마운틴 고릴라

카메룬

· 정식국명 : 카메룬 공화국
· 수도 : 야운데Yaoundé
· 인구 : 2,330만 명
· 문맹율 : 25%
· 종교 : 기독교(35~40%), 이슬람(15~20%), 토착신앙(45%)
· 공용어 : 프랑스어(70%), 영어(30%)
· 사용언어 : 바코코어, 바문어, 타카르어, 등
· IDH : 153위
· GDP : 290억 달러(2015)
· 화폐 : Franc CFA
· OIF 가입 : 1975년 준회원국, 1991년 정회원국

1) 소개

아프리카의 기니만에 위치한 인구 약 2,300만의 카메룬은 아프리카 국가들 중에서는 인구나 국토 면적상 중간 규모의 국가로 분류된다. 북쪽의 차드호에서 시작된 카메룬의 국경선은 시계방향으로 차드, 중앙아프리카, 콩고-브라자빌, 가봉, 적도 기니와 서쪽으로는 나이지리아에 둘러싸인 삼각형의 모양을 한 나라이다. 카메룬에는 약 240여 개의 부족이 있으며, 이 부족들은 반투족, 혼합 반투족, 수단족으로 분류되며, 이들이 사용하는 각 부족의 언어는 모두 국어로 인정된다. 카메룬의 수도는 야운데Yaoundé로 인구 1백만의 정치적 중심이라면, 두알라Douala는 인구 2백만의 경제 중심도시이다. 서쪽에는 해발 4,095m의

카메룬 산이 있는 높은 산악지대이며 북쪽에는 넓은 평원이 펼쳐져 있다. 적도 바로 북쪽에 위치하고 있기 때문에 열대성 기후를 보인다. 남북으로 긴 삼각형 모양을 하고 있는 카메룬의 기후는 크게 두 가지 형태로 나눌 수 있는데, 위도 8도를 기준으로 북쪽은 건조한 열대성 기후를, 남쪽으로는 고온다습의 아열대성 기후를 나타낸다.

원래 독일의 식민지였으나 국제연합의 위임통치 결정에 따라 1922년 영국과 프랑스의 관리 하에 있다가 1960년 독립하였다. 카메룬은 여느 아프리카 국가들처럼 다양한 민족들이 다양한 언어를 사용하는 지역으로 현재도 약 240여개의 언어를 사용하고 있다. 그러나 지배적인 지역언어가 존재하는 다른 국가들과 다르게 카메룬은 부족마다 고유의 언어를 사용하여 세계에서 가장 다양한 언어 사용국 중 하나이다.[117] 카메룬의 공식언어는 프랑스어와 영어이며, 전체 10개의 행정 구역 중 가장 서쪽의 2개 권역에서는 영어가, 나머지 지역에서는 프랑스어가 공용어로 사용되고 있다. 때문에 카메룬은 OIF와 영연방의 가맹국이기도 하다[118]. 그러나 인구의 약 30%에 해당하는 영어권 지역 주민들은 사회적 소수로서 프랑스어권 정부의 차별적 정책에 불만이 많으며 현재 독립을 목표로 정부에 대한 저항을 계속하고 있다.[119] 이 외에도 스페인어와 독일어가 사용되고 있다.

---

117) 아프리카에서 가장 많은 언어를 사용하는 나라는 나이지리아로, 현재 521개의 언어를 사용하는 것으로 조사되었다. www.fr.wikipedia.org

118) OIF에는 1975년에 준회원국이었다가 1991년에 정회원국이 되었고, 영연방에는 1995년에 가입하였다. 행정 구역 중 Northwest와 Southwest 두 지역이 영어 사용권이다.

119) 가장 최근의 충돌은 2016년 12월 13일자 헤럴드 경제지에 기사로 보도되었다. 카메룬 서부의 2개 주는 영어가 주요 공용어로 쓰이는 지역으로 프랑스권 정부가 "수사와 증거 없이 영장만으로 시민을 체포할 수 있고, 영어권의 영어교사를 프랑스어권 교사로 교체한 것"이 시위의 직접 원인으로 전해졌다. 처음에는 평화적인 시위였으나, 경찰에 의한 강제 진압으로 유혈사태로 확대되었다.

카메룬의 행정 구역

2) 역사

15세기 포르투갈과 네덜란드 등 서구 유럽 국가들과의 접촉을 시작으로 1884년 독일의 식민지로 편입되었다. 카메룬 지역은 독일이 제 1차 세계대전에서 패전함으로써 1922년 국제연합의 결정으로 프랑스와 영국의 관리 하에 들어갔다. 1946년 제 2차 세계대전이 끝난 후, 유엔은 영국과 프랑스에 계속 이 지역에 대한 관리를 위임하였다. 지역적 크기나 인구 수로 볼 때, 절대 다수를 차지했던 프랑스어권 지역은 1960년에 독립을 하였고, 영어권이었던 지역은 1961년에 독립하였으며 후에 독립을 전제로 두 지역은 연방제 형태로 합치게 되었다. 1972년 '카메룬 통일 공화국'으로 연방제를 포기하였고, 1984년 이후로 현재의 국명인 '카메룬 공화국'이 됨으로써 영어권 지역의 독립은 요원하게 되었다. 카메룬은 영어와 프랑스어의 차이 뿐 아니라, 북쪽의 이슬람, 남쪽의 기독교라는 종교적 차이도 분명하게 존재하고 있다.

1960년 독립하면서 초대 대통령으로 선출되었던 아이조Ahidjo 대통령은 1980년 5번째 임기를 수행하던 중 건강상의 문제를 이유로 사임하였고 수상이던 폴 비야Paul Biya가 대통령 직을 승계하였다. 그러나 아이조 대통령의 측근들은 1983년 연거푸 두 번의 쿠데타를 일으켜 비야 대통령을 축출하려 하였으나 실패하였고 뒤에서 쿠데타 세력을 조종하던 아이조 전 대통령은 추방되었다가 1984년 사형선고를 받았다. 비야 대통령은 1984년 대통령 선거에서 당선되어 정통성을 부여받았으나, 이후에도 계속 권력을 노리는 반정부 세력과 맞서야 했다. 2004년 5번째 임기를 시작한 비야 대통령은 2008년 대통령의 재임횟수를 제한하는 개헌을 시행하였으나 2011년 다시 대통령에 당선되며 헌법을 무색하게 하였다. 2016년 현재 비야 대통령은 40여년에 가깝게 대통령 임기를 맡고 있다.

1990년 다당제를 도입하면서 카메룬은 정치적 혼란으로 인해 사회적으로도 불안감이 증폭되었다. 전임 대통령과 현직 대통령의 장기 집권에 불만을 품은 시민들은 시위에 나섰고 폭동, 파업 등 사회적 비상사태가 전국적으로 퍼져 나가자 군사작전을 벌이기도 했다. 카메룬은 이러한 내부문제 뿐 아니라, 1994년에는 풍부한 석유 매장량을 자랑하는 바카시Bakassi 반도에 대한 영유권을 두고 나이지리와도 긴장감이 고조되었으나 유엔의 중재로 분쟁의 위기를 넘겼다. 국제 사법재판소는 2002년 바카시 반도에 대한 카메룬의 영유권을 인정하였고 2008년에 나이지리아는 최종적으로 바카시 반도를 포기하였다.

3) 사회와 문화

프랑스어와 영어의 이중언어 사용국인 카메룬은 1996년 개정된 헌법에 지방분권적 체제가 유일한 정치체제임을 표방함으로써 영어권 지역의 독립 가능성을 사실상 배제하였다. 정부는 영어 사용인구가 상대적으로 소수이나 교육과 행정 서비스에서 두 언어를 고루 사용하고 있으며, 카메룬 공영방송에서도 두 언어를 번갈아 사용하여 뉴스를 전하고 있다. 그러나 2000년 이후에도 영어권 지역의 반정부 시위는 계속되고 있고 사망자가 발생하기도 한다.

카메룬은 만 3세부터 공교육이 시작되며, 모든 학교에서는 프랑스어와 영어 중 원하는 언어로 교육을 받을 수 있다. 남부의 오지를 제외하면 대부분의 시민들이 기본 교육을 받아 문맹율은 아주 낮은 편이고, 1990년대 이후 정치가 안정되면서 인간개발 지수도 상당히 높아졌다. 카메룬에서 가장 인기있는 스포츠는 축구로 국가대표팀은 '불굴의 사자'라는 별명을 가지고 있으며 국제대회에서 상당한 실력을 인정받고 있다. 축구 외에도 육상이나 기타 스포츠 종목에서도 상당한 성과를 내고 있다.

몽고 베티Mongo Beti(1932~2001년)*
식민지배의 폐해와 독재를 고발하고 핍박받은 작가

몽고 베티는 1932년 카메룬의 수도인 야운데 근처에서 태어났다. 고등학교 졸업 후 프랑스로 유학을 떠나 고전문학을 전공하면서, 1954년 22세의 젊은 나이에 첫 소설 '잔인한 도시 Ville cruelle'를 출판하여 유명세를 탔다. 이 소설 속에서 작가는 식민지 시절부터 독립 이후 현재까지 물질적, 윤리적 빈곤 속에서 살아가는 아프리카 사람들을 그렸다. 그는 이 소설을 출판하면서 본명인 알렉상드르 비이디 아왈라Alexandre Biyidi Awala 대신 존경하던 미국시인인 Ezra Proud의 이름을 딴 에자 보토Eza Boto라는 첫 번째 필명을 사용하였다. 1956년에는 소설 '봄바의 가난한 크리스트Le pauvre Christ de Bomba'를 발표했는데, 식민지배와 선교활동을 풍자를 통해 비판하여 사회적 이슈가 되었다. 1972년, '카메룬 위의 낮은 손main basse sur le Cameroun'을 발표할 때는 카메룬 정부의 요청으로 출판이 금지되고 작가는 체포되었다. 이 책자는 프랑스에서 금서로 지정되었고, 카메룬 정부를 곤혹스럽게 만들었다. 그는 프랑스와 아프리카 정부 지도자들의 분노를 샀으나, 결코 이들과 타협하지 않았다. 결국 그는 32년간 조국 카메룬에 돌아가지 못하고 교사 자격시험에 합격한 뒤, 루앙에서 고전문학 교사를 하다가 1991년 카메룬에 다당제가 도입되는 등 민주화가 어느 정도 이루어지자 귀향하였다. 카메룬에서는 '아프리카인의 서점Librairie des Peuples noirs'을 열어 운영하면서 2001년 사망 직전까지 인권을 옹호하는 수많은 작품을 썼다.

몽고 베티는 현대 아프리카 흑인문학을 대표하는 가장 유명한 작가이며 평생 문학작품을 통해 식민지배의 잔혹함과, 독립 후 아프리카인을 괴롭힌 독재정치의 폐단을 통렬히 비판하였다. 세네갈 출신의 셍고르Senghor는 작가이자 정치가로 성공한 데에 반하여 몽고 베티는 정치적 탄압 때문에 일생을 야인으로 보내야 했다.

* *Civilisation progressive de la Francophonie*, *op. cit*., 2003, p.44.
www.mongobeti.arts.uwa.edu.au.

가봉

· 정식국명 : 가봉 공화국
· 수도 : 리브르빌Libreville
· 인구 : 1,800만 명
· 공용어 : 프랑스어
· 문맹율 : 17%
· IDH : 0,684(106위)
· GDP : 180억 달러
· 화폐 : Franc CFA
· OIF 가입 : 1970년 정회원국

1) 소개

중부 아프리카의 기니만에 위치한 가봉은 적도가 가로지르는 열대의 나라이다. 고온다습한 전형적인 열대의 기후에 걸맞는 우거진 숲과 다양한 동식물의 나라인 가봉에는 유네스코 세계 문화유산에 등록된 로페Lopé 국립공원이 있으며, 풍부한 석유생산으로 사하라 이남 아프리카 국가들 중에서 가장 잘 사는 나라 중 하나로 꼽힌다. 국토에 비해 인구가 적은 가봉은 프랑스어를 공용어로 사용하고 있다. 가봉은 정치, 경제, 외교, 국방 등 모든 분야에서 프랑스와 긴밀한 관계를 유지하고 있어서 '프랑사프리카Françafrique'의 대표적 나라로 꼽힌다.

가봉의 초대 대통령이 재선 직후인 1967년 사망하였고, 2대 대통령이던 봉고Bongo 대통령이 40여 년간 대통령직을 수행하며 정치적으로 안정적인 모습을 보여, 내전과 사회적 불안에 시달리던 대부분의 아프리카 나라들과는 사뭇 다른 모습을 보여 주었다. 정치적 안정을 바탕으로 아프리카의 주요 석유 생산국가로서 사하라 이남 아프리카에서는 독보적인 경제수준을 나타내고 있다. 특히 자연환경을 보존하려는 정책적 지원을 아끼지 않고, 잘 보존된 자연환경을 관광 산업으로 연결시키려는 노력을 하고 있다.

2) 역사

1839년 프랑스의 식민지가 된 가봉은 이웃한 또 다른 프랑스 식민지였던 콩고와 함께 프랑스의 식민지로 편입되며 1898년 '프랑스령 콩고'에 병합되었다가, 1910년에 '프랑스령 적도 아프리카'로 편입되었다. 2차 세계대전 중에는 프랑스 임시정부의 활동지역이었다가, 전쟁이 끝난 후에는 프랑스의 해외영토가 되었다. 가봉은 1960년 독립하였다.

1961년 음바Mba 초대 대통령을 선출하였으나, 임기 중 쿠데타가 발생하였다. 프랑스는 군사개입을 통해 쿠데타 세력을 진압하고, 1967년 대통령이 사망할 때까지 정치적 후견인 역할을 하였다.

초대 대통령의 사망 후, 부통령이던 봉고 대통령이 승계하며 일당체제로 장기집권의 바탕을 마련하였다. 1973년 대통령에 재선된 봉고 대통령은 같은 해 이슬람교로 전향한 뒤 개명하였다. 산유국으로서 가봉은 1975년 세계 석유수출국 기구에 가입하였으며, 한국을 국빈 방문하였다[120].

120) 봉고 대통령은 아프리카 최초로 한국을 방문한 국가 원수로, 이를 기념하여 당시 기

봉고 대통령의 장기집권에 불만을 품은 정치적 세력은 불법정당을 만들고 시위와 소요사태를 일으키며 정부에 저항하였고, 마침내 1990년 다당제로의 개헌이 이루어지면서 합법적인 야당이 탄생하였다. 1997년 임기를 5년에서 7년으로 연장하는 새로운 헌법을 통과시킨 봉고 대통령은 2005년 7번째 임기를 시작하였으나 2009년 스페인의 바르셀로나에서 사망하였다. 그는 정치적으로는 햇수로 43년에 이르는 1인 장기집권이라는 비민주적인 면을 보이지만, 경제적으로는 석유의 생산 및 수출을 적절히 관리하고 꾸준한 경제 성장을 이루었다는 평가를 받고 있다. 또한 2002년 국토의 11%에 해당하는 13개의 국립공원을 지정함으로써 자연과 환경 보존이라는 가치를 선도적으로 도입한 대통령으로 인정받고 있다. 2009년 아들 알리 봉고가 새로운 대통령으로 선출되었고, 후임 대통령은 자연 친화적 정책을 유지하고 있다.

가봉은 적도 아프리카 국가들 중 가장 발전된 경제구조를 보여주고 있다. 열대우림에 덮힌 국토의 대부분은 농지부족으로 사실상 농업은 활성화되지 못했으며 석유 매장량이 풍부한 기니만에 위치한 지리적 잇점을 이용하여 원유 생산과 정제 및 수출 등 2차, 3차 산업에서 GDP의 96%가 이루어진다. 가봉의 경제수준은 사하라 이남 아프리카 국가들 중에서는 가장 높은데, 예를 들어 2014년 기준 1인당 국민소득은 9,720달러로 사하라 이남 국가 평균소득인 1,368달러와 비교해 보면 7배가 넘는다[121]. 그러나 국제 석유가격의 폭락으로 2015년 이후 경제 성장률이 하강곡선을 그리고 있는 실정이다.

아자동차의 승합차 이름을 '봉고'로 했다는 설이 있을 정도로 한국의 환대를 받았다. 봉고 대통령은 이후로 1984, 1996, 2007년에도 방문하여 한국과 우호적인 외교관계를 유지했다.

121) www.undp.org/fr

가봉의 국립 공원

3) 사회와 문화

비교적 높은 경제수준 덕분에 아동들의 취학률은 2012년 기준 96.4%로 거의 전 국민이 학령기에 입학하는 것으로 나타났다. 따라서 15세~24세 인구의 문맹율은 2012년 12%로 개발도상국 중 가장 낮은 수치를 나타내고 있다. 그러나 초등교육을 이수하는 비율은 상대적으로 낮아 2014년 기준 40%로 아주 실망스러운 수치를 보이고 있다. 가봉의 공교육에서 양적인 성장은 바람직하지만 질적인 수준은 아직 일정 수준에 미치지 못하고 있어서 젊은이들의 기술 교육이나 취업과 관련한 실질적 도움을 줄 수 있는 정책이 필요한 상황이다.

가봉 사회의 특이점은 남녀 성차별을 들 수 있는데, 상대적으로 높은 인간개발 지수에도 불구하고 성차별 지수는 2015년 기준 113위를 기록하고 있다. 특히 여학생들의 취학인원이 남학생보다 많고 학업기간이 약 2년 이상 더 길지만 여성의 임금은 남성의 그것에 비해 39%

밖에 되지 않는다.[122]

가봉은 오랜 프랑스 식민지였고, 프랑스식 교육제도를 도입함으로써 자연스럽게 프랑스어가 공용어가 되었다. 그러나 가봉에는 50여 개의 부족이 존재하고 있으며 이들의 고유언어도 사용되고 있다. 모두 소수의 부족으로, 절대적 영향력을 미치지 못하기 때문에 부족 간 균형을 이루며 사회적 통합을 이루어냈다.

122) 중등교육 기관에서 여학생 비율은 남학생을 100으로 했을 때 125%를 나타내고 있으며 고등교육에서 여학생의 비율은 80%를 넘는 것으로 나타났다. www.undp.org/fr

VII

아프리카 – 인도양

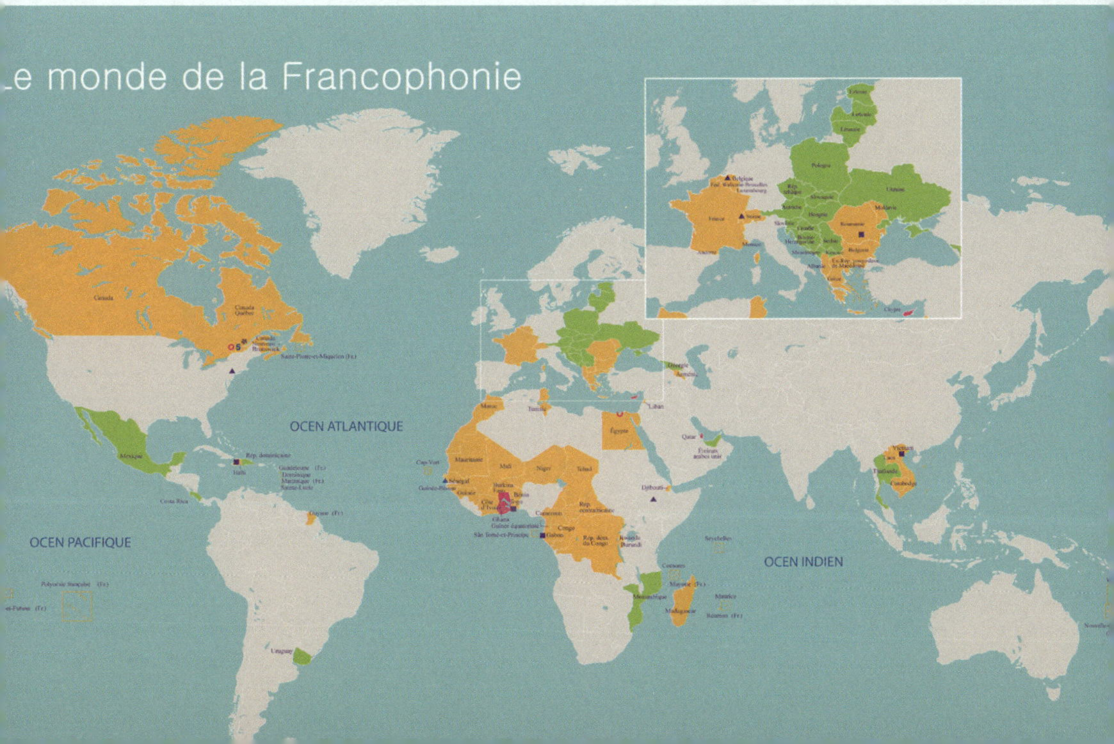
e monde de la Francophonie
OCEN ATLANTIQUE
OCEN PACIFIQUE
OCEN INDIEN

마다가스카르

· 정식국명 : 마다가스카르 공화국
· 정치체제 : 의원내각제와 대통령제 혼합형
· 수도 : 안타나나리보Antananarivo
· 인구 : 2,400만 명(1993년 이후 정식 인구조사 없었음)
· 언어 : 말라가시Malgache어, 프랑스어
· 문맹율 : 30%
· 종교 : 전통신앙(조상숭배, 50%), 기독교(45%), 이슬람(5%)
· IDH : 154위
· GDP : 100억 달러
· 화폐 : 아리아리ariary
· OIF 가입 : 1970~1977(가입후 탈퇴), 1989년 정회원국

1) 소개

아프리카 대륙에서 모잠비크 해협을 사이에 두고 인도양에 떠있는 섬, 마다가스카르는 세계에서 다섯 번째로 큰 섬이다. 마다가스카르 섬을 중심으로 북서쪽에는 코모로 제도가, 북동쪽에는 세셸, 동쪽으로는 레위니옹과 모리셔스 등 인도양 상의 도서국가들이 위치하고 있다. 마다가스카르는 열대지방 특유의 붉은 색 토양이 섬 전체를 덮고 있어서 '붉은 섬'이라는 별칭을 가지고 있으며 희귀 동식물이 살고 있는 야생생물들의 지상낙원으로 잘 알려진 곳이기도 하다.

마다가스카르는 아프리카에 속한 섬이지만, 인도양을 통해 동남아

시아인들이 오래 전부터 이주해 살기 시작했기 때문에 벼농사가 매우 흔하며 쌀을 주식으로 한다. 이 때문에 아프리카에서 아시아의 풍경을 보는 듯한 장면이 펼쳐지기도 한다. 이 외에 아프리카 대륙과 인도에서도 이주민이 들어와 다문화적 성격을 보인다.

마다가스카르의 상징인 바오밥 나무

마다가스카르인들의 벼농사

2) 역사

마다가스카르에 정착한 사람들은 인도네시아와 아프리카에서 건너온 것으로 추정되는데 그 시기는 기원전으로 거슬러 올라간다. 12세기에는 아랍 상인들과의 교역의 흔적이 남아있으며, 1500년 유럽인에게 발견되면서 그 존재가 알려졌다. 1643년 프랑스인들이 섬에 처음 발을 디딘 후 19세기가 되면서 차츰 프랑스의 영향을 받게 되었고 1885년 프랑스 보호령이 되었다가 1896년 식민지로 병합되었다. 프랑스의 식민지 병합 이전까지 마다가스카르는 메리나Merina왕조의 지배를 받았다. 2차 세계대전 후 독립을 기대했으나 1946년 프랑스 해외영토로 묶이게 되자, 1947년~ 1948년에 독립을 위한 민중들의 항쟁이 벌어졌고,

이를 제압하는 과정에서 수천 명의 인명 피해가 나는 등 프랑스 식민 지배에 대한 저항은 매우 컸다.

1959년 헌법을 제정하고 대통령을 선출하는 등 프랑스로부터의 독립을 준비하고 1960년 정식으로 독립을 선포하였다. 2대 대통령에 선출된 라치라카Ratsiraka는 1975년 사회주의 노선을 채택하면서 기업의 국유화, 토지몰수와 집단농장화, 초등, 중등교육 과정에서 프랑스어 배제와 프랑화 경제존 탈퇴로 대표되는 탈프랑스화 정책 등을 시행하였다. 그러나 장기집권에 대한 반정부 시위가 폭력적으로 진압되면서 국가 전체를 마비시키는 전국적 시위가 시작되었다. 결국, 1992년 개헌을 통해 마다가스카르는 제3 공화국 체제가 시작되었으나, 자피Zafy 대통령이 해임되며 정국이 다시 불안해졌다. 2002년 대통령 선거에서 라발로마나나Ravalomanana가 당선되면서 정국은 안정을 되찾았다. 가장 최근에 있었던 정치적 위기는 2009년 쿠데타에 이은 강제적 정권이양이었다. UA와 SADC[123]의 중재로 2013년과 2014년 각각 대통령과 국회의원 선거를 통해 정국의 안정을 되찾고 있다.

3) 사회와 문화

정치적 안정을 찾아가고는 있지만, 사회불안과 세계 경제침체로 인한 타격은 그렇지 않아도 위태로운 마다가스카르의 경제에 큰 타격을 입혔다. 수치적으로도 일인당 GDP가 440달러에 그치는 수준으로, 세계에서 가장 가난한 10개국 중 하나이다. 무역수지에서 수입과 수출

123) 남아프리카 개발공동체 CDAA의 영어식 이름, Southern African Development Community.

모두 큰 폭으로 늘어났지만, 적자액도 증가했다. 마다가스카르의 가장 큰 수출 상품은 니켈로 이 광물 수출이 차지하는 비중이 27%에 달하고, 섬유 23%, 농산품이 20%을 차지한다. 주요 수출 상대국은 유럽연합으로 약 41%를 차지하고, 주요 수입 상대국은 중국으로 25%에 이른다.

마다가스카르는 국토의 약 20%가 산림으로 덮여 있으며 희귀동식물의 서식지로 유명한 생태계의 보고이다. 그러나 빈곤에 시달리는 주민들은 땅을 비옥하게 하고 취사용 숯을 얻기 위해 불법적으로 숲을 불태우는 전통[124]을 고수하고 있다. 한번 경작한 토지는 낮은 생산성으로 농지로서의 기능이 약화되어 나무를 다시 심지도 않은 채 버려진다. 이러한 산림 황폐화로 토지 침식이 가속화되는 것이 가장 큰 환경문제로 떠오르고 있으며 이미 약 75%의 고유 식물종이 사라졌다. 현재 정부는 환경보호 구역을 매년 확대하고 나무심기 운동을 펼치고 있다.

마다가스카르의 공식언어는 고유어인 말라가시Malgache어로 동남아시아계 언어의 한 종류로 언어의 유사성으로도 원주민들의 원류가 확인된다. 프랑스어도 헌법상 명시된 공식어이나, 인구의 약 15% 정도가 제한적으로 사용한다. 말라가시어는 19세기 초반 문법을 정비하고 글자체계가 완성되어 첫 문서가 작성되었다. 그러나 바로 프랑스의 식민지가 되면서 말라가시어로 된 출판물의 발간이 금지되고 기존의 문서들이 파괴되어 문자가 사라질 뻔한 위기도 있었다.

---

124) 일종의 화전(火田)의 개념이다. 말라가시어로 핫사케hatsake라고 부른다.

마다가스카르 특유의 장례문화, 파마디하나famadihana *

죽은 이를 장례지냈다가 일정시간이 지난 후, 무덤에서 사체를 꺼내 다시 장례지내는 마다가스카르, 특히 중부 고원지대의 전통의례를 말한다. 이러한 장례문화는 동남아 일대 섬에도 아직 남아있으며, 기독교 문화의 영향으로 지금은 차츰 사라져 가는 추세이다. 죽은 조상을 다시 무덤에서 꺼내어 뼈를 씻어 내고 다시 관에 넣어 안장하는 의식은 죽은 조상이 후손의 보호자가 된다는 의미로, 마다가스카르는 조상신에 대한 믿음을 바탕으로 하는 토착신앙이 광범위하게 퍼져있다. 파마디하나는 장례식이지만 음악과 춤이 함께하는 일종의 축제로, 일가친척이 모두 모여서 망자를 추모하고 쌀과 기름진 고기로 만든 전통음식인 바리 베 마나카vary be manaka를 먹는다. 초대받은 사람들은 일반적으로 금전적 부조를 하며, 친인척간의 관계를 유지하고 정을 나누는 자리가 된다.

* *Civilisation progressive de la Francophonie, op. cit.*, 2003, p.80.

 모리셔스 섬

· 정식국명 : 모리스 공화국
· 정치체제 : 의원내각제와 대통령제 혼합형
· 수도 : 포트 루이스Port-Louis
· 인구 : 126만 명
· 문맹율 : 12.1%
· 종교 : 힌두교(52%), 기독교(30%), 이슬람교(17%), 불교(1%)
· 공용어 : 크레올어, 영어, 프랑스어
· IDH : 63위(아프리카 1위)
· GDP : 126억 달러
· 화폐 : 모리셔스 루피화roupie

1) 소개

1968년 영국으로부터 독립한 모리셔스는 인도양의 작은 섬나라로 마스카렌Mascareignes 제도에 속하는 세 섬 중, 레위니옹은 프랑스의 해외영토이고, 나머지 두 섬, 즉 모리스 섬과 로드리게스Rodrigues 섬이 모리셔스 공화국의 영토이다. 모리셔스는 천혜의 자연환경 덕분에 유럽인들이 첫 손에 꼽는 여행지로 국내 산업의 대부분을 관광업 관련 서비스업이 차지하고 있다. 정치적, 사회적으로 안정된 덕분에 2015년 세계은행 조사에서 '사업하기 좋은 나라' 분야에서 세계 32위, 아프리카 1위를 차지하기도 했다. 더불어 IDH도 아프리카 1위 국가이다. 독립 직후 1971~1978년까지 정치적 불안정으로 국가비상령이 선포되기도 했다. 프랑스와 영국의 식민지였던 모리셔스는 OIF와 영연방Commonwealth에 동시에 가입되어 있다. 모리셔스인들이 가장 많이 사용하는 언어는 크레올Créole어로 프랑스어가 흑인 노예의 아프리카 언어와 섞이면서 진화해, 별개의 문법체계를 갖춘 제 3의 언어를 말한다. 영국의 식민지가 되었으나 기존의 프랑스인 농장주들이 섬을 떠나지 않았기 때문에 프랑스어가 여전히 공용어로 남아 있으며 프랑스어 기반 크레올어의 원천이 되었다. 전체 인구 중 원주민의 비율이 약 66%이고, 원주민과 백인 혼혈이 28%, 이 외에도 중국인, 인도인 등 다양한 인종이 살고 있다.

2) 역사

처음 모리셔스 섬에 발을 디딘 유럽인은 네덜란드인들 이었다. 1598년 흑인 노예들과 섬에 상륙해 식민지를 건설했으나, 1710년 경 천재지변으로 섬을 떠났다. 1715년부터 루이 14세는 동인도 회사에 인도양 지역의 무역 독점권을 주면서 마다가스카르 섬을 비롯해 식민지 경영을 맡겼다. 섬에는 흑인 노예들이 제공하는 풍부한 노동력을 바탕으로 커피와 사탕수수, 각종 향신료를 재배하며 경제적 풍요를 일구었다. 1735년 총독에 취임한 마에Mahé 백작은 수도인 포트-루이스를 건설하고 다양한 작물의 재배를 시도하며 섬의 발전에 기여하였다. 노예들의 유입으로 섬의 인구가 늘면서 점차 모리스식 크레올이 자리를 잡아갔다.

1809년 풍요로운 식민지였던 인도양 일대 섬을 탐내던 영국과 프랑스 사이의 식민지 쟁탈전이 본격적으로 시작되었고 승리는 영국에 돌아갔다. 프랑스 식민지배 시절 '프랑스의 섬Ile de France'이라 불렸다가 1810년부터 모리셔스가 독립하던 1968년까지 영국의 식민지배를 받으면서 모리스 섬의 이름을 따서 모리셔스라고 명했다. 섬의 경제유지에 노동력은 필수 요소였는데, 1840년 노예제도가 폐지되면서 노예 수입이 금지되자 인도와 중국에서 약 20만명의 노동자들이 이주하였다. 아시아권 이주민들이 대량 유입되며 모리셔스 사회에 커다란 변화를 주었다.

모리셔스는 독립 후 내각제를 채택하였으나, 1983년 개헌으로 대통령을 선출하였다. 2014년 주요 야당이 연합하여 국회의원 선거에서 절대 다수당으로 집권에 성공하였고, 야당연합의 상징적 인물인 유그노스 경Sir Jugnauth이 수상에 임명되었다. 유그노스 수상은 모리셔스의 유력한 정치인으로 1982~1995년, 2000~2003년 총 10년간 수상직을 역임하면서 모리셔스의 경제 황금기를 구가하였고, 2003년에는 대통령에 취임해서 2012년 사임하기까지 9년간 정부 최고책임자였다. 2015년 6월 유명한 과학자인 구리브-파킴Gurib-Fakim 여사가 대통령직에 올랐는데, 모리셔스 최초의 여성 대통령이기도 하다.

3) 사회와 문화

모리셔스의 경제는 설탕, 금융, 관광, 섬유산업으로 크게 나눌 수 있으며, 정부는 2020년까지 국민 일인당 수입을 1만5천 달러까지 증가시킨다는 계획이다. 향후 금융업과 정보통신 산업의 발전도 모색하고 있다. 모리셔스는 2015년 약 20억 유로의 무역적자를 기록했는데, 아시아권과의 교류가 50%이상을 차지하고 있다. 아시아인 이주민이 상대적으로 많고 지리적으로 가깝기 때문에 아시아권 국가들, 특히 인도,

중국과는 2000년대 이후 긴밀한 관계를 유지하며 경제 교류를 활발하게 펼치고 있다. 유럽과도 우호적인 외교관계를 맺고 있으나, 영국과는 샤고스Chagos 제도의 영유권 문제로 갈등을 빚고 있다.[125]

인도양의 모리셔스

인도양의 프랑스 레위니옹Réunion*

레위니옹 섬은 1665년 프랑스의 식민지로 복속되면서 부르봉 섬Ile Bourbon 으로 불렸다. 당시 프랑스의 왕조인 부르봉 왕조를 기리는 의미였다. 루이 14세는 섬의 식민지 경영을 동인도 회사에 일임했다가 1764년 부르봉 섬과 프랑스 섬(현재 모리셔스의 모리스 섬)을 직접 통치를 시작했다. 모리셔스를 포함한 마스카렌 제도는 1810년 영국의 지배권에 속하게 되었으나 레위니옹은 1814년 파리조약에서 다시 프랑스의 영토로 재양도 되었다. 1946년 카리브해의 과델루프, 마르티니크, 남미의 기얀, 레위니옹은 프랑스의 국내 행정체계인 DOM Département d'Outre-Mer에 편입되었다가 1982년 지방분권법으로 DROM Département et Région d'Outre-Mer로 재편되었다. 인구 약 83만여 명으로 프랑스의 데파르트망 중 가장 인구가 많으며 중심도시는 셍-드니Saint-Denis이다. 인도양의 아름다운 화산섬 레위니옹은 열대기후로 1년 내내 해수욕이 가능한 관광 천국이다. 일인당 GDP가 1만 8천 달러에 이르는 중진국 수준의 다문화, 다인종 지역이다.

* www.cg974.fr

125) 영국은 55개의 섬으로 이루어진 샤고스 제도를 일방적으로 미국의 군대가 주둔하도록 허가해 주고, 이를 위해 1960년대에 원주민 9천여 명을 섬 밖으로 강제 이주시켰었다. 이에 모리셔스는 섬의 영유권과 주민들의 귀향 보장을 주장하고 있다. 2007년 런던 고등법원은 강제 이주되었던 주민들의 귀향권이 있음을 판결하였다.

코모로

· 정식국명 : 코모로 연합
· 정치체제 : 대통령제
· 수도 : 모로니Moroni
· 공용어 : 코모로어, 프랑스어, 아랍어
· 인구 : 77만여 명
· 문맹율 : 25%
· 종교 : 이슬람-수니파(98%), 기독교 (2%), 최근 시아파 확산
· IDH : 162위
· GDP : 6억 달러
· 화폐 : 코모로 프랑Franc
· OIF 가입 : 1977년 정회원국

1) 소개

코모로는 인도양의 모잠비크 해협에 위치한 코모로 제도에 속한 세 섬으로 이루어진 이슬람 연방공화국으로 1975년 프랑스에서 독립하였다. 코모로 제도는 그랑드 코모로Grande Comore, 앙주앙Anjouan, 모엘리Mohélli, 마이요트Mayotte[126]의 네 섬으로 구성되어 있으나 마이요트는 프랑스로부터의 독립을 결정하는 국민투표에서 독립을 거부하여, 프랑스의 영토로 남았다.[127] 인구의 97%가 코모로어를 사용하며

126) 마이요트 섬의 코모로 식 이름은 마오레Maoré이다.

127) “역사적으로 마이요트는 프랑스가 일정금액을 지불하고 1841년 구매한 섬이고 나

코모로 제도의 4개의 섬

교육, 법률, 행정분야에서는 프랑스어와 아랍어를 사용한다. 수도인 모로니는 가장 큰 섬인 그랑드 코모로 섬에 있으며 열대 해양성 기후를 보인다. 코모로 정부는 최근 환경오염으로 인한 피해를 줄이고, 빼어난 자연환경과 해양자원을 보호하기 위한 정책을 지속적으로 펴고 있다.

2) 역사

코모로 제도에 처음 사람의 흔적이 남겨진 것은 약 6세기 경으로 반투족의 한 부류가 아프리카 대륙에서 넘어온 것으로 보인다. 이후 아

머지 세 섬은 1886년부터 보호령으로 식민지배를 했다. 섬의 정치적 위상이 달라서 섬마다 독립여부를 묻는 투표를 개별적으로 실시했다"는 것이 마이요트에 대한 프랑스 정부의 공식적 태도이다. 그러나 코모로 정부는 프랑스가 마이요트섬을 불법 점유하고 있다고 보고 섬에 대한 영유권을 되돌려줄 것을 요구하고 있다.

www.diplomatie.gouv.fr

랍과 페르시아 출신의 이슬람 상인들이 무역을 위해 섬에 들어온 것은 약 9세기경으로 추측된다. 아랍-이슬람 문화가 들어오면서 지속적인 분쟁이 끊이지 않았다가 1841년 마이요트 섬이, 1866년에는 나머지 세 섬이 프랑스 보호령이 되면서 섬들 간의 전쟁이 막을 내렸다.

코모로는 1974년 국민투표에서 95%의 찬성으로 독립을 확정지은 뒤, 마이요트 섬을 제외한 세 섬만으로 코모로 공화국이라는 이름아래 1975년 독립하였다. 마이요트는 65%가 프랑스의 체제에 남기를 원했다. 1976년 재투표에서도 마이요트인들은 99.4%라는 절대적 다수가 프랑스 소속으로 남기를 희망했다. 1978년에는 개헌을 통해 코모로 이슬람 연방공화국으로 체제를 바꾸었다. 1989년과 1995년에 발생한 쿠데타로 정치적 혼란이 야기되자 프랑스는 군사개입을 통해 코모로의 정국안정을 꾀하기도 하였다. 1997년에는 앙주앙 섬과 모엘리 섬이 각각 독립을 선언하였고, 1999년 코모로 중앙 정부와 각 섬의 자치정부 간 협약이 마련되면서 갈등은 가라앉았다. 2001년 개헌을 통해 '코모로 연합Union des Comores'으로 바꾸며, 각 섬의 자치권을 확대하고 대통령직을 4년마다 돌아가며 맡는 조항을 첨가하였다. 그러나 세 섬 간의 긴장감은 여전히 남아있다.

3) 사회와 문화

코모로는 2009년과 2010년 대통령 선거와 국회의원 선거를 OIF와 UA의 감시 아래 치렀다. 그러나 약 45%의 국민은 빈곤층으로 분류되며 IDH도 세계 최하위권에 머물고 있다. 화산섬으로 이루어진 국토는 지하자원도 없고 내수시장은 극히 작아 경제발전의 실마리를 찾기가 쉽지 않다. 코모로는 해외 교포들이 송금하는 액수가 GDP의 약 20%를 차지할 정도이고 외부의 원조에 주로 의존하고 있다.[128] IMF와 세계은행은 코모로의 외채를 탕감해주는 조건으로 코모로의 경제 상황을 개선하는 정책의 수립과 이행을 요구하였다.

인도양의 프랑스 마이요트Mayotte *

마이요트는 모잠비크 해협의 코모로 제도에 속하는 섬이자, 프랑스의 해외영토로 5번째 해외도 DROM Département-Région d'Outre-Mer이다. 인도양을 따라 동남 아시아인들이 이주해 오고 아프리카 대륙에서 바다를 건너 온 이주민들이 섞인 다문화 지역으로 이미 9세기 경에 정치세력에 의한 통치활동이 시작되었다. 코모로 제도의 네 섬은 각각의 술탄이 지배하고 있었는데 1841년, 영국을 비롯한 외부 세력의 위협에 마이요트의 술탄은 자신의 국가를 프랑스에 양도하였다. 프랑스로서는 무력 충돌없이 영토를 넓힌 셈이다. 마이요트는 프랑스 식민지로, 나머지 세 섬은 보호령으로 마다가스카르와 하나의 행정체계를 이루었다. 2차 세계대전 후, 각 지역 식민지가 속속 독립을 하자, 프랑스는 1946년 해외영토 TOM Territoire d'Outre-Mer에 마이요트를 포함시켰다. 프랑스 본토 정부의 분권화 정책이 시작되면서, 해외영토의 행정적 지위에도 변화가 생겼다. 2004년 마이요트는 지방행정 체제인 DROM의 하나가 되었다.

행정수도는 드자우드지Dzaoudzi이지만, 가장 큰 도시는 마무드주Mamoudzou이다. 2016년 기준 약 25만여 명의 인구가 살고 있다.

* www.cg976.fr

128) 코모로 국적의 재외국민 대부분은 프랑스에 거주하고 있으며 그 수는 약 20만여 명 정도이다.

 세셸

· 정식국명 : 세셸 공화국
· 정치체제 : 대통령제
· 수도 : 빅토리아Victoria
· 인구 : 92,900명
· 문맹율 : 8%
· 공식언어 : 세셸 크레올, 영어, 프랑스어
· IDH : 0.836 (64위)
· GDP : 14억 3천만 달러
· 화폐 : 세셸 루피화roupie
· OIF 가입 : 1976년 정회원국

1) 소개

세셸 공화국은 마다가스카르 섬의 북동쪽에 위치한 115개의 바위섬과 산호섬으로 이루어진 작은 도서국가이다. 그 중 가장 큰 섬인 마에Mahé섬에 수도인 빅토리아가 있으며 환상적인 풍광으로 세계에서 가장 유명한 휴양지 중 하나이다. 실제 세셸 경제에서 관광업과 서비스업이 차지하는 비율이 70%에 달한다. 국토의 넓이에 비해 배정된 배타적 경제수역EEZ은 수산업 활성화에 긍정적 영향을 미치는데 특히 유럽을 겨냥한 참치 가공업이 수출의 90% 이상을 차지한다.

세셸의 생물종인 자이언트 거북

2) 역사

마다가스카르 섬 북동쪽에 흩어져 있는 섬들은 원래 무인도였고 주로 해적들의 근거지로 사용되었다. 모리셔스를 식민통치하던 프랑스 총독 마에Mahé백작은 세셸 군도의 정복을 명했고 1756년 당시 국왕이던 루이 15세의 자금담당 보좌관의 이름을 따서 세셸이라고 명했다. 1814년 영국과 프랑스의 식민지 쟁탈전에서 나폴레옹 군대가 패배하고, 영국의 식민지가 되었다. 1976년 독립을 선포한 직후, 프랑스어를 공식 언어로 지정하였다. 공화국을 출범시키며 대통령을 선출하였으나, 1977년 수상이던 르네René가 쿠데타로 정권을 잡았다. 1979년 르네 대통령은 선거에서 승리하였으나, 전임 대통령의 쿠데타 시도, 정적 암살 등 정국 불안이 이어지기도 했다. 르네 대통령은 2004년 건강상의 이유로 사임할 때까지 일당 독재체제를 유지하였다. 수상이던 제임스 마이클James Michel이 대통령 직을 수행하다가 2006년 대통령 선거에서 승리하고 2015년 3선 대통령에 당선되었다. 1993년 다당제가 도입된 이래 2016년 야당이 처음으로 국회의원 선거에서 승리하였고, 같은 해 대통령도 사임하여 현재 파우레Faure가 대통령 직을 수행하고 있다. 1976년 독립 후 영연방의 일원이자 프랑코포니 회원국으로 가입하였다.

3) 사회와 문화

세셸은 아프리카로 분류되는 국가들 중 일인당 국민소득이 1만 5천 달러에 달하는 고소득 국가 중 하나이다. 또한, 2015년 세계은행이 선정한 '소득이 증가된 83개국' 리스트에도 포함되었는데, 이것은 2007년 사하라 이남 국가들 중 최초로 이름을 올린 적도 기니에 이어 두 번째로 포함된 것이다.

무역수지에서 적자를 내고 있지만 2008년에는 IMF의 도움으로, 2015년에는 클럽 드 파리[129]의 개입으로 자금난을 완화하고 대신 환경보호에 보다 많은 예산을 사용하기로 결정하였다. 관광객 증가로 관련산업이 성장세를 보이고 있고 광활한 경제수역 덕분에 수산업도 잠재성이 높이 평가되고 있다.

150년 이상 영국의 식민지였으나, 프랑스어의 뿌리가 깊어 현지 주민들의 97%가 사용하는 세셸 크레올은 프랑스어 기반 지역언어로 모리셔스의 크레올과 매우 흡사한 모습을 보인다. 원래 무인도였기 때문에 현재의 주민들은 대부분 유럽, 아프리카, 인도, 중국 등 이주민들의 후예이다.

129) Club de Paris 1956년부터 시작된, 과도한 빚에 시달리는 국가의 채무를 원활하게 갚을 수 있게 일정을 조율하고, 필요하면 빚을 탕감해 주기도 하는 공공채권국의 비공식적 모임이다. 아시아에서는 우리나라와 일본만 회원국으로 등록되어 있다. 회원국들은 1년에 10회 파리에서 회의를 가진다. www.fr.wikipedia.org

VIII

북아메리카 및 카리브 해

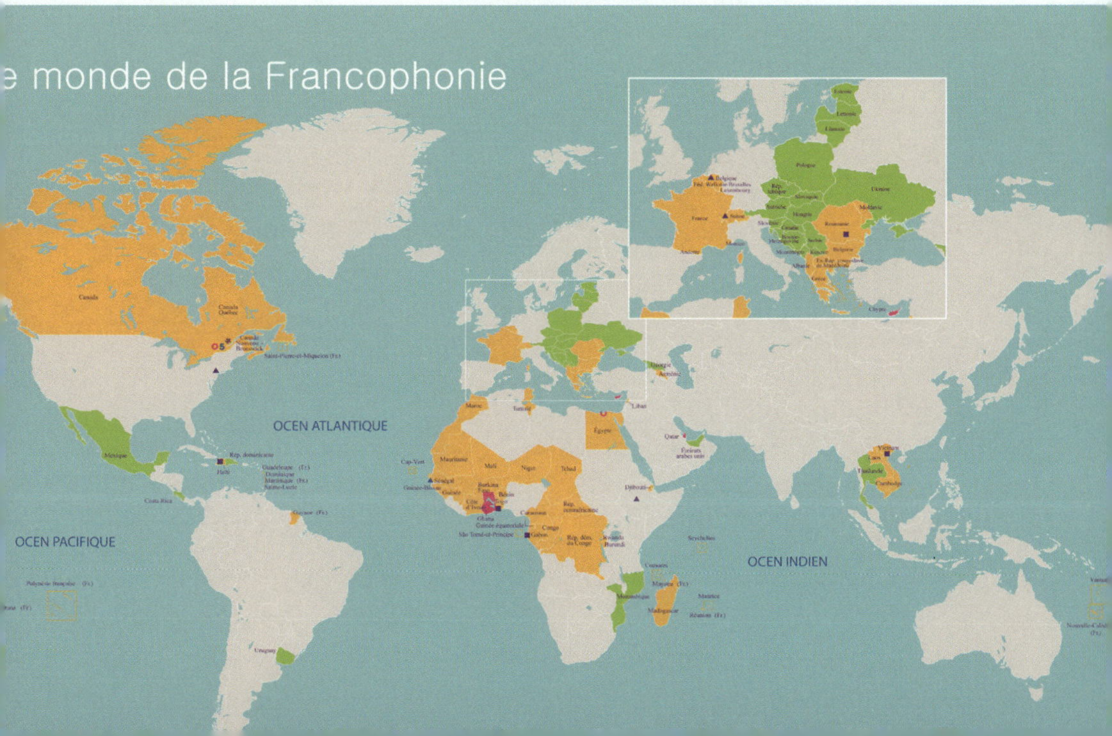

퀘벡Québec주[130]

· 공식명 : 퀘벡, 캐나다의 주
· 정치제체 : 단원제의 의원내각제
　　　　　　국가원수는 영연방의 여왕인 엘리자베스 2세
· 주도: 퀘벡(퀘벡 제1의 도시는 인구 413만 명의 몬트리올)
· 인구 : 830만 명(전체 캐나다 인구의 23% 차지)
· 공식어 : 프랑스어(1974년 이후로 유일한 공식 언어)
· 문맹율 : 1%
· 종교 : 기독교(82%), 이슬람교(3.1%), 무교(12.1%)
· IDH : 0.91(9위)
· GDP : 3,630억 캐나다 달러(전체 캐나다 GDP의 약 20%)
· 화폐 : 캐나다 달러
· OIF 가입 : 1971년 정회원국

1) 소개

캐나다의 퀘벡Québec주는 5대호에서 발원한 세인트 로렌스 강을 중심으로 캐나다 동부에 위치하고 있는 캐나다 최대의 주로 주도는 퀘

130) 캐나다는 OIF에 캐나다 연방정부(1970년), 뉴 브런스윅 Brunswick(1977), 온타리오 Ontario, 퀘벡이 각각 회원국으로 가입되어 있다. 뉴 브런스윅주는 영어와 프랑스어를 공용어로 정하였고 프랑스어 구사자는 약 75만여 명으로 주민의 대부분이 일상어로 사용한다. 온타리오 주는 2016년 옵서버국가로 가입하였다. 주의 공식언어는 영어이나 프랑스어 행정서비스를 하고 있다. 캐나다 전체인구 중 영어사용 인구는 58%, 프랑스어 사용자는 23%, 그 외 언어사용자는 19%이다. www.francophonie.org

벡시이고 최대 도시는 몬트리올이다. 16세기 프랑스인의 탐험으로 처음 유럽에 알려졌고 17세기 프랑스 서부와 북부지역의 농민들이 이주하면서 본격적으로 식민지 취락이 건설되었다. 당시 영국 출신 이주민들도 이 지역에 정착하기 시작하면서 두 나라 간의 식민지 쟁탈전이 여러 차례 벌어졌고, 1763년 이후에는 영국의 식민지가 되었다. 캐나다가 영국에서 독립[131]하며 퀘벡주는 1867년 캐나다 연방에 편입되었으나, 프랑스 이주민이 모여 살던 퀘벡지역은 자신들의 언어와 문화적 전통을 지키고자 노력하였고 현재 프랑스에 이어 프랑스어 사용인구수가 두 번째로 많은 지역이다.

퀘벡주는 광활한 영토와 풍부한 천연자원을 가진 지역으로 인구는 약 8백만 명이며, 이 중 약 80%의 주민은 프랑스어가 모국어이다. 퀘벡인들에게 프랑스어는 자신들의 정체성을 상징하는 것으로, 프랑스 본토에 못지않은 정부 주도의 프랑스어 보호정책을 시행하고 있다. 이러한 퀘벡주만의 문화적 특징과 민족적 차이는 한때 두 개의 캐나다가 존재하게 되는 이유가 되었고, 현대에 들어서는 퀘벡주의 독립을 추구하는 자연스런 움직임이 나타나게 되었다. 1970년대에는 격렬한 퀘벡 독립주의자들의 테러가 발생하며 사회적 쟁점으로 부각되었고, 실제로 1980년과 1995년 독립에 대한 주민투표가 실시되었다. 투표 결과 독립을 반대하는 여론이 근소한 차이로 우세한 것으로 나타나 독립은 또 다시 사회적 논의로 남게 되었다.

---

131) 캐나다는 영국 연방 소속으로 정부의 수반은 영국 여왕이고 영국에서 파견된 총독이 여왕을 대리하며 행정부는 수상이 관할하는 체제이다.

퀘벡시의 랜드마크인 프롱트낙Frontenac 호텔과 퀘벡시 앞을 흐르는 세인트 로렌스 강

2) 역사

원래 북아메리카 지역은 인디언들이 토착민으로 거주하던 곳으로 유럽 국가들의 '대항해의 시대'가 시작되기 전에는 알려지지 않았던 미지의 세계였다. 퀘벡의 역사는 다음의 세 단계로 나누어 볼 수 있다.

- 누벨 프랑스Nouvelle-France[132]시기 (1508~1763년) : 세인트 로렌스 강을 중심으로 이 지역을 탐험하기 위한 프랑스 선단이 처음 파견된 시점부터 프랑스가 영국과의 식민지 전쟁에 패배하여 주도권을 잃기 전까지의 기간을 말한다. 1534년 프랑스의 국왕 프랑수아 1세는 카르티에Cartier의 책임 아래 공식 항해단을 파견하고 식민지 건설을 시도하였으나 혹독한 추위와 농사에 부적합한 기후, 프랑스 정부의 소극

132) '새로운 프랑스'라는 뜻의 프랑스어이며, 영국은 캐나다에 새로운 식민지를 구축한 후 '뉴 잉글랜드' 또는 '뉴 스코틀랜드' 등의 이름을 붙였다.

적 태도 등의 이유로 몇 차례 시도가 실패로 돌아가면서 식민지 건설은 포기하는 듯 했다. 그러나 1608년 샹플렝Champlain은 프랑스 정부의 지원 아래 새로운 식민지를 건설하고, 인디언식 이름 Kébec을 본따 Québec이라고 명명한다.

북아메리카에 새로운 근거지를 마련한 프랑스는 무역로 확장을 위해 남쪽으로 세력 확장을 꾀하고, 이미 이 지역에 식민지를 건설한 영국과 필연적으로 충돌하게 되었다. 영국은 정부의 주도 하에 많은 수의 이주민을 아메리카 대륙에 보냈고, 인구 수에서 프랑스 이주민을 압도하고 있었다.[133] 1689년부터 프랑스는 영국과 모두 4차례의 전쟁을 치뤘는데, 대부분 패배하며 영국에 주도권을 내주기 시작했다. 마지막 4번째 전쟁을 보통 7년 전쟁(1756~1763년)으로 부르며, 이 전쟁을 마지막으로 북아메리카의 프랑스 식민지는 완전히 영국의 지배를 받게 된다.

- 영국 식민지 (1763~1867년) : 퀘벡주의 주요 도시인 퀘벡과 몬트리올이 차례로 함락된 뒤, 프랑스의 국왕 루이 15세는 파리 조약(1763)을 체결하고 프랑스의 식민지였던 누벨-프랑스를 영국에 양도하였다. 영국 정부는 1775년 미국과의 독립 전쟁을 치르면서, 캐나다의 상황에는 크게 개입하지 않아 퀘벡주에서는 여전히 프랑스어 사용이 자유로운 편이었다. 그러나 시간이 지나면서 공무원 채용이나 종교적인 문제에서 프랑스어 사용 주민에 대한 차별적 대우가 체계적으로 시행되었고 이에 주민들은 민족적 결속감을 느낄 수밖에 없었다. 게다가 미국이 독립을 쟁취하고 공화국을 선포하자, 여왕을 지지하는 왕당파들이 대

133) 예를 들어 1760년의 기록에 따르면, 프랑스 이주민은 7만여 명이었던데 반해, 영국 식민지 지역의 주민은 2백만 명을 웃돌았다. www.fr.wikipedia.org

거 몰려오면서, 영어 사용 주민들이 주로 거주하는 오트-캐나다Haut-canada와 프랑스어 사용 주민들이 거주하는 바-캐나다bas-canada로 자연스럽게 지역 분리가 이루어졌다.

두 언어-문화적 집단은 사회적으로 뚜렷하게 구분되는 상,하계급을 이루고 있었고 프랑스계 주민들은 1830년대 여러 차례 격렬한 저항운동을 하기도 했다. 또한, 영국 정부의 규제 하에서 식민지는 경제적인 어려움이 지속되고 미국에 비해 서서히 산업 발달이 뒤처지는 상황이 계속 되었다. 영국은 1867년 퀘벡주와 세 곳의 식민 지역[134]을 묶어서 하나의 국가 캐나다를 출범시킨다. 캐나다 정부는 외교를 제외한 모든 분야에서 독립적 권한을 가진 영국 연방의 일원으로 남았다.

- 캐나다 독립정부 수립 후 ~ 현재 : 캐나다 정부는 1931년 외교권을 획득하며 영국으로부터 완벽한 독립을 이루었고 이 과정에서 캐나다인으로서의 정체성이 형성되었다. 그러나 하나의 국가 안에서 프랑스계 주민들은 계속되는 정치, 사회적 차별을 감수해야 했고 언어적 간극도 극복되지 않은 상태였다. 이러한 상황 속에서 지방정부의 중요성은 더욱 커지고 주민들의 지지를 얻은 지방정부는 연방정부와 마찰에도 불구하고 자신들의 색깔을 지킬 수 있는 언어-문화 정책을 시행하고 있다. 퀘벡주는 캐나다의 최대주로서 보유하고 있는 천연자원도 풍부하며 강과 호수를 이용하는 수력발전은 지역정부의 역점 사업이기도 하다. 해외 이민자를 적극적으로 유치하는 연방정부의 정책에 따라 미국과 함께 대표적인 다문화 국가로 발전했다.

134) 온타리오, 뉴브런스윅, 뉴스코틀랜드를 말한다.

대혼란의 시기 Le Grand Dérangement

프랑스와의 식민지 쟁탈전을 벌이고 있던 영국은, 프랑스와의 긴장이 다시 고조되자 1713년 프랑스로부터 새로 넘겨 받은 아카디아Acadia 지역의 프랑스계 주민들이 반란을 일으킬까 불안해 하고 있었다. 곧 시작될 프랑스와의 전쟁을 앞두고, 영국의 지휘관은 아예 이 지역 주민들을 다른 지역으로 추방할 계획을 세우게 된다. 1755년부터 1763년까지 약 1만여 명에 달하는 주민들은 강제로 배에 태워져 다른 영국의 식민지나 프랑스 본국 혹은 카리브 해의 아이티로 흩어졌다. 무자비한 강제 이주는 가족이 서로 다른 배에 타며 생이별하거나, 항해 중에 많은 사람들이 질병과 기아로 죽는 비극이었다. 이러한 역사적 사실을 배경으로 하여 미국인 롱펠로우Longfellow는 에방젤린Evangéline이라는 유명한 시를 썼는데, 이 시는 아카디아 깃발, 찬가와 함께 아카디아인을 하나로 묶는 상징이 되었다. 이 대추방이 시작된 바로 다음 해인 1756년 프랑스와 영국의 마지막 전쟁이 7년간 벌어지고 1763년 영국은 이 지역을 완전히 정복하여 후에 영국 연방의 기초를 만들었다.

한편, 고향을 떠난 아카디아인들 중 일부는 미국의 루이지애나 지방으로 가서 새로운 삶의 터전을 세웠다. 이들의 후손들은 조상의 아픔을 잊지 않고 프랑스인 후예로서의 정체성을 지키려고 노력하며, 아직도 프랑스어를 사용하는 인구가 약 20만 명에 달한다. 이들을 가리켜 케이준Cajun이라 하는데 이 용어는 acadien(아카디아 사람)에서 a가 생략된 cadien으로, 다시 cajun으로 변화한 것이다. 우리가 흔히 먹는 케이준 샐러드 역시 멀리 캐나다에서 루이지애나로 이주한 프랑스인들의 삶의 궤적이 녹아있는 음식이라고 할 수 있다. 캐나다와 미국의 대서양 연안 지역에 흩어진 아카디아 인들은 현재 2년에 한 번씩 모여 자신들의 정체성을 확인하는 행사를 마련하고 있다.

3) 사회와 문화

2차 세계 대전 후, 퀘벡의 15년간은 흔히 거대한 우울Grande Noirceur이라고 불리는데, 이 시기 퀘벡 사회는 도시화, 새로운 엘리트 계층의 형성, 산업 발전으로 인한 중산층 출현, 베이비 붐 등 현대로 넘어오는 사회적 변화를 겪는다. 그러나 퀘벡의 지도층은 이러한 사회적 격변에 유연한 대처를 못하고 보수적인 태도를 유지했다. 이는 이후 '조용한 혁명Révolution tranquille'으로 이어진다. 1960년 새로 집권한 '퀘벡 자유당'은 개혁을 서둘렀다. 수력발전소를 국유화하고 교육부, 사회부를 신설하는 등 행정체제를 개편하며, 언어정책을 관장하는 부서도 만들었다. 그러나 캐나다의 중앙 집권적 연방정부와 독자적 노선을 추구하던 퀘벡 지방정부 간의 정치적 차이는 프랑스계 캐나다인들을 자극하게 되었고 결국, 퀘벡 독립주의자들이 출현하는 계기가 되었다. 독립주의자들은 새로운 정당을 만들어 퀘벡의 독립에 대한 사회적 이슈를 제기하며 집권을 하게 되었다. 독립을 반대하는 '자유당'과 독립을 주장하는 '퀘벡의 당'은 번갈아 집권하며 다양한 민주적 정책들을 추진하였다. 이 시기에 여성의 사회 진출이 활발하게 이루어지고, 미국식 생활양식이 도입되어 보편화되었다.

퀘벡의 주민들은 1995년 퀘벡의 독립에 대한 두 번째 국민투표를 진행했고 50.4%가 독립에 반대하며 캐나다의 테두리 속에 남는 것을 택했다. 아직도 독립주의자들은 독립에 대한 희망을 가지고 있으나, 퀘벡 사회에도 개인주의적 생활방식이 확산되며 사회적 이슈에 대한 여론의 결집이 느슨해지고 정치에 대한 무관심도 커지는 양상을 보이고 있다. 또한 1945년부터 시작된 '30년 호황'이 막을 내리고 경제가 침체기에 들어서면서 실업 등 경제적 문제가 정치, 사회적 논의들을 대체하고 있다.

깨끗한 자연 환경, 1백만여 개에 이르는 크고 작은 호수를 이용한 수력 발전, 400여 년의 역사를 간직한 구시가지 등은 퀘벡의 주요 수입원인 관광산업의 토대를 이루고 있다. 추운 겨울이 길고 눈이 많은 기후 덕분에 스키와 아이스하키는 국가적 스포츠로 온 국민이 즐기며 여름에는 몬트리올 국제 재즈페스티발이나 포뮬라1 자동차 경주 대회를 개최하고 있다. 원래 토착주민이던 인디언들은 유럽인들의 이주와 더불어 점점 사라지고 있는 형편이지만, 인디언 후손들은 전통 축제를 통해 그들의 문화를 보여주고 계승하려는 노력을 하고 있다.

퀘벡주는 프랑스를 제외하고 최대 프랑스어 사용 지역으로, 현재 프랑스 본토의 그것과는 어휘나 문법에 차이를 보여주고 있다. 퀘벡을 비롯해 뉴브런스윅 주에서 사용되는 프랑스어는 17세기 이주민들의 고어적 형태가 아직 남아있는데, 영국 식민지 지배 시절, 프랑스 본토와 교류가 단절되면서 퀘벡만의 언어적 진화가 이루어졌기 때문이다. 또한 영어에 둘러싸인 지리적 특성상 영어에 동화되지 않도록 모국어를 적극적으로 보호하는 정책을 펴고 있다. 가장 대표적인 정책이 1977년 프랑스어의 사용을 의무화하는 '법률101'로, 프랑스어 보호에 매우 적극적인 모습을 보이고 있다.

퀘벡의 전통음식 푸틴poutine

퀘벡의 프랑스어 보호 정책- 법안 101(1977년) *

퀘벡주 정부의 프랑스어 보호 정책은 영국의 식민지로 편입되었던 역사적 배경으로 인해 프랑스 본토보다 오히려 먼저 시작되었다. 1837년 영국에 대한 강력한 저항 운동을 했던 프랑스계 주민들은 1867년 중앙 집권제 정부 체제 대신 자신들의 권리를 보장받을 수 있는 연방제를 주장하여 관철시켰으나, 연방정부는 영어만을 공식어로 지정하여 퀘벡 주 이외의 캐나다 지역에서 프랑스어가 매우 불리한 환경에 놓여 있다는 인식을 하게 되었다. 프랑스어는 프랑스계 주민들의 정체성과 직결된 문제로 정권과 상관없이 일관되게 유지되는 정책이기도 하다. 예를 들어 퀘벡주의 독립을 반대하는 퀘벡 자유당 집권 시기에도 '법안 22'을 제정하여 프랑스어를 퀘벡주의 유일한 공식언어로 지정하고, 모든 이민자들은 의무적으로 프랑스어 강의를 수강하도록 정하였다. 가장 강력한 언어정책인 '법안 101'은 1977년 발효되었는데, 공식언어인 프랑스어는 법정을 비롯한 모든 분야에서 의무적으로 사용되며 캐나다의 다른 주에서 퀘벡주로 이주하는 내국인도 의무적으로 프랑스어 교육을 받도록 규정하고 있다. 1993년 국외 무역에 대해 영어를 사용할 수 있도록 허용하는 등 이 법안은 시대의 흐름에 맞춰 내용이 개정되기도 했으나 프랑스어 사용을 권장하는 기조에는 변함이 없다.

* www.encyclopediecanadienne.ca

 아이티

· 정식국명 : 아이티 공화국
· 정치체제 : 대통령제와 의원내각제의 혼합형
· 수도 : 포르토 프렝스Port-au-Prince
· 인구 : 1,100만 명
· 종교 : 기독교(55%), 부두교(토속신앙)
· 언어 : 크레올, 프랑스어
· 문맹율 : 51%
· IDH : 0.48
· GDP : 87억 달러
· 화폐 : 아이티 구르드gourde
· OIF 가입 : 1970년 정회원국

1) 소개

아이티는 안틸Antilles제도[135]의 히스파니올라Hispaniola 섬 서쪽에 위치하여 동쪽의 도미니크 공화국과 섬을 동서로 양분하고 있다. 국경을 이루는 섬의 중앙부는 고원지대이다. 1492년 콜럼부스의 발견이래, 대서양을 건너는 삼각무역의 한 축을 이루기도 했다. 프랑스의 식민지편입 후, 아프리카 노예들의 힘으로 대규모 사탕수수를 재배하는 유럽의 설탕공장이었으나, 나폴레옹 군대와의 전투에서 승리하며 1804년 유일하게 자국의 힘으로 최초로 독립을 쟁취한 역사를 가지고 있다.

135) 우리나라의 지도에는 서인도 제도로 표기된다.

2010년 1월에 발생한 지진과 2016년 10월의 허리케인으로 전 세계 최빈국 중하나인 아이티에 헤어 나올 수 없는 시련을 안겼다. 홍수로 인한 침수지대가 넓고, 수시로 지진이 발생하며, 강력한 허리케인까지 아이티는 자연재해로 인한 피해가 수시로 발생하는 지역이다. 게다가 독재와 부정부패로 상징되는 뒤발리에Duvalier 부자의 장기집권과 행정능력 부재로 아이티 국민들은 질병과 빈곤에 시달리고 있다. 현재 아이티 국민 중 78%가 하루 2달러 이하로 생활하는 빈곤 생활자로 분류되며, 하루 1달러 이하의 극빈층이 전국민의 50%에 달하는 것으로 조사되었다.

2004년 아리스티드Aristide대통령 정부가 출범한 이후, 유엔은 다국적 평화유지군과 아이티의 경찰력을 보조하기 위한 인원을 차례로 파견하여 국내 치안을 맡기도 했다.

수도 프르토프렝스의 주택 밀집 지역

2) 역사

콜럼부스가 신대륙을 발견할 당시, 히스파니올라 섬에는 약 10만여 명의 원주민이 살고 있었다. 그러나 원주민들은 침략자의 학살과 새로운 전염병에 적응하지 못하고 결국 전멸하였다. 스페인의 세력권에 있던 17세기 중반, 섬의 서쪽에 이번에는 프랑스 군대가 상륙하여 도시를 만들어 나갔다. 1697년 스페인은 섬의 서쪽 지역에 대한 프랑스의 관할권을 인정하였고, 본격적인 프랑스의 식민지배가 시작되었다. 이때부터 프랑스의 이주민이 사탕수수 재배를 시작하고 노동력을 보충하기 위해 아프리카의 흑인노예도 수입되기 시작했다. 당시 프랑스의 관할지역이었던 셍-도멩그Saint-Domingue는 이 지역에서 가장 발전된 곳이기도 했다.

프랑스 대혁명(1789년)의 영향으로 흑인노예들의 혁명이 일어나고 노예제가 폐지되었다. 또한 프랑스 정부의 임명을 받은 투셍 루베르튀르Toussaint Louverture(1743~1803년) 원주민 총독은 외세를 물리치고 자체적인 정부를 구성하여 실질적인 지배를 하였으나, 나폴레옹의 군대에 체포되었다. 아이티인들의 저항은 1802년 데살린Dessalines 장군이 프랑스 군대와의 전쟁에서 승리하며 전 세계에서 가장 먼저, 흑인노예의 힘으로 독립의 기초를 만들었다. 아이티는 1804년 1월 1일 독립을 선포하였다.

1825년 프랑스는 아이티의 독립을 인정하고, 아이티는 한때 이웃한 스페인의 식민지 도미니크를 20여 년간 지배하기도 했으나, 지도자의 부정부패와 폭정으로 내치는 불안해지고 국부가 외국인의 이익에 따라 흔들리는 안타까운 상황이 계속되었다. 이러한 정치적 혼란은 1957년 일명 '파파독Papa Doc'으로 불리는 뒤발리에가 대통령에 취임하여 장기집권이 이루어지자 혼란은 사라졌으나 독재가 시작되었다. 아들인 '베이비독Baby Doc'이 1986년 망명할 때까지 30여 년간 아이티는 정치적 반대파의 숙청, 고문, 시민학살 등 정권을 위한 비밀경찰이 활동하며 최악의 민주주의의 후퇴가 펼쳐졌다. 1990년 선거에 의해 대통령에 당선된 아리스티드Aristide는 당선 직후 쿠데타로 미국에 망명하였다가, 클린턴 행정부의 도움으로 다시 대통령직에 복귀하기도 했다. 아이티의 정치적 혼란이 얼마나 극심했는지는 독립 이후 약 200여 년간 22개의 헌법과 56명의 대통령이 존재했다는 사실을 보면 쉽게 알 수 있다.[136] 아이티는 2017년 1월 모이스Moïse대통령의 당선을 확정하고 2015년 이후의 혼란을 잠재울 수 있는 계기를 마련하였다.

3) 사회와 문화

아이티인들은 가난한 조국을 떠나 살고 있는 사람들이 많으며, 이들이 고향의 가족들에게 송금하는 금액이 약 20억달러로 전체 GDP의 25~30% 정도를 차지한다. 프랑스에 약 10만여 명이 이주해 있는 것으로 추정되는데, 그중 약 4만여 명은 서인도제도의 프랑스 영토인 과델루프나 프렌치 기아나Guiana에 거주하고 있다. 아이티의 해외거주 동포들이 '열번째 행정부처'라는 별칭을 갖는 것은 이들이 GDP에서 차지하는 비중이 워낙 높기 때문이다. 이 외에 미국과 프랑스 등의 원조에 의존하는 금액도 상당하다.

1987년 뒤발리에 가문의 장기집권이 막을 내린 뒤, 다시 시작된 정

136) 현재는 1987년 뒤발리에J.C. Duvalier의 망명 후 개정된 헌법이다.

치적 불안정은 상당기간 계속 되었다. 임시정부의 지휘 아래 국가운영이 이루어졌으나, 대통령선거의 결선투표가 무기 연기됨에 따라 이전의 선거결과가 무효가 되는 초유의 사태가 벌어지기도 했다. 상원의장이 대통령 권한대행을 맡은 상태에서 2016년 11월 재투표가 실시되어 과반수로 대통령을 선출하였다.

정치적 불안정과 함께 2016년은 열대 태풍 매튜Mattew로 아이티인들에게 2010년에 이어 또 한 번 비극적 한해로 기록되었다. 이미 2010년 강력한 지진으로 대통령 궁과 정부기관이 파괴되고, 80여만 명의 사상자와 1백만여 명의 이재민이 발생하여 국가적 재난상황으로 국가운영이 불가능한 지경이었다. 아이티는 이 지진사태로 세계에 알려졌고 국제적인 도움이 이어졌다. 효과적인 재난극복이 이루어지지 못해 난민촌을 중심으로 콜레라가 번지면서 이로 인한 인명 피해만도 3만여 명을 헤아리기도 했다. 그러나 그 상처가 채 낫기도 전에 이번에는 태풍으로 수백만 명의 이재민과 약 900여 명에 달하는 사망자가 발생한 것이다. 이기적인 정치권력, 빈약한 사회 인프라, 부실한 경제 상황, 빈번한 자연재해 등으로 세계 최빈국 중 하나인 아이티는 많은 장애를 극복해야 하는 상황이다.

아프리카에서 유래된 민속신앙 부두vaudou교

아이티에서 가장 많은 신자를 보유하고 있는 종교는 기독교이나 아이티인들의 일상 생활에 가장 많은 영향을 끼치는 종교는 부두교이다.

원래 부두교는 약 4,000여년 전, 서아프리카의 베넹Bénin 지역에서 발생한 종교이다. 퐁fon족의 고유 종교인 부두교는 퐁족의 언어로 '이해할 수 없는 것'이라는 의미를 가진다. 이 종교의 기본 신앙은 우리가 사는 현실은 영적인 존재들이 조종하는 것이라고 생각한다. 숲 한가운데에 절과 비슷한 공간인 움포르humfor에서 위대한 지도자인 맘보mambo는 주문을 외고 찬양하는 말과 노래를 한다. 소위 접신이 진행되는 동안 '미친 것처럼' 보인다고 한다. 의식이 끝나면 제물로 바친 음식을 의식에 참여한 모든 사람이 나눠 먹는다. 조상신이나 영적인 존재와 접하는 동안 이 신들이 기도하는 사람들에게 행운과 복을 가져다 준다고 믿는다.

부두교는 삼각무역으로 서인도제도로 들어온 흑인노예들과 함께 유입된 것으로 아이티를 중심으로 이 지역에 넓게 퍼져있다. 공포영화에 자주 등장하는 살아있는 시체, '좀비zombie'는 부두교의 주술사가 마술적인 방법으로 회생시킨 것이다.

과델루프Guadeloupe와 마르티니크Martinique

1) 소개

카리브해의 소앤틸제도에 속하는 과델루프와 마르티니크는 남미의 산맥과 연결되는 화산섬으로 이루어져 있다. 특히 적도 부근에서 발달하는 열대 태풍인 허리케인과 활화산 때문에 자연재해의 위험이 상존하고 있으나, 아름다운 자연환경과 쾌적한 기후로 관광객이 몰리는 지역이기도 하다.

과델루프와 마르티니크는 데파르트망-레지옹DROM으로 프랑스 행정구역에 편입되어 있으며 특히 약 40만 명이 거주하고 있는 과델루프는 프랑스 레지옹 중 가장 인구가 많고 인구밀도도 높은 곳이다. 열대우림 기후의 산지가 대부분인 바쓰-테르Basse-terre와 건조한 기후의 그랑드-테르Grande-terre로 이루어진 과델루프는 1493년 콜럼부스가 발견 당시 항해의 여신인 산타 마리아 드 과달루프Santa-Maria de Guadalupe에서 따와 섬의 이름을 지었다고 한다.

마르티니크는 이보다 늦은 1502년 역시 콜럼부스가 발견했으며 1635년 프랑스의 식민지가 되었다.

2) 역사

과델루프는 콜럼부스의 신대륙 발견으로 대서양을 횡단하던 유럽의 배들이 정박하며 식량과 물을 공급받는 중간 기착지였다. 외지인들의 위협적 태도와 일방적 요구는 원주민들과의 갈등을 낳았고 이러한 갈등은 결국 전쟁으로 비화되었다. 1635년 프랑스 식민지 개척단은 1641년 원주민과의 마지막 전쟁을 끝으로 섬을 완전히 장악하고 회사를 세워 이 지역의 식민지 경영권을 넘겼다.

프랑스인들이 이주해 오면서 플랜테이션을 통해 담배와 사탕수수를 재배하였고 노동집약적 작물을 재배하기 위해 아프리카에서 약 1,500만 명의 흑인노예가 대서양을 건너 아메리카 대륙을 비롯해 카리브해 연안의 섬에 정착하였다. 아프리카-아메리카-유럽을 잇는 삼각무역의 한 축을 이룬 곳으로 흑인노예들의 애환이 서린 지역이기도 하다.

인도양에서와 마찬가지로 이 지역도 영국과의 식민지 쟁탈전이 벌어졌으나, 1815년 이후 과델루프와 마르티니크에 대한 프랑스의 지배가 확정되었다.[137] 노예제도가 폐지된 이후에는 이들의 노동력을 대체하기 위해 인도인이나 중국인의 이주가 진행되기도 했다.

양차 세계대전 이후, 각 지역의 식민지들이 독립하기 시작했으나, 과델루프와 마르티니크는 선거를 통해 프랑스에 편입하기로 결정하였고, 1946년 해외영토DOM로 행정지역이 되었다. 이 과정에서 원래 과델루프와 하나의 행정구역으로 묶여있던 생-바르텔레미Saint Barthélemy섬과 생-마르텡Saint Martin섬은 과델루프와 분리하여 해외영토

137) 인도양에 비해 지리적으로 유럽과 가까운 카리브해 연안은 유럽 식민제국들의 식민지 쟁탈전이 매우 치열했으며, 현재도 전 세계에서 영국, 네델란드, 스페인의 영토가 남아있는 곳이다.

COM로 편입하며 독립을 포기하였다. 1983년 본토의 지방자치제 도입을 계기로 자체적인 의회를 구성하며 본토의 의회에 대표단을 파견한다. 사법 절차도 마지막 3심은 파리 대법원에서 심리한다.

3) 사회와 문화

과델루프를 비롯한 서인도 제도의 인구는 대부분 흑인과 이들의 혼혈 후손들로 구성되어 있다. 이러한 인구 구성은 삼각무역으로 아프리카 흑인들이 대규모로 이주하였고, 소수의 유럽인들과 남아있던 원주민들, 최근에 이주가 이루어졌던 인도인, 중국인들이 그들 나름의 사회를 형성하며 살아가고 있다. 여러 인종과 민족이 섞이면서 일어나는 가장 분명한 변화는 언어의 변형이다. 특히 카리브해 지역은 프랑스뿐 아니라 영국, 네델란드, 스페인 등 유럽의 언어들이 식민지배를 통해서 유입되면서, 각 언어를 기반으로하는 크레올Créole언어가 만들어졌고, 대다수의 인구가 사용하고 있다. 크레올의 기본 원칙은 다수의 사람들이 사용하는 언어에 소수의 언어가 섞이는 것으로, 나중에는 처음 두 언어의 흔적만 남고 완전히 다른 제 3의 언어로 발전해 나간다. 과델루프와 마르티니크에서는 프랑스어를 기반으로 만들어진 크레올을 사용하고 있으며 공식언어로 지정되어 있다. 크레올어는 고유의 문법체계를 갖추고 있으며 학교에서 교육하는 사례도 점점 늘고 있다.

과델루프와 마르티니크는 프랑스 식민지배 기간동안 사탕수수와 담배, 인디고 등의 작물을 대량으로 재배했는데 이러한 전통은 지금도 남아있다. 사탕수수는 이 지역에 새로운 술 문화를 만들었는데 바로, 사탕수수를 이용해 만든 전통 술인 럼Rhum주이다. 럼주는 보통 알

콜농도가 40%가 넘는 매우 강한 술로, 사탕수수를 잘게 빻아 물과 섞은 후 즙을 짜낸 뒤 약 40여 시간 발효시킨다. 이렇게 얻은 럼주는 '백럼'주로 이 럼주를 3년 이상 묵히면 진정한 럼주가 생산되는데, 럼주는 카리브 해 지역의 고유한 음주문화로 정착하였다. 가족행사를 비롯해 일상생활에서 상황에 따른 다양한 럼주를 즐기는 것은 일종의 예술적 취향으로 인정되고 있다. 인구 전체가 럼주 애호가들이다보니 세계적인 럼주 생산지이지만 생산량의 65%는 현지에서 소비되고 있다.[138]

에메 세제르Aimé Césaire (1913~2008년) - 마르티니크의 흑인 인권 운동가이자 문학가

1913년 마르티니크에서 태어난 에메 세제르는 지식인 집안출신으로 파리로 유학했다. 이 시기에 세네갈 출신의 레오폴드 상고르를 비롯해 서인도제도 출신의 다른 흑인 문학인들과 '네그리튀드Négritude'라는 용어를 처음 사용하여 유명 해진 잡지 '레튀디엉 느와르l'étudiant noir'를 창간하고 문학을 통한 흑인인권과 반식민주의를 전파하였다.
프랑스 최고의 교육기관을 졸업한 세제르는 소설, 시, 에세이, 희곡 등 다양한 분야의 작품을 남긴 문학가로 활발하게 활동하다가 마르티니크로 돌아와 정치가가 되었다. 1946년부터 1993년까지 지역의회의 국회의원이었고, 1945~2001년에는 마르티니크의 수도 포르-드-프랑스Fort-de-France의 시장을 지내기도 했다. 식민지 출신 흑인이지만 깊이있는 지성, 풍부한 문학적 감성, 자신의 정체성에 대한 믿음을 지닌 큰 인물로 평가받고 있다.

138) *Civilisation progressive de la Francophonie, ibid.*, 2003, p.146.

프렌치 기아나

프랑스의 해외영토DROM 중 유일하게 대륙에 위치하고 있는 기아나는 남아메리카의 북동부 해안가에 있으며, 인구 약 25만여 명으로 면적 대비 인구밀도가 프랑스의 레지옹 중에서 마이요트 다음으로 낮다. 역사적으로 기아나는 영국령, 네델란드령, 스페인령, 포르투갈령, 프랑스령으로 나뉘어 있었으나, 영국령은 '가이아나'로, 네델란드 령은 '수리남'으로 각각 독립하였다. 스페인령은 베네주엘라에, 포르투갈령은 브라질에 복속되었다.

열대의 빽빽한 산림이 우거진 기아나는 1503년부터 프랑스인의 정착지가 건설되기는 했지만 본격적인 프랑스의 식민지가 된 것은 1643년 현재 수도인 카이엔느Cayenne가 시작될 무렵부터이다. 한 동안 범죄자를 유배 보내는 유형의 땅이었다. 드 골의 레지스탕스 운동에 동참한 기아나는 독립을 포기하고 프랑스 영토로 편입되었다. 드 골은 대통령이 된 후, 1965년 기아나의 쿠루Kourou에 우주센터를 건설하였는데, 현재의 국립 항공연구소와 유럽 우주항공 연구소(아리안 스페이스)로 발전하였다.

기아나는 아메리카 대륙에 위치해 있으나 프랑스의 영토이고, 유럽연합의 구성단위이다. 프랑스어가 공식어이고 기아나의 크레올어는 제 2의 언어이다. 이 외에 아메리카 인디언의 언어와 소수의 원주민 언어도 사용되고 있다. 프랑스의 영토이기 때문에 기아나는 자동적으로 유럽연합에 소속되어 있으며, 유럽연합은 지리적으로 먼 거리에 위치하고 있는 7개 소속 지역[139]의 산업발전이 상대적으로 지체되어 있으므로, 유럽 공동체의 평균수준으로 사회, 경제 시스템을 끌어올리려는 계획을 가지고 있다. 특히 항만, 공항시설과 정보통신 설비확장, 환경보호 등의 정책을 추진하고 있다.[140]

---

139) 아소르스 제도와 마디라섬(포르투갈령), 카나리아 제도(스페인령), 프랑스의 해외영토를 말한다.

140) www.ctguyane.fr

IX
유럽

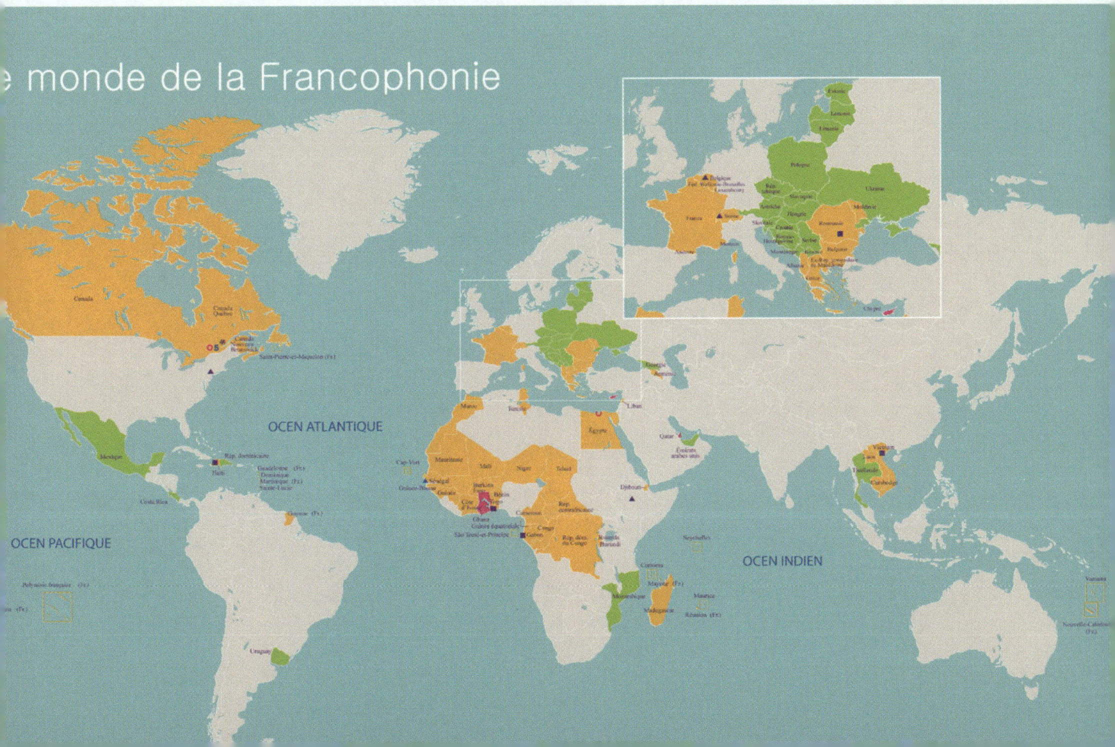
e monde de la Francophonie
OCEN ATLANTIQUE
OCEN PACIFIQUE
OCEN INDIEN

벨기에

· 정식국명 : 벨기에 왕국
· 정치체제 : 연방제-입헌군주국
· 국왕 : 필립 1세Philippe de Belgique
· 수도 : 브뤼셀Bruxelles
· 문맹율 : 1%
· 종교 : 카톨릭(81%), 이슬람, 프로테스탄트, 유대교
· 인구 : 1,130만 명
· 공식언어 : 네델란드어, 프랑스어, 독일어
· IDH : 0.881(21위)
· GDP : 5,350억 달러(2014년 기준, 25위)
· 화폐 : 유로화euro

1) 소개

프랑스와 남쪽 국경을, 네델란드와는 북쪽 국경을 맞대고 있는 서유럽의 작은 나라이다. 벨기에는 언어적으로 크게 두 개의 지역으로 구별되는데, 북쪽은 네델란드어를 사용하는 플랑드르Flandre(인구의 57%), 남쪽에는 프랑스어를 사용하는 왈로니Wallonie(인구의 43%)가 그것이다. 수도인 브뤼셀은 기본적으로 이중언어 사용지역이나 대부분 프랑스어를 사용한다. 1950년대 이후 이 두 지역은 언어적, 문화적 차이와 경제 불균형의 문제로 갈등이 심했는데, 이로 인해 현재 연방

제를 택하고 있으며 국왕은 국민들의 화합을 이루는 구심점 역할을 하고 있다. 북쪽의 게르만 언어권과 남쪽의 로만 언어권이 만나는 벨기에는 17세기 이래로 유럽의 전장으로 불릴 정도로 유럽 각국의 전쟁터가 되며 네델란드, 벨기에, 룩셈부르크로 나눠는 전환점이 되었다.

독립 후 산업혁명에 뛰어들어 산업을 발전시킨 벨기에는 1900년대가 시작되자 유럽의 강소국으로 아프리카에 식민지를 두기도 했다. 유럽연합의 태동과 출발에 기여한 벨기에는 수도 브뤼셀에 유럽연합 의회, 상임위원회, 유럽위원회, 나토NATO[141] 등 주요 국제기구가 입지해 있다.

해수면보다 낮은 국토로 유명한 네델란드와 바로 이웃한 벨기에 역시 평균고도가 높다고 해봐야 500m이하일 정도이다. 동쪽 북해에 접한 지역부터 서쪽의 내륙지역으로 갈수록 표고가 높아지는 지형을 보인다.

2) 역사

벨기에를 비롯해 서유럽 지역에는 켈트족들이 넓게 흩어져 살고 있었다. 그런데 4세기경 동쪽에서 게르만 족들이 서쪽으로 대거 이동해 오면서 벨기에 지역의 켈트족이 남쪽으로 밀려나게 되었다.[142] 벨기에의 이중 언어의 역사가 시작된 시점이기도 했다. 벨기에 지역은 원래

141) 북대서양조약기구

142) 게르만족의 대이동은 유럽 전체에 영향을 미쳤다. 현재 파리 지역을 중심으로 나라를 세운 프랑크족도 게르만족에 속하는 민족이었다. '프랑스'라는 나라 이름도 이 부족의 이름에서 따온 것이다.

현재의 룩셈부르크, 네덜란드와 함께 '네덜란드 왕국'이라는 하나의 나라였다. 네델란드는 1482년부터 1713년까지 스페인령이었다가 오스트리아로 지배권이 넘어가면서 1795년까지 오스트리아령으로 계속 외세의 지배를 받았다. 오스트리아에서 독립한 '네델란드 왕국'은 실업이 치솟고, 먹고 살기 힘들어지자 남부지역을 중심으로 국왕 기욤1세에 대한 저항이 시작되었다. 더구나, 신교도 중심의 네델란드 정부는 구교도가 우세한 남부지역에 종교를 이유로 간섭을 하였고 이에 반발한 주민들이 반정부 시위를 하였다. 이 종교적 충돌은 정치적 분리로 이어져 1830년 10월 벨기에 임시정부가 독립을 선포하는 계기가 되었다. 이듬 해, 유럽의 강국들은 차례로 첫 국왕 레오폴드 1세의 벨기에를 독립국가로 인정하였다.

19세기 산업혁명에 필수 불가결한 자원인 석탄과 철이 풍부했던 벨기에는 산업혁명을 성공적으로 치러내며, 유럽의 강국이 되었다. 그리고 유럽의 중심지로서 교통이 편리하며, 무역과 금융분야의 요충지였던 것도 강점으로 작용하였다. 국왕 레오폴드 2세는 벨기에 국토의 60배에 달하는 RD콩고를 식민지배하면서 풍부한 자원공급원으로 이용하였다. 제 1차 세계대전 중 독일의 침략을 받고 지배받기도 했으나, 독일이 전쟁에 패배하면서 독일의 아프리카 식민지였던 르완다와 브룬디를 넘겨 받기도 하였다. 제 2차 세계대전 중 다시 독일의 침략을 받자 벨기에는 전쟁을 예방할 수 있는 대책을 세우고자 했고, 벨기에는 이를 위해 나토와 유럽연합의 창설에 주도적으로 참여하였다.

3) 사회와 문화

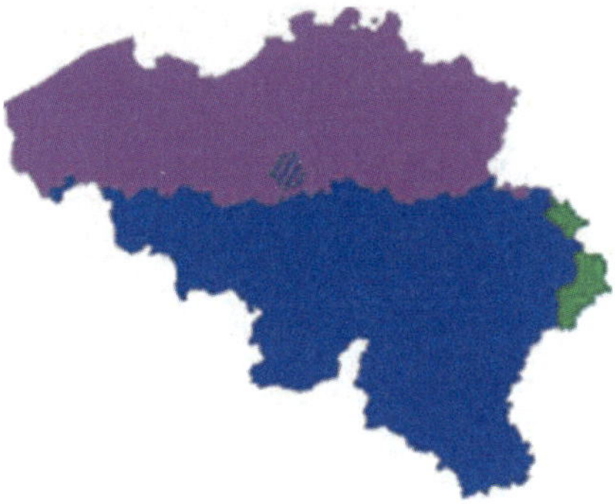

〈벨기에의 언어지형[144]〉

벨기에는 처음 독립 당시 중앙집권적 정부체제였다. 그러나 1960년대 이후 국내 상황에 맞게 진화를 끊임없이 지속하였으며, 1993년에는 언어와 지역에 따른 총 6개의 행정부를 각각 구성하고, 정당 득표율로 연방정부를 구성하는 매우 복잡한 정치체제를 갖추게 되었다.[143] 이러한 현상은 언어, 문화적 차이로 네델란드어 언어권인 북쪽의 플랑드르 지역과 프랑스어 언어권인 남쪽의 왈로니 지역으로 분명한 문화적 차이가 생겼고, 이 두 언어권 간의 갈등이 심화되면서 국가적 위기를 겪자, 이를 극복하기 위해 만들어진 결과물이라 할 것이다.

벨기에인들은 각 언어권 별로 고유의 문화를 발전시켰는데, 예를

143) 플랑드르, 왈로니, 브뤼셀의 3개 지역의 행정부와, 네델란드어권, 프랑스어권, 독일어권의 3개 언어공동체의 행정부를 말한다. 지역 정부, 언어공동체 정부, 연방 정부가 담당하는 분야가 다르며, 지역 정부는 담당분야에서 중앙정부의 간섭 없이 독립적 행보가 가능하다. 지역정부는 농업, 지역경제정책, 지역교통문제 등을 담당하며, 중앙정부는 국방, 외교, 법률, 세금, 국가경제 정책 등을, 언어공동체 행정부는 언어, 문화, 보건, 교육, 청소년 정책, 관광 분야 등을 나누어 담당한다. 모두 7개의 행정부가 독립적으로 운영되는데, 예를 들어, 2015년 플랑드르 지역 행정부의 예산이 중앙정부의 예산보다 더 많았다.

144) 보라색(네델란드어권), 남색(프랑스어권), 녹색(독일어권), 보라색 안의 남색 빗금은 수도 브뤼셀로 네델란드어와 프랑스어의 이중 언어 사용지역이다.
www.francophonie.org

들어 벨기에의 유명한 만화 시리즈인 '땡땡의 모험Les Aventures de Tin-Tin'이나 초현실주의 화가 르네 마그리트René Magritte의 작품이 프랑스어권의 문화 유산이라면, 네덜란드어권에서는 르네상스 시대의 플라망드flamande파 화가들을 손에 꼽는다.

땡땡의 모험Les aventures de Tintin*

땡땡은 벨기에 출신 에르제Hergé(본명 조르쥬 레미)의 만화 주인공이다. 1929년 벨기에 신문 '르 쁘티 벵티엠Le Petit Vingtième'에 실린 만화시리즈 '소련에 간 땡땡의 모험'으로 처음 대중에 모습을 드러냈다. 작은 키에 구부정한 모습, 정확한 나이를 가늠할 수 없는 얼굴, 가는 실루엣의 주인공 땡땡은 젊은 기자로 '밀루Milou'라는 강아지와 함께 세계 곳곳을 다니며 모든 악과 싸우는 정의의 화신이다. 만화이지만 재미만 추구하는 것이 아니라 역사적 사실을 바탕으로 긴장감 넘치는 이야기를 추구하여 유익한 만화로 평가받는다. 만화는 출간과 함께 벨기에 뿐 아니라 세계적으로 100여개의 언어로 번역되고 2억3천만 부가 팔리는 큰 성공을 거두었다. 1947년에는 애니메이션 영화로 만들어졌으며, 1961년에는 작가가 직접 영화제작에 참가하여 영화로 만들어지기도 했다. 만화시리즈인 땡땡은 발간 이후 1986년 24번째 시리즈를 냈으나 미완성으로 남았다. 1983년 스필버그가 판권을 사들여 실사영화를 제작하기도 하였다.

스위스

· 정식국명 : 스위스 연방
· 정치체제 : 연방제-직접 민주주의가 포함된 의원내각제
· 수도 : 베른Berne
· 인구 : 833만 명
· 공식언어 : 독일어, 프랑스어, 이탈리아어, 로망스어
· 문맹율 : 0.4%
· 종교 : 로만 카톨릭(38.2%), 신교(26.9%), 그 외 기독교 종파(5.7%), 이슬람교(4.9%)
· GDP : 7,120억 달러
· IDH : 0.930(3위)
· OIF 가입 : 1996년 정회원 가입
· 프랑스어 구사인구 : 542만여명 (2010년기준)

1) 소개

유럽의 중심부에 프랑스, 독일, 이탈리아와 국경을 맞대고 있는 내륙국 스위스는 알프스 산맥의 고원지대에 세워진 나라이다. 스위스는 26개의 지역공동체인 캉통canton로 이루어진 작은 나라로, 주변의 강국들에 둘러싸여 위협을 당할 때마다 함께 힘을 합쳐 외세를 극복한 역사적 배경을 가진 덕분에 지금도 각 캉통 별 독립성 확보가 우선되는 연방제의 정치체제를 갖추었다. 수도는 베른이지만, 제네바Genève

와 쥐리히Zurich가 더 유명한 국제도시이기도 하다. 스위스는 1291년 8월 1일 공식적으로 연방제를 선포하여 이 날을 국경일로 지정하였으며, 정치, 군사적으로 중립적 입장을 유지하는 것으로 유명하다.

세계 경제규모 5위권 안에 드는 선진국 스위스는 특별한 지하자원은 없어도 알프스 산맥의 깊은 계곡과 호수, 눈 덮힌 산으로 둘러싸인 자연환경을 이용한 관광산업이 발달하였으며, 은행, 보험 등의 금융업도 세계 최고의 수준을 보이고 있다.

2) 역사

스위스는 1291년에 쓰여진 캉통 간의 연맹을 연장하는 계약서가 발견되자, 이 해를 스위스의 시작으로 기념하고 있다. 14세기에는 외부세력에 대해 협력을 약속한 캉통의 수가 8개로 늘었다. 그러나 스위스 연방이 유럽의 정치무대에서 확실하게 인정받은 것은 1648년 베스트팔렌Westfalen 조약에 서명하던 시점이었다.

17~18세기 종교로 인한 각종 전쟁을 겪었으나 스위스는 경제부흥을 이룩하였고 유럽 금융의 중심지가 되었다. 1798년 나폴레옹의 침략을 받은 스위스는 국내외적으로 불안정한 시기를 보냈지만, 1815년 22개 캉통으로 이루어진 영세중립국으로 정해졌다. 1848년 보수-진보의 세력싸움에서 진보주의자들이 승리하며 연방제를 결정하는 계기가 되었고, 1800년대 후반에는 알프스지역을 중심으로 체계화된 관광상품이 인기를 끌면서 호텔업과 교통수단이 팽창하였다.

1971년에는 여성의 참정권을 보장하는 법률이 국민투표를 통해 인정받았고, 유엔 가입은 2002년에 이루어졌다.

3) 사회와 문화

스위스는 독특한 정치, 행정체계를 갖고 있는데, 연방정부, 지역 공동체인 26개의 캉통canton, 그리고 2,324개의 코뮌commune으로 구성된다. 연방정부는 국방, 금융, 국가예산, 외교 등 캉통의 범위를 넘는 현안을 처리하는 반면, 모든 캉통은 스위스 연방정부를 구성하는 행정단위로써 정치, 경제, 문화적으로 각 캉통이 완벽히 독립되어 있다. 금융, 입법, 경제, 교육, 사회보장, 치안 등의 업무를 맡으며, 고유의 행정, 입법, 사법부를 두고 있다. 에너지 관리, 사회 인프라 시설, 지역 관리 등을 관장하는 코뮌은 스위스의 정치체제를 구성하는 가장 기본적인 정치 구성체이다. 스위스 국민들은 지역 코뮌의 의회에 참여하여 정책을 결정하고 상임위원을 임명하는 등 직접 민주주의를 실천하고 있으며, 각 코뮌은 연방정부와 협조한다. 1848년 완성된 독특한 정치체제는 지역별 갈등을 해소하고 동시에 한 국가의 국민으로서 정체성을 가질 수 있는 최상의 체제로 거듭났다. 특히 국내정치 분야에서는 모든 캉통의 공통된 사안을 다루고 갈등을 예방하며 각 캉통의 권리를 보장하는 데에 초점을 맞춘다. 이러한 선진적 정치의식은 스위스가 작지만 강한 나라로 성장하는 밑거름이 되었다.

유럽의 강소국 스위스의 경제적 성공을 이룬 요소는 정부기관의 투명성, 혁신과 연구분야의 경쟁력, 공공분야와 민간분야 간의 협조, 유연한 노동시장, 강력한 금융시스템의 지원과 경쟁력있는 교육시스템 등을 들 수 있다. 스위스 경제는 2009년의 일시적인 후퇴를 제외하면 유럽의 타국가에 비해 매년 평균이상의 플러스 성장을 지속하고 있다.

경제대국 스위스 연방정부의 문화정책 예산이 전체 예산에서 차지하는 액수는 극히 작다. 대신 각 캉통에서 문화관련 예산을 집행하는

데, 가장 큰 두 칸통인 쥐리히나 제네바의 문화관련 예산은 연방정부의 문화예산을 크게 뛰어 넘는다. 시민들이 문화를 접할 수 있는 대표적 장소인 박물관의 경우에도 인구 당 박물관 설치가 세계에서 가장 촘촘하게 이루어져 있으며, 도시나 지방을 가리지 않고 문화에서 소외되는 시민이 없도록 배려하고 있다.

동유럽의 OIF 정회원 가입국가

동유럽의 6개 OIF 정회원국인 루마니아, 몰도바, 불가리아, 유고슬라비아, 알바니아, 아르메니아 모두 프랑스어를 공용어나 문화어로 사용하는 것은 아니다. 그러나 제 2외국어로써 구사가능한 인구가 상당수준 존재하며 무엇보다도 경제, 외교적으로 서유럽과 긴밀한 관계를 유지하는 매개로 프랑코포니 회원국으로 가입하는 경우가 대부분이다. 동유럽의 가입국들은 프랑스어 사용인구가 없어도 가입을 신청하면 일정 기간동안 신청국의 프랑스어 활용 증진에 대한 활동을 평가한 뒤, 경제적, 정치적, 외교적 판단에 의해 회원국들의 만장일치로 가입을 승인한다. 예를 들어, 루마니아는 약 2천 만명의 인구 대부분이 루마니아어를 사용하고, 헝가리어는 제 2의 언어로 인구의 약 6%가 사용하는 것으로 조사되었다. 대체적으로 동유럽에서 프랑스어는 영어와 함께 학생들에게 가장 많이 선택받는 제 2외국어 중 하나이다. 루마니아에서는 약 450만 명이 넘는 인구가 프랑스어를 구사할 수 있는 것으로 OIF는 인정하고 있다. 이러한 통계에 기초하여 루마니아는 1991년 옵서버국가로 OIF에 가입하였다가 1993년 정식 회원국으로 최종 가입승인을 받았다. 2006년에는 프랑스와 루마니아 정부 간 협약을 체결하여 루마니아의 63개 고등학교를 루마니아어와 프랑스어 2개국어 사용학교로 지정하여 프랑스어 확산에 실효성있는 대책을 마련하기도 했다. 루마니아는 프랑스어를 매개로 외교적 관계를 확대하여

2007년에는 유럽연합 소속국가가 되었다.

OIF의 입장에서 폴란드의 경우는 루마니아보다 가입승인에 문제의 소지가 더 많았다. 우선 프랑스어 구사자가 루마니아보다 훨씬 적은 약 55만여명으로 전체인구 대비 프랑스어 구사자 비율이 극소수였다. 학교교육의 대상이 되는 제 2외국어 선호도에서도 영어나 독일어, 러시아어에 크게 밀리고 있는 상황이었다. 그러나 폴란드 역시 전략적 차원에서 OIF 가입신청을 했고 1991년 옵서버 국가로, 1993년에는 정회원국이 되었다.

OIF 준회원국인 중동 아시아의 카타르는 프랑스어를 일상적으로 또는 특정 분야에서 구사하는 국민은 없으나, OIF 주요 회원국인 프랑스의 외교적 판단에 의해 준회원국으로 가입을 승인한 경우이다. OIF 측에서도 가입국이 증가함에 따라 국제적 사안에 대해서 OIF의 목소리가 더욱 힘을 얻을 수 있기 때문에 논란의 여지가 있음에도 불구하고 가입을 승인한 경우였다. 우리나라도 프랑스어는 제2외국어로 일상적 구사자가 극히 드문 상황이지만, 2016년 12월 옵서버 국가로 가입하였다. OIF는 전세계 회원국에서 3월 20일 세계 프랑코포니 축제를 개최하며, 2017년 첫 프랑코포니 축제가 우리나라에서도 개최되었다.[145]

145) www.20mars.francophonie.org

X

태평양 지역

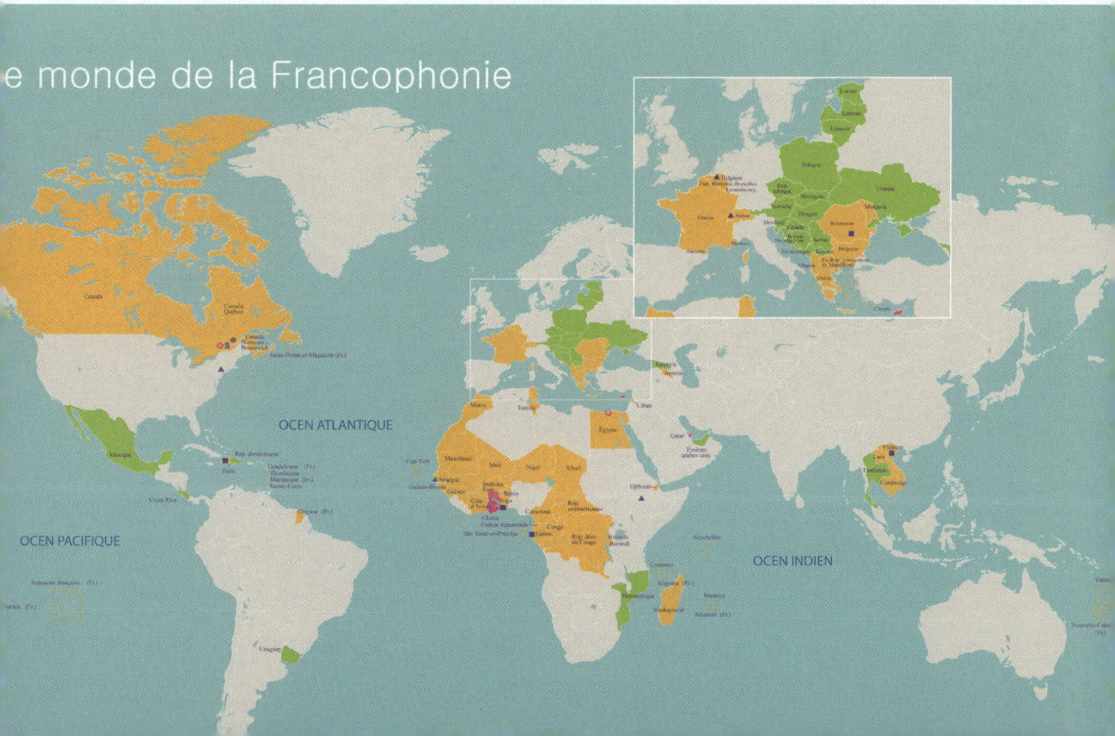

e monde de la Francophonie
OCEN ATLANTIQUE
OCEN PACIFIQUE
OCEN INDIEN

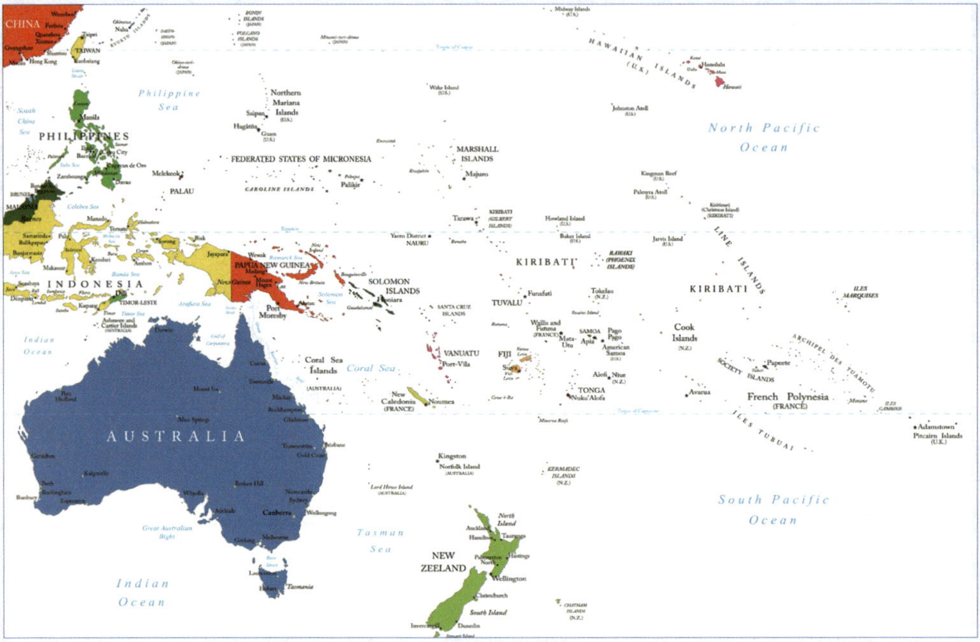
CHINA
TAIWAN
Hong Kong
Philippine Sea
South China Sea
PHILIPPINES
Manila
Davao
Northern Mariana Islands
Saipan
Guam
Wake Island
MARSHALL ISLANDS
Majuro
FEDERATED STATES OF MICRONESIA
CAROLINE ISLANDS
Palikir
Melekeok
PALAU
HAWAIIAN ISLANDS (U.S.)
Honolulu
Hawaii
Johnston Atoll
North Pacific Ocean
Kingman Reef
Palmyra Atoll
Tarawa
Howland Island
Baker Island
Jarvis Island
Yaren District
NAURU
LINE ISLANDS
KIRIBATI
Celebes Sea
BRUNEI
MALAYSIA
Borneo
INDONESIA
Banda Sea
Jayapura
PAPUA NEW GUINEA
New Guinea
Port Moresby
Dili
TIMOR-LESTE
SOLOMON ISLANDS
Honiara
Arafura Sea
SANTA CRUZ ISLANDS
TUVALU
Funafuti
Tokelau (N.Z.)
Wallis and Futuna (FRANCE)
SAMOA
Apia
Pago Pago
American Samoa
Cook Islands (N.Z.)
ILES MARQUISES
ARCHIPEL DES TUAMOTU
SOCIETY ISLANDS
Papeete
French Polynesia (FRANCE)
Avarua
Alofi
Niue (N.Z.)
TONGA
Nuku'alofa
FIJI
Suva
VANUATU
Port-Vila
Coral Sea Islands (AUSTRALIA)
Coral Sea
New Caledonia (FRANCE)
Noumea
Indian Ocean
AUSTRALIA
ILES TUBUAI
Adamstown
Pitcairn Islands (U.K.)
Kingston
Norfolk Island (AUSTRALIA)
Lord Howe Island (AUSTRALIA)
KERMADEC ISLANDS (N.Z.)
South Pacific Ocean
Great Australian Bight
Tasman Sea
Canberra
Sydney
Melbourne
Brisbane
Perth
Darwin
Tasmania
Hobart
NEW ZEALAND
North Island
Auckland
Wellington
South Island
Christchurch
Dunedin
Indian Ocean

프렌치 폴리네시아

1) 소개

태평양의 섬들은 하와이, 뉴질랜드, 이스터 섬이 이루는 삼각형의 안쪽 지역에 주로 분포하고 있다. 그리고 이 지역은 다시 동쪽지역의 폴리네시아, 북서지역의 미크로네시아, 남쪽의 멜라네시아로 나뉜다. 프렌치 폴리네시아는 이름 그대로 동쪽 폴리네시아 지역의 5개의 군도[146], 118개의 섬으로 구성되어 있으며, 이 중 76개의 섬에 약 27만여 명이 살고 있다. 가장 가까운 북미 대륙에서 6,500km, 아시아에서는 약 10,000km, 프랑스 본토에서는 18,000km가 떨어져 있는 고립된 지역이나, 덕분에 아름다운 자연환경으로 세계적인 휴양지로 꼽히기도 한다. 수도는 파페에테Papeete이며, 연중 평균기온이 20℃를 넘는 고온다습한 해양성 기후를 보이기 때문에 계절의 구분없이 연중 내내 해수욕이 가능하여 관광산업이 크게 발전하였다.

프렌치 폴리네시아의 주요 섬으로는 타히티Tahiti섬, 보라보라Borabora섬, 모레아Moorea섬 등이 유명하며, 특히 타히티 섬과 모레아 섬에 전체 프렌치 폴리네시아 인구의 약 80%가 살고 있다. 유네스코에서 지정한 문화유산을 다수 포함하고 있는 프렌치 폴리네시아는 태평

146) 소씨에테Société군도, 마르키즈Marquises군도, 오스트랄Austales군도, 감비에Gambier군도가 그것이다.

양 한가운데에 있는 프랑스의 해외영토COM로, 프랑스로서는 유럽 전체 넓이에 해당하는 배타적 경제수역EEZ을 확보할 수 있게 되어 경제적 측면에서 매우 중요한 의미를 지니는 곳이다.

2) 역사

폴리네시아 지역에는 약 1,500여년 전에 주로 인도네시아인들이 긴 항해 끝에 정착하기 시작한 것으로 보이며, 18세기 후반이 되어서야 마젤란과 제임스 쿡 등의 항해를 통해 유럽인들에게 알려지기 시작했다. 1797년 영국의 선교단체가 활동하였으나 1842년까지 타이티 섬에는 원주민들의 포마레Pomare 왕조가 독립적인 정치체제를 갖추고 이곳을 지배하고 있었다. 19세기 초반 영국과의 식민지 경쟁에서 프랑스가 승기를 잡으며 1843년 프랑스의 보호령으로 복속되었다가 1880년 포마레 왕이 타이티 왕국을 포기하여 프랑스의 식민지가 되었다. 1840년 대에 이미 행정적 통치를 하고 있던 프랑스는 본격적으로 태평양 지역의 식민지를 관장할 정부기관을 설립하였다. 2차 세계대전 중, 드 골장군을 도와 프랑스의 독립을 위해 가장 먼저 레지스탕스에 가담하기도 하였다. 프랑스의 태평양지역 식민지는 1957년 프렌치 폴리네시아Polynésie française로 개편되었고 폴리네시아인들은 1958년 독립을 포기하고 프랑스 국민이 될 것을 투표를 통해 결정하였다. 1960년대 프랑스는 이 곳에 핵무기 관련 연구소를 짓고 200여 차례의 핵실험을 실시하였다. 이때 많은 연구인원이 상주하면서 서구식 생활양식이 도입되어 전통적인 사회에 많은 변화가 일어났다. 특히 외부와의 교통수단이 확충되며 사회 인프라가 발전하였고, 관광산업을 위한 호텔이 건설되기 시작되었으며, 교육, 보건 등 삶의 질이 개선되는 긍정적인 변화가 나타났다. 그러나 도시로 인구가 몰리고 전통산업을 포기하게 되는 후유증도 함께 겪어내야 했다. 프렌치 폴리네시아는 관광업과 진주양식 산업으로 이 지역의 섬들 중에서 가장 안정적인 경제, 사회적 수준을 유지하고 있다.

3) 사회와 문화[147]

프렌치 폴리네시아인은 크게 4종류의 인종으로 구성되는데, 전체 인구의 약 2/3에 해당하는 폴리네시아인은 대체적으로 전통적인 생활방식을 고수하고 있으며 이 외에 혼혈인(전체인구의 20%), 중국인(약 10~15%) 그리고 유럽인(약 10%)을 들 수 있다. 유럽인들은 직업적 이유로 일시적인 체류자들이 대부분이다. 그러나 청소년층을 중심으로 최근에는 이러한 인종적 구분이 점차 의미를 잃어가고 있다.

폴리네시아인들의 언어는 크게 말레이-인도네시아 어족에 포함되는 언어로 인도양의 마다가스카르까지 포함하는 광범위한 지역에 퍼져있다. 공식언어는 프랑스어이지만 타이티어도 상당부분 사용되고 있으며, 많은 주민들은 타이티어로 시작해서 프랑스어로 끝나거나 그 반대로 구성되는 방식으로 두 언어를 한 문장 안에서 혼용하는 사례가 많다. 이 외에도 각 군도마다 고유의 언어가 있고 타이티식 중국어인 아카hakka도 사용된다. 폴리네시아 지역은 기독교 신자가 대부분으로 구교와 신교의 다양한 종파가 활동하고 있으며, 유대교와 불교신자도 소수이나 존재하고 있다.

147) www.polynesie-francaise.pref.gouv.fr

이곳 주민들은 고유악기인 우크렐레uklele[148]를 연주하며, 축제를 사랑하고 춤과 음악을 즐기는 것으로 유명하다. 축제를 위해 특별한 의상을 입고 꽃으로 화려하게 장식하는데, 특히 7월부터 2달 동안 개최되는 헤이바Heiva 축제에서는 최고의 춤과 노래를 선보인 팀을 선발하는 최고의 축제로 손꼽힌다. 바다를 무대로 살아온 폴리네시아인들에게 바다에서 이루어지는 스포츠 축제도 빼놓을 수 없다. 헤이바 축제 기간동안 열리는 카누 경기와 서핑도 타이티섬을 중심으로 즐기는 스포츠이다.

148) 하와이식 우크렐레와 타이티식 우크렐레는 생산방식에서 차이가 있다고 한다.

폴 고갱 Paul Gauguin(1848~1903년)과 타이티*

고갱은 1848년 프랑스 파리의 중산층 집안에서 태어났다. 어머니가 페루의 귀족 출신으로 어린시절을 어머니의 고향에서 보내다 6살에 가족과 함께 파리로 돌아왔다. 이러한 경험 덕분에 여행과 이국적인 취향이 생긴 것으로 추측된다.

17살에 해운회사에 입사해 선원으로 일하며 남미와 폴리네시아 지역을 여행하기도 하였다. 어머니가 돌아가신 후, 1871년 다시 처음부터 시작한 고갱은 가족과 가까운 지인의 소개로 주식중개인으로 일하며 유복한 생활을 누리게 되었다. 1873년 결혼하여 5자녀를 두기도 했다. 그림 애호가였던 같은 사무실 동료의 소개로 그림 그리기를 시작한 고갱은 재능을 발휘하여 1876년 살롱전에 입상하기도 했다. 작품 수집가로 또는 화가로 고갱은 세잔느, 드가, 피사로 등 많은 인상파 화가들과 교류하였으나, 1888년 이후로는 이들과의 교류를 끊게 되었다.

원래의 직업을 그만두고 화가로서 살기로 결정하였으나 경제적 상황이 나빠지자 처가가 있는 덴마크로 떠나게 되었다. 그러나 아들과 함께 파리로 되돌아와 그림을 팔며 힘든 삶을 견뎌야했다. 1886년 고갱은 인상주의와 이 시기에 시작된 새로운 화풍인 상징주의의 특징을 결합시킨 셍테시즘 synthétisme을 시도하였는데, 디테일을 생략하여 형태를 단순화하고 밋밋한 색채를 사용하는 것이다.

1888년 10월 23일 반 고흐를 찾아 아를르Arles에 도착하였다. 그러나 정확하게 한 달 후인 11월 23일 서로 간의 작업 방식에 갈등을 빚던 두 거장은 결국 고흐가 귀를 자르는 행위를 끝으로 마무리되고 고갱은 다시 파리로 되돌아왔다.

고갱은 여러 소설속에서 '태초의 에덴동산'으로 묘사된 타이티 섬에 관심을 갖고 있던 차에 여비가 마련되자, 1891년 '문명화된 프랑스로부터의 도피'의 방법으로 타이티행 배에 몸을 실었다. 고갱은 이 지역 원주민인 마오리 족의 고유문화를 그림에 담으며 그 아름다움에 심취하게 되었다.

그러나 고향 프랑스에 대한 그림움을 이기지 못하고 1893년 다시 파리로 돌아왔다. 그러나 그의 그림에 대한 비판에 실망한 고갱은 1895년 현대문명과의 영원한 이별을 고하며 다시 타이티로 떠났고, 1901년 마르키즈 군도로 떠날때까지 타이티 섬에서 그림을 그렸다. 고갱은 1903년 "즐거움의 집"으로 명명된 거주지에서 5월 8일 사망하였다. 고갱은 생의 마지막 기간 동안 고독과 가난과 싸우며 그의 최고의 걸작들을 남겼다.

* www.impressionniste.net/gauguin.htm

뉴 칼레도니아

1) 소개

뉴 칼레도니아는 오스트레일리아에서 동쪽으로 약 1,500km, 뉴질랜드에서는 북쪽으로 약 2,000km 떨어진 태평양의 섬으로 프랑스의 해외영토이다. 1998년 5월 8일 수도인 누메아Numéa에서 프랑스와 뉴 칼레도니아의 지역 정부 간에 정식으로 서명된 누메아 조약에 의해 다른 해외영토들(COM)과는 구별되는 특별한 지위를 갖게 되었으며, 향후 20년 이내에 뉴 칼레도니아의 미래를 결정할 국민투표가 예고되어 있다.[149] 프렌치 폴리네시아처럼 배타적 경제수역을 폭넓게 인정받고 있어서 프랑스로서는 매우 중요한 영토의 일부분이기도 하다.

뉴 칼레도니아는 북, 남, 루와이요테Loyauté의 3개의 하위 행정단위로 이루어져 있으며 국민투표로 각 지방의 지역의회가 구성되고, 3개의 지역의회의 의원으로 국회가 구성된다. 국회의장의 임명으로 구성되는 행정부는 카낙kanak으로 불리는 원주민들로 구성되는 상원과 하원, 경제, 사회, 환경 위원회 CESE Conseil économique, social et environnemental의 자문을 구할 수 있다.

149) 뉴 칼레도니아는 해외영토 중 COM Collectivité d'Outre-Mer소속으로 분류되는데, 누메아 조약에 의해 1999년부터 국방, 이민, 화폐 등 제외한 분야에서 "고유한 권한을 갖는 공동체 Collectivité *sui generis*"로 다른 해외영토에 비해 상대적으로 광범위한 권한을 갖는 공동체가 되었다. 또한 2018년 12월까지 국민투표를 통해 독립여부를 결정하게 된다. www.gouv.nc

2) 역사

뉴 칼레도니아의 역사는 다른 태평양 섬들과 공통점이 많다. 동남아시아인들이 필린핀을 기점으로 남쪽으로 항해를 하며 태평양의 섬에 닿았고, 한편의 무리들은 서쪽으로 진출하며 인도양의 섬들로 이주했을 거라는 가설이 문화인류학자들 사이에서 일반적으로 인정받고 있다. 뉴 칼레도니아는 1774년 제임스 쿡이 처음 발견하였고, 프랑스는 1793년 근처에서 난파한 배를 되찾기 위해 파견된 해군 장교가 처음 상륙한 것으로 기록되어 있다. 그러나 1827년에 이르러서야 정식으로 지도에 표시되었다. 영국과 프랑스는 경쟁적으로 선교사들을 보내 원주민에게 기독교를 전파하였고, 1853년 프랑스의 식민지가 되었다. 다음 해인 1854년에는 일단의 프랑스 군대가 상륙하여 섬의 남쪽에 근거지를 마련하고 이름을 포르-드-프랑스Port-de-France로 하였는데, 이 지역이 도시로 성장하면서 지금의 수도 누메아가 되었다.

1946년 독립을 포기하고 프랑스의 영토로 편입된 뉴 칼레도니아는 프랑스 잔류를 주장하는 보수왕당파와 독립을 주장하는 독립주의자 간의 크고 작은 충돌이 끊임없이 이어졌다. 이러한 사회적 갈등에 큰 획을 그은 사건이 1988년 6월 프랑스의 수상 관저인 마티뇽Matignon에서 당시 수상이던 조스팽Jospin과 트지바우Tjibaou 대표 사이에 조약을 체결한 것이다. 이 조약은 향후 10년간 원주민인 카낙들의 경제적 자립을 확보하고 정부기관을 수립하는 발전계획을 추진하는 것을 주요 골자로 하고 있다. 1998년 5월에는 양 정부사이에 누메아 조약을 체결하였는데, 이 조약에서는 국방, 사회안전, 사법, 화폐 등 4분야를 제외한 모든 분야에서 새로운 정부가 완전한 자치권을 행사하도록 하는 내용을 담고 있다. 이는 국민투표를 통해서 결정되도록 명시되었다.

이로써 1999년 네오-칼레도니는 특별한 지위를 가지는 프랑스 소속의 자치지역이 되었다.

3) 사회와 문화

2014년 기준 약 27만여 명의 인구가 거주하고 있는 뉴 칼레도니아는 멜라네시아인인 원주민 카낙이 약 39%를 차지하고 있으며 유럽인과 혼혈인이 약 36%, 칼레도니아인이라고 자처하는 인구가 약 8.7% 정도인 것으로 나타났다. 경제적인 이유로 타이티와 뉴 칼레도니아 사이에 위치한 또 다른 프랑스의 해외영토COM인 왈리스-푸투나Wallis-et-Futuna 소속 주민들도 상당수 이주해 왔다. 이 외에 중국, 베트남, 일본 등 여러 지역에서 이주해 온 다양한 민족들이 어울려 살고 있다. 따라서 이 곳의 언어도 복잡한 양상을 보인다. 프랑스의 영토이므로 프랑스어가 공식언어이나, 약 28개의 원주민 언어가 사용되고 있으며 소수민족들의 언어도 다수 사용되고 있다.

뉴 칼레도니아는 연평균 기온이 23℃를 보이는 열대의 고온다습한 기후를 보이지만, 엘니뇨와 라니뇨의 영향을 받기도 한다. 무엇보다도 연중 일조량이 2,800시간에 달하는 쾌적한 환경으로 유럽인들에게 인기있는 휴양지로 꼽힌다. 또한 문명 사회로부터 비교적 오랫동안 고립되어 있던 덕분에 뉴 칼레도니아는 인도양의 마다가스카르에 비교될 만큼 다양한 동식물의 서식지로 인정받고 있다. 칼레도니아 정부는 환경보호를 위해 2013년에는 상어낚시를 금지하고, 2014년에는 '산호해상공원'을 지정하였다. 같은 해 람사르Ramsar 협약을 통해 주요 습지 지역을 보호하고 있다.

XI
동남아시아

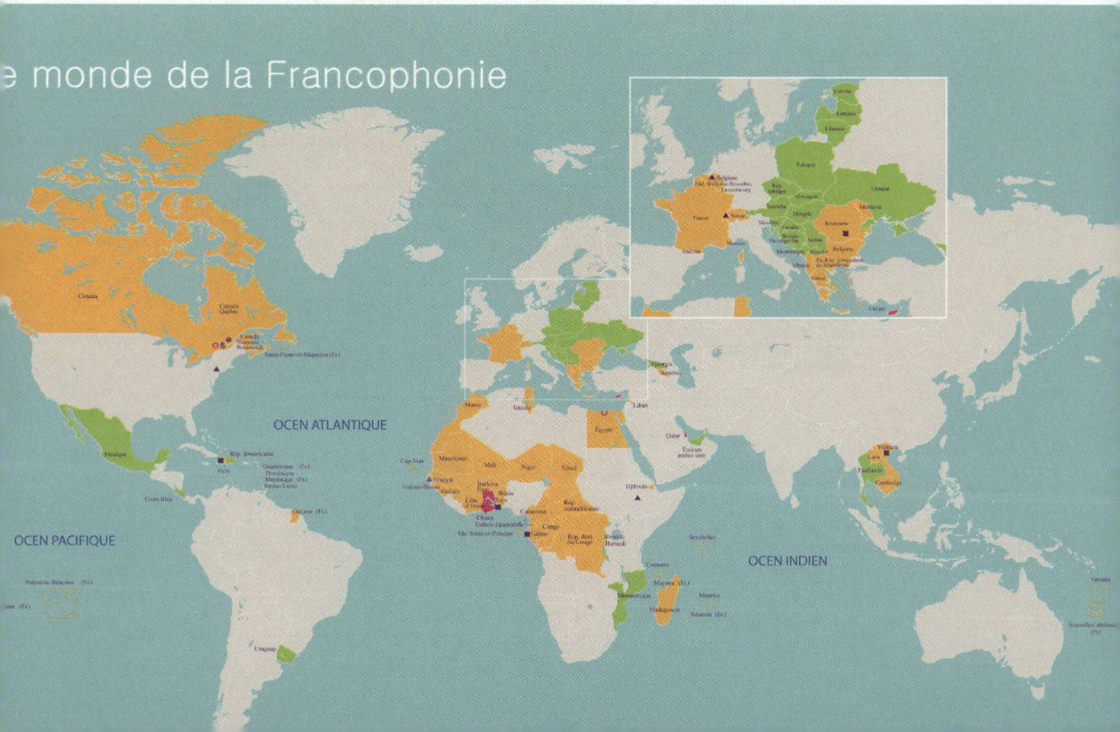
e monde de la Francophonie
OCEN ATLANTIQUE
OCEN PACIFIQUE
OCEN INDIEN

China
Laos
Thailand
Cambodia
Vietnam
Gulf of Tonkin
South China Sea
Gulf of Thailand
Myanmar (Burma)
Mengzi
Wenshan
Dong Van
Jingxi
Simao
Ha Giang
Cao Bang
Nanning
Lai Chau
Lao Cai
Bac Thai
Pingxiang
Qinzhou
Maoming
Yen Bai
Thai Nguyen
Lang Son
Son La
Viet Tri
Vinh Phu
Bac Giang
Ha Bac
Quang Ninh
Hai Ninh
Beihai
Louang Namtha
Hanoi
Hai Duong
Hong Gai
Ha Dong
Hoa Binh
Haiphong
Ha Tay
Thai Binh
Hai Phong
Thanh Hoa
Nam Dinh
Ninh Binh
Xam Nua
Xuwen
Haikou
Louangphrabang
Ban Ban
Nam Ha
Dao Bach Long Vi
Ky Son
Tuong Duong
Xiangkhoang
Nghe An
Dien Chau
Hainan
Qionghai
Nan
Vinh
Ha Tinh
Muang Pakxan
Huangliu
Yaxian
Vientiane
Nong Khai
Ban Na Phao
Quang Binh
Dong Hoi
Loei
Udon Thani
Muang Khammouan
Dao Con Co
Dong Ha
Quang Tri
Hue
Phitsanulok
Thua Thien
Da Nang
Cu Lao Cham
Quang Nam Da Nang
Saravan
Tam Ky
Cu Lao Re
Quang Ngai
Pakxe
Nakhon Ratchasima
Attapu
Kon Tum
Dac To
Sara Buri
Binh Dinh
Pleiku
Gia Lai
Qui Nhon
Phnom Thbeng Meanchey
Aranyaprathet
Sisophon
Siemreab
Lomphat
Phu Yen
Tonle Sap
Tuy Hoa
Sattahip
Rayong
Dac Lac
Buon Me Thuot
Kratie
Senmonorom
Ninh Hoa
Trat
Khanh Hoa
Gia Nghia
Nha Trang
Snuol
Da Lat
Phnom Penh
Loc Ninh
Cam Ranh
Tay Ninh
Song Be
Lam Dong
Ninh Thuan
Phan Rang-Thap Cham
Svay Rieng
Thu Dau Mot
Dong Nai
Binh Thuan
Takeo
Bien Hoa
Ho Chi Minh
Ho Chi Minh City
Phan Thiet
Dong Thap
An Giang
Long An
My Tho
Tan An
Ha Tien
Long Xuyen
Sa Dec
Vung Tau
Cu Lao Thu
Can Tho
Vinh Long
Ben Tre
Ba Ria- Vung Tau
Rach Gia
Kien Giang
Tra Vinh
Soc Trang
Ca Mau
Minh Hai
Con Son
Hon Khoai

베트남

· 정식국명 : 베트남 사회주의 공화국
· 수도 : 하노이Hanoi
· 인구 : 9,200만 명
· 공식언어 : 베트남어
· 문맹율 : 5%
· GDP : 1,840억 달러
· 화폐 : 베트남 동Dong
· IHD : 0.572(113위)[150]
· OIF 가입 : 1970년 정회원국
· 프랑스어 구사자 : 62만여 명(2010)

1) 소개

인도차이나 반도의 동쪽에 위치한 S자 형태의 베트남은 북으로는 중국 서쪽으로는 라오스, 캄보디아와 접한 국가이다. 국토의 동쪽과 남쪽은 태평양[151]에 접해 있는데 해안선의 길이가 무려 3,200km가 넘는다. 긴 해안 지대에도 불구하고 국토의 3/4는 산과 구릉 지역이며 티벳 고원에서 발원하여 4,200여 km를 흐르는 메콩Mekong강은 생명수의 역할을 한다.

150) 베트남 소개 지표 www.mofa.gov.vn참조

151) 베트남은 이 바다를 '동해'로, 중국은 '남중국해'로 부른다.

세계 14위의 인구대국인 베트남은 벼농사에 적합한 지역으로 세계적인 쌀 생산지이며 인구밀집 지역이기도 하다. 또한, 인구의 60%가 25세 이하로 매년 노동력이 1백만 명 이상씩 상승하는 활기찬 국가로 최근 경제발전에 박차를 가하고 있다. 인도차이나 반도 주위에 3천여 개의 섬과 제도가 흩어져 있는데 특히 하롱 베이Ha Long Bay, 바이투롱 베이Bai Tu Long Bay 등은 관광지로 유명하다.

2) 역사

베트남에서는 약 B.C. 2900여 년 전부터 역사시대가 시작되었다고 알려져 있으나, 정확한 기록은 남아있지 않다. 다만 베트남의 기원은 비엣Viet 족의 신화와 상당히 섞인 상태로 전해져 오는데, 비엣족은 중국 남부 즉 현재 베트남 북부지역에서 세력을 형성하고 서서히 남쪽으로 진출하며 정복활동을 벌였다. 기록에 의하면, B.C. 179년에 왕조가 세워졌으나 기원전 111년 한무제에 의해 정복당하고 식민지배를 받았으며 이 시기에 트룽Trung자매의 독립운동이 유명하다. 베트남은 한제국 시대 '안남'이라고 불린 지역으로 중국의 식민지배는 기원후 938년까지 1,000여 년간 이어졌다. 이로 인해 한자를 비롯한 중국 문화의 영향이 현재까지 남아있다.

1164년이 되면 중국으로부터 독립을 이루고 봉건제후국으로 중국에 조공을 바치는 국제관계 속에서 여러 왕조가 통치했다. 몇 세기 간 이어지던 비엣족의 남하는 계속되어 1471년 남쪽의 참파Champa왕국을 정복하고, 크메르Khmer제국을 멸망시켰으나, 내전을 겪으며 남과 북의 두 귀족가문을 중심으로 나라가 분열되었다.

16~19세기에 걸쳐 현재의 베트남 지역을 통일한 비엣족은 메콩강

삼각주를 손에 넣고 나머지 지역을 병합하였다. 이 시기에 프랑스를 비롯해 서구 유럽의 제국주의 국가들과 접촉이 시작되었다. 1806년 베트남의 마지막 왕조인 응웬Nguyên 왕조의 후손인 응웬 안Nguyên Anh은 프랑스와 포르투갈의 비호 하에 통일국가의 지아 롱Gia Long(嘉隆) 황제로 등극하였다.

1858년 선교사를 보호한다는 명목아래 들어와 있던 프랑스의 배가 공격당하자 프랑스는 기회를 놓치지 않고 사이공을 공격하여 점령했다. 1862년 프랑스는 베트남과 사이공 조약을 맺고 베트남을 무력으로 개방하고 남부지역을 식민지화하였다. 메콩강 유역의 삼각주 지역으로 쌀과 고무가 풍부하게 생산되는 소위 '코친차이나 Cochinchine'[152] 지역 병합을 시작으로 동남아시아 지역의 점령지를 차츰 넓혀갔다. 1881년 프랑스는 중국과의 전쟁을 준비하기 위해 군대를 보냈다. 프랑스는 중국과 전쟁을 치르는 동시에 코친차이나 외에 식민지를 확대하여 중부지역인 안남Annam과 북부지역인 톤킨Tonkin을 보호령으로 병합하였다. 당시 왕은 상징적 위치에 불과한 상황이었다. 위의 세 지역은 1887년 하노이를 수도로 하는 '인도차이나 연합 L'Union indochinoise'이 되었다. 또한 기존의 베트남어의 표기를 금지하고 로마자를 차용하여 표기하는 '꿕구quocngu'를 사용하도록 하였다.

1940년 이후 베트남에서의 프랑스 권력은 차츰 약화된 대신 일본의 지배력이 강화되었다. 프랑스와 일본은 조약을 체결하고 베트남을 나누어 지배하였다.

1930년 호치민Hô Chi Minh은 '인도차이나 공산당'을 창당하여 본격적인 베트남 독립운동에 나서게 된다.

---

152) 베트남 남부의 메콩강 삼각주 지역을 유럽인들은 코친차이나로 불렀다. 쌀, 고무의 생산지로 중심지는 호치민이다.

베트남 독립운동가 호치민 Hô chi minh(1890~1969년)과 디엔 비엔 푸 Dien Bien Phu 전투

호치민은 베트남의 혁명가이며 정치가이다. 베트남 민주공화국의 정부 주석을 지냈다. 오지의 마을에서 태어나 어려운 환경에서 자란 호치민은 1911년 신학문을 공부하기 위해 프랑스로 떠났고, 1차 세계대전이 끝난 후 파리에서 독립운동을 시작하였다. 1919년 베르사이유 회의에 베트남 대표로 나와서 '베트남 국민들이 요구하는 8개 항목'을 제출하여 정치가로 유명해졌다. 공산주의적 이념을 선택한 호치민은 1941년 베트남에 잠입하여 베트남 독립을 위한 무장항쟁에 나섰다. 1945년 베트남 민주공화국의 독립을 선언하고 정부 주석에 취임하였으나, 프랑스와의 독립 협상이 난항을 겪자 1953년 디엔비엔 푸 전투를 직접 지휘하여 승리를 거두었다. 일생을 독신으로 살며 베트남의 독립을 위해 싸운 독립영웅으로 그를 기념하기 위해 사이공시는 호치민시로 이름을 바꾸었다.

태평양 전쟁을 끝으로 일본은 1945년 멸망하고, 프랑스의 지배가 남아 있자 호치민은 프랑스를 상대로 전쟁을 시작했다. 바로 1946년~1954년까지 이어진 제 1차 인도차이나 전쟁이다.

당시 국제정세는 민주주의와 공산주의의 이념을 중심으로 양분되어 곳곳에서 냉전으로 인한 갈등이 최고조에 다다르고 있었다.

1949년 중국에서 공산당이 집권하고 1950년에는 한국전쟁이 발발하여 인도차이나 전쟁은 한국전쟁과 함께 냉전시대를 대표하는 전쟁으로 그 양상이 바뀌게 되었다. 즉, 미국은 프랑스를 지원하며 자유진영을 대표하고, 중국 공산당은 호치민이 대표하는 베트남 공산당과 혈맹을 맺은 것이다. 일종의 군사조직인 베트콩Viet-Cong들은 열대밀림과 지형을 이용한 게릴라전을 지속하며 프랑스군을 괴롭혔다. 특히 1953년 11월 디엔 비엔 푸Dien Bien Phu에서 프랑스군은 베트남 군에 대패하였다. 본국에서는 식민지 전쟁에 대한 여론이 악화되기 시작했다. 베트남군에 포위되어 고립된 프랑스군보다 정작 베트남군의 인명피해가 더 컸지만, 의미있는 희생을 바탕으로 베트남은 드디어 독립을 위한 첫걸음을 내디딜 수 있었다.

1954년 제네바 회담에서 위도 17도선 이북은 호치민의 공산당이 지배하고 이남은 프랑스가 지배하는 과도기를 거치고, 1956년에는 베트남 통일을 묻는 국민투표가 예정된 상황이었다. 그러나 1955년 미국의 지원을 받은 지엠Diem이 쿠데타로 정권 잡은 뒤, 베트남의 통일을 반대하며 정국의 변수가 되었다. 남북의 이념차이는 결국 남-북 베트남 전쟁의 시작이 되었고, 이것이 제2차 인도차이나 전쟁의 시작이다. 1964년 내전은 미국이 개입을 확대하자 전면전으로 치달았다. 1975년 4월 30일 미국이 베트남에서의 전쟁을 포기하자 남베트남 정부의 붕괴로 이어졌고 베트남은 공산당을 중심으로 통일을 이루었다. 1976년 재통일을 이룩한 베트남은 하노이를 수도로, 사이공은 호치민시로 재명명하였다. 그러나 기독교 신자들과 공산주의 이념에 찬성하지 않고 베트남을 떠나는 소위 '보트피플 boat people'이 이어지며 약 25만여 명이 사망하는 비극이 벌어지기도 했다. 1979년에는 베트남군이 캄보디아를 점령하였다가 1989년에 철군했고 중국과는 국경문제로 충돌이 일어나기도 하였다.

1986년에는 경제적 문호를 개방하는 정책을 펴고 1990년대에는 차례로 중국, 미국과의 관계를 정상화시키는 등 국제무대에서 외교적 성취를 이루기도 했다. 1997년에는 OIF 정상회담이 하노이에서 열리기도 했다.

3) 사회와 문화

베트남은 54개 민족이 섞여있는 다민족-다문화 국가인데, 국민의 86.2%는 비엣Viet족으로 주로 저지대와 삼각주 지역에서 살고 있다. 인구의 1%~1.9%씩 차지하는 소수민족인 테이Tay족, 타이Thai족 등은 주로 북쪽과 중부의 산지지역에 흩어져 살고 있다. 베트남에서 가장 흔한 종교는 불교, 도교, 유교의 3가지 종교가 혼합된 절충식 종교의 형태이며, 오랜 농업의 전통과 관계된 해, 달, 산, 강 등에 신이 깃들어 있어서 행운을 비는 대상으로 삼는 토속종교가 일반적이다. 또한 조상이 돌아가신 날을 기념하는 예를 지내거나, 마을이나 부족 단위의 절에서 국가적 영웅이나 나라를 지킨 장군 등을 모시기도 한다. 이 외에 베트남에는 다양한 종류의 종교가 있는데 그중 37개의 종교가 국가의 인정을 받고 종교적 단체활동을 하고 있으며, 대표적인 6개의 종교는 불교, 기독교, 프로테스탄트, 무슬림, 코아다이즘coadaism[153], 호아하오HoaHao 불교[154]이다.

베트남의 문화적 원류는 기원전 500여년 전으로 거슬러 올라가는

153) 1926년 창제된 종교로 불고의 석가모니, 기독교의 예수, 카오 다이Cao Dai 신을 숭배한다. 약 250만 명의 신자가 있다. www.mofa.gov.vn

154) 베트남의 하오호아 지역에서 시작된 불교의 한 종파로 약 130만의 신자가 있다. www.mofa.gov.vn

동 손Dong Son 문화를 꼽는데, 동 손문화는 동남아시아 특유의 벼농사 문화, 민족적 전통과 섞이며 지역적으로 분화하는 양상을 보였다. 한의 식민지배 이후에는 당시의 정치적 지형과 일치하는 두 개의 큰 문화적 흐름이 존재하였으며, 프랑스 식민통치가 마무리되는 시기에는 유럽파와 반유럽파 즉 식민 문화와 애국 문화로 양분되는 양상이 생기면서 양측 간의 충돌이 발생하기도 하였다. 근대 이후 베트남은 국내 54개 민족이 각자의 전통과 문화를 지키며 다양화 속의 통일을 이루고 있다.[155]

155) www.mofa.gov.vn

캄보디아

· 정식국명 : 캄보디아 왕국

· 정치체제 : 입헌군주제

· 수도 : 프놈펜Phnom Penh

· 공식언어 : 크메르 어

· 인구 : 1,530만 명

· 문맹율 : 26%

· 종교 : 불교(90%이상), 이슬람교(5% 이하)

· IDH : 136위

· GDP : 153억 달러

· 화폐 : 리엘riel화(현재는 달러화 사용강세)

· OIF 가입 : 1991년 옵서버 국가, 1993년 정회원국

· 프랑스어 구사자 : 40만 명(2010)

1) 소개

인도차이나 반도의 남쪽 베트남과 태국사이에 위치한 캄보디아는 11세기~13세기 융성했던 크메르 제국의 앙코르 와트 유적으로 유명한 동남아시아 국가이다. 1863년 베트남과 비슷한 시기에 프랑스의 보호령으로 편입되었다가 20세기 초반 식민지가 되었다. 상대적으로 식민기간이 짧아 프랑스어는 대중적으로 확산되지 않았다. 최근 동남아시

아 국가들의 경제적 도약이 눈에 띄는 가운데, 캄보디아 역시 2015년 7%의 경제성장율을 나타냈다. 캄보디아의 경제에서 농업이 차지하는 비중이 50%를 넘으며 이 외에 관광업, 직물산업 등 2차, 3차 산업의 비중은 작은 편이다.

캄보디아는 동남아 국가들 중에서 지리적, 정치적, 경제적으로 중국과 가장 가까운 나라이다. 외교적으로도 남중국해를 두고 중국과 베트남이 대립할 때 중국의 편에 섰으며 중국은 제2의 무역상대국이기도 하다. 캄보디아는 1991년 OIF에 옵서버 국가로 가입했다가 1993년 정회원국가가 되었다. 크메르어를 사용하는 단일언어 사용국가로 프랑스어 구사자는 약 40만여 명 정도인 것으로 나타났다.[156]

캄보디아 지역에 첫 왕국이 시작된 것은 대략 6세기 경으로 9세기 이후 베트남의 참파족과 분쟁이 계속되었다. 현재 세계적인 역사유적지로 유명한 앙코르Angkor를 건설한 크메르 제국은 13세기 태국, 라오스, 베트남 남부지역까지 아우르는 대제국으로 성장하였다. 그러나 14세기 크메르 제국은 점점 힘을 잃어 이 지역은 마치 주인 없는 땅처럼 주변세력에 휘둘리는 상황이 계속되었고 이러한 정치적 공백을 틈타 프랑스가 1863년 첫발을 내디뎠다. 프랑스는 수도를 프놈펜으로 옮기고, 앙코르 유적을 발견하는 고고학적 성과를 거두기도 하였다. 프랑스 식민정부는 19살의 시아누크Sihanouk로 하여금 1941년 왕위를 잇도록 하였다. 시아누크 국왕은 1946년 캄보디아의 독립을 위한 준비를 하다가 1953년 실질적인 독립을 완성하였다. 특히 시아누크 국왕은 OIF의 창설멤버로 헝가리의 부르기바 대통령, 세네갈의 셍고르 대통령 등과 함께 '프랑코포니'의 창립에 기여한 바가 크다.

156) www. francophonie.org

1970년 쿠데타로 정국이 어수선한 가운데 폴 포트Pol Pot의 '크메르 루즈 khmers rouge'는 1975년 수도 프놈펜을 점령하고 전체주의 정치를 하였는데, 1979년까지 인구의 25%에 해당하는 약 200만명의 사람들이 학살당했다.[157] 유엔의 중재 아래 1991년 파리조약을 통해 평화를 위한 단계적 조치들이 확정되었다. 이에 따라 시아누크 왕이 다시 왕위에 오르고 헌법을 채택하는 국가안정화 정책들이 차근차근 이루어졌다. 수많은 사람들을 죽인 폴 포트는 1998년 아무런 죄값을 치루지 않은 채 사망하였고, 1999년 크메르 루즈는 완전히 와해되었다. 시아누크 왕은 2004년 아들에게 왕권을 양위하고 2012년 사망하였다. 캄보디아는 1999년 아세안ASEAN회의와 2004년 세계무역기구WTO 회의를 개최하며 국제적 행보를 시작하였다.

2013년 치러진 국회의원 서거에서 현 훈센Hun Sen 총리가 야당에 비해 근소한 차이로 승리를 거두며 집권에 성공하였다. 그러나 두 정치세력 간의 갈등이 해소되지 않고 파업이나 국회출석 거부 등 파행을 거듭하자, 유엔 안전보장 이사회와 인권위원회, 유럽의회 및 유럽연합 소속 국가들은 캄보디아 정부에 야당과의 협력을 촉구하고 나섰다. 2017년과 2018년에는 각각 지방의회와 국회의원 선거가 예정되어 있다.

157) 크메르 루즈는 '붉은 크메르'라는 의미로 극단적인 좌파 무장단체이다. 이들이 통치하던 기간 중 일어난 양민학살은 1985년 '킬링필드'라는 영화로 만들어져 인간의 잔인함을 고발하였다.

라오스

인구 670만의 작은 국가인 라오스는 공산당의 일당체제 아래 빈곤층 인구가 전체인구의 약 30%에 이르는 세계에서 가장 가난한 나라 중 하나이며, 공용어는 라오Lao어이다. 후진적인 경제구조에도 불구하고 2015년 경제 성장율은 7%에 이르는 고성장을 하였다. 1893년 프랑스의 보호령이 되었다가 1954년 제네바 회의에서 독립을 인정받았다. 1975년 공산주의에 입각한 정치체제로 바뀌었으며 OIF에는 1972년 준회원국이었다가 1991년 정회원국이 되었다. 라오스도 인도차이나 반도의 다른 국가들처럼 1986년 경제개혁을 실행하며 개방을 지향하고 있으며 1997년에는 아세안ASEAN에 가입하였다. 그러나 경제개방이 정치 개혁으로 연결되지는 않아서 공산당 지도자의 일당독재가 계속되고 있다.

에필로그

프랑스어를 사용하는 국가와 지역을 프랑스어권 또는 프랑코포니라 명명하고 있는데, 2014년 기준, 프랑스어는 전 세계에서 5번째로 많이 사용되는 언어로 알려져 있다. 프랑스어권 인구는 2억 7천 4백만 명 정도로 전 세계 인구의 4%, 26명 중 1명이 프랑스어를 사용하는 것이다. 그중에서 2억 1천 2백만 명은 프랑스어를 일상적으로 사용한다고 한다. 미래 전망으로는 프랑스어 사용자가 2050년 7억 명, 전 세계 인구의 8%(13명 중 1명), 그중 인구증가로 인해 아프리카에 프랑스어 사용자의 85%가 분포하는 것으로 예상되고 있다.

천연자원이 부족하고, 수출에 의지에서 사는 대한민국은 지역주변국, 안보동맹국들 뿐만 아니라, 그 외의 다른 지역, 다른 국가들과의 다양한 교류를 모색하고 지역 전문가 양성에 관심을 가지고 힘을 기울여야 한다. 편중된 관계는 유사시 다양한 대안을 가져올 수 없으며, 국가 간 관계라는 것이 하루아침에 이루어지는 것도 아니고 민간인들 간의 긴밀한 네트워크는 중요한 국가의 자산이 될 수 있기 때문이다. 지역 전문가는 긴 호흡으로 장시간에 걸쳐 양성되는 바, 미래 인재들에게 다양한 관심과 경험을 갖게하며, 이러한 인재들을 활용할 기회를 제공하고 이들에 대한 양성과 지원을 아끼지 않아야 할 것이다.

이에 우리 교육이 영어, 중국어 중심으로 편중되어 있고, 대외무역도 이 언어들을 중심으로 이루어지고 있어, 우리가 놓치고 있는 프랑스어권에 대한 소개와 이해가 필요하다고 판단하여 본 작업에 착수하게 되었다. 프랑스어는 비지니스, 정치, 외교, 문화, 국제올림픽 등 스포츠 분야에서도 중요한 언어로 자리잡고 있으며, AFP를 포함한 해외언론과 Radio France Internationale 같은 라디오, TV5 Monde, FRANCE 24 같은 텔레비전 등 다수의 미디어 매체도 가지고 있다. 이에 이 책을 통해 문화적 예외, 문화 다양성, 지속 가능한 발전 등을 외치는 프랑코포니의 가치들을 통해 다양한 지평선을 볼 수 있는 기회와 함께 다양한 언어, 문화, 경험, 기회를 가질 수 있는 계기가 되기를 기대해본다.

참고문헌

〈왜 세계의 절반은 굶주리는가〉 장 지글러 지음, 윤영미 옮김, 갈라파고스, 2007.
– 유엔 식량 특별조사관이 아들에게 들려주는 기아의 진실

〈아프리카에는 아프리카가 없다〉 윤상욱, 시공사, 2012.

〈이슬람 학교 1, 2〉 이희수, 청아출판사, 2015.

〈기회의 땅 아프리카가 부른다〉 박경덕, 2012.

〈초콜릿, 탐욕을 팝니다〉 오를라 라이언 지음, 최재훈 옮김, 상계, 2012.

A. Nonjon, A. Pautet, *L'Afrique Nouvelle frontière du XXIe siècle,* 2015, ellipses.

Nadeau, Barlow, *Le français, quelle histoire!,* éd. Télémaque, 2007.

J. Noutchié Njiké, *Civilisation progressive de la Francophonie, niveau intermédiaire,* CLE, 2003.

J. Noutchié Njiké, *Civilisation progressive de la Francophonie, niveau débutant,* CLE, 2005.

사이트

www.francophonie.org
www.dglf.culture.gouv.fr
www.diplomatie,gouv.fr
www.afdb.org
www.thomassankara.net
www.kt.com
www.desertec.org
www.academie-francaise.fr
www.cg974.fr
www.encyclopediecanadienne.ca
www.polynesie-francaise.pref.gouv.fr
www.gouv.nc
www.gov.rw
www.lesbantous.fr
www.20mars.francophonie.org
www.outre-mer.gouv.fr
www.au.int/fr
www.jeuneafrique.com
www.fr.wikipedia.org
www.connaissancedesenergie.org
www.kotra.or.kr
www.undp.org/fr
www.cg976.fr
www.ctguyane.fr
www.impressionniste.net/gauguin.
www.mofa.gov.vn
www.inalco.fr
www.who.int/fr

문시연

숙명여자대학교 불어불문학과 졸업
파리 III대학 누벨소르본느 대학 석사 · 박사
현 숙명여자대학교 프랑스언어문화학과 교수

홍태숙

숙명여자대학교 불어불문학과 졸업
파리 VII대학 언어학과 학사·석사·박사 수료
숙명여자대학교 언어학 박사
현 숙명여자대학교 프랑스언어문화학과 강사

프랑스어권 지역의 이해

초판 1쇄 발행 _ 2017년 5월 29일

공　　저 • 문시연 · 홍태숙
발 행 인 • 정 현 걸
발　　행 • 신 아 사
인　　쇄 • 토탈프로세스
출판등록 • 1956년 1월 5일 (제9-52호)
주　　소 • 서울시 은평구 통일로 59길 4(2F)
전　　화 • 02)382-6411 · 팩스 02)382-6401
홈페이지 • www.shinasa.co.kr
E-MAIL • shinasa@daum.net

ISBN 978-89-8396-993-4 (93300)

정가 15,000원